U0000751

大學
叢書

政權論
孫中山政治思想研究
（二）

陳春生　著

臺灣商務印書館

博

愛

雄
文

「孫中山政治思想研究」總序

　　作者於臺灣大學政治學研究所畢業後三年，即承乏臺灣大學一年級共同必修科「孫中山思想」的教學。在威權時期，這門課是臺灣各大專院校的「共同必修科」。但自量對孫中山思想並無深入研究，至為惶恐。後來回想在大學讀書時，有一門「中國政治思想史」的必修課程，於眾多參考書中，發現蕭公權教授所著『中國政治思想史』，他從孔子、孟子、荀子、管子、談到梁啟超，而「總目」中所列最後一位中國政治思想家是孫中山，可是內容空白。「凡例」表示：「原稿淪陷，仍存其目，以明原委。」由此可知，在政治學家的心目中，孫中山的政治思想是值得重視的，而作者所執教的課程與所學亦不脫節。這是作者鼓起勇氣投入研究「孫中山政治思想」的動機之一。

　　復見於孫中山的歷史地位，以 Sun yat-Sen（孫逸仙）之名揚名世界。在二十世紀初葉，中國的孫逸仙與蘇聯的列寧、印度的甘地、美國的威爾遜齊名，都是享譽國際的政治人物。特別是孫中山在中國及海外鼓吹革命，中國人民在他的思想領導之下，推翻兩千多年的君主專制，建立民主共和政體。中華民國政府尊稱為「國父」，中華人民共和國政府則譽為「革命的先行者」。這顯示孫中山在中國政治史上必有其耀眼的地位，而且將隨著光陰的流逝愈放光芒！吾人在學術研究工作上，以其「政治思想」為主題，自有其意義。這是作

i

者立定志向，用黃金歲月研究「孫中山政治思想」的動機之二。

孫中山的著述不是學術論文，沒有系統可言，而多為通俗的演說詞和書信談話言論，言詞偶有前後矛盾、語意不明之處，因此有人認為「三民主義」沒有研究價值，實則其中蘊涵著厚實的政治思想底蘊。

基於教學相長的需要，作者擬定長期系列研究計畫，用政治學研究法，分析孫中山政黨論、政權論、政府論，這三篇論文即為作者的研究成果。「孫中山政治思想研究」的建構，始於 1973（民國 62）年 10 月，經資料蒐集、整理、分析、歸納，1978（民國 67）年 4 月，由校內書商－再興出版社出版『孫中山政黨思想研究』，曾獲「中正學術著作獎」。1981（民國 70）年 4 月，由五南出版社出版『孫中山政權思想研究』，曾獲「建國七十年菲華中正文化學術著作獎」。1986（民國 75）年 10 月，完成『孫中山政府思想研究』，為打字稿尚未公開出版。以上三篇專題研究論文，皆獲得「國家科學委員會」獎助。本書係作者將這三篇專題研究論文作部分修訂後之總稱，因其主題不同，乃分別定名為「政黨論」、「政權論」、「政府論」三冊，總其名為「孫中山政治思想研究」。茲簡述三書內容提要如下：

關於政黨論，民主政治需有政黨，始能圓滿運作。政黨可以互相監督，反映民意，可以避免流血革命，遇有重大政治問題，引起意見衝突，可用和平選舉或公民投票訴諸民意來解決紛爭。政黨可以教育選民，提高人民的政治知識和對國家發展的關心。

孫中山主張實施「兩黨制」的政黨政治。民國二年三月

一日，孫中山演講「政黨之要義在為國家造幸福為人民謀樂利」時說：「凡一黨秉政，不能事事皆臻完善，必有在野黨在旁觀察，以監督其舉動，可以隨時指明。國民見在位黨之政策不利於國家，必思有以改絃更張，因而贊成在野黨之政策者必居多數。在野黨得多數國民之信仰，即可起而代握政權，變而為在位黨。蓋一黨之精神才力必有缺乏之時，而世界狀態變遷無常，不能以一種政策永久不變，必須兩黨在位在野互相替代，國家之政治方能日有進步。」

但在革命建國過程，欲推翻二千多年的君主專制政體，只有以「革命黨」的力量來協助軍隊掃除建國障礙，並訓練人民自己當「皇帝」，做國家的主人。在憲政實施後，即應開放組黨自由，再由人民去選擇政黨組織政府。如果不此之圖，在革命成功憲法公布實施之後，仍由一黨獨裁統治，那並非孫中山政治思想的本義。作者在分析孫中山政黨理論的內涵之後，也將民主政黨與極權政黨的理論基礎與制度加以比較。

關於政權論，孫中山所謂「政權」即是「政治主權」，這與「法律主權」是相對的，其實就是人民的「參政權」，他要使人民普遍擁有直接行使四種參政權（選舉、罷免、創制、複決）的機會，讓人民當國家的主人，才算是真正的民主國家。舉凡政府的組成，政策的施行，要基於人民的同意。如果制定「公民投票法」，卻又設計阻撓人民公投的「審議委員會」，這是假民主。

孫中山主張實施「直接民權」，強調「主權在民」的重要，蓋為避免國內戰爭，預防政府專制腐化，以順應世界潮流。過去中國常發生內戰，造成人民顛沛流離的痛苦，破壞

許多文化遺產，少有建設，實因大家爭做皇帝，亦即爭國家領導權，這種野心家代代不絕。孫中山提倡「主權在民」，即在避免野心家爭「皇帝」時造成災難。

孫中山不反對「代議政治」，因為代議政治是保障民主政治正常運作的方法。不過「代議政治」有許多流弊，西方思想家盧梭、密勒、浦萊斯均有批評。孫中山在「中華民國建設之基礎」一文中說：「彼踞國家機關者，其始藉人民之選舉以獲此資格，其繼則悍然違反人民之意思以行事，而人民亦莫如之何。」為此，凡是藉選舉而在位的總統或國會議員，人民皆得起而罷免之。中央或地方法律，人民皆得創制複決之。

關於政府論，孫中山主張五權分立的「總統制」，總統直接民選，並建構一個「民主廉能政府」。

民國十年演講「五權憲法」時，孫中山說二句相似的話：「在行政人員方面，另外立一個執行政務的大總統，立法機關就是國會，司法人員就是裁判官，和彈劾與考試兩個機關，同是一樣獨立的。」換言之，行政首領就是大總統，總統絕非虛位元首。他在民國十二年「中國革命史」一文又說：「憲法制定之後，由各縣人民投票選舉總統，以組織行政院。」他未表示行政院長的產生須經國會之同意。顯然孫中山主張總統直選，主張「總統制」，總統是有實權的國家元首。作者認為，我國政制如採類似法國的「半總統制」，並不違反孫中山政府論之本義。

五權分立的要旨在保障監察制度的超然，文官制度的中立及司法獨立。但如果行政權介入司法審判，如果監察委員、考試委員與大法官的產生皆由總統提名，經立法院同意後任

命，則一旦總統與國會多數黨是同一政黨時，就可能變成「一黨獨裁」，完全失去「五權分立」的意義。而考監制度之超然中立，即在杜倖進於前，復有以懲溺職於後，防止行政權的濫用。

吾人觀察中華民國憲政發展過程，有人認為「五五憲草」才符合孫中山「五權憲法」之本旨，欲擴大「國民大會」的職權。有人認為修憲前的「中華民國憲法」是依據孫中山「五權憲法」理論所制定。在憲法總綱第一條且明定：「中華民國基於三民主義，為民有、民治、民享之民主共和國。」其實前者是對孫中山設計「國民大會」原意有所誤解，而後者則是對孫中山設計「監察院」之性質有所誤解。作者認為，「國民大會」原指「公民總投票」，而「監察院」並非民意機關，監察委員是中立性高級監察官，超黨派糾彈官邪。司法檢察機關更非執政黨整肅異己之工具。今經七次修憲後，許多不符憲法原理及孫中山政治思想的缺陷仍然存在，中華民國憲法勢需大翻修。

此外，孫中山也強調「地方自治」的重要性，目前臺灣政府施行的行政區劃調整，增設「直轄市」之政策顯然不符合孫中山政治思想之精神，允宜改正。

本書之完成，倘能對中國及臺灣的政治發展有所裨益，余願已足。惟全書或有疏漏之處，尚祈博雅君子有以教之。

陳春生　謹識於臺北溫州寄廬

2013 年 8 月 8 日

自序

　　人類生存於世，無法離開團體，蓋團體之力量能解決個人力量所不易解決的問題。國家的發生、政府的組成，皆因緣於此。惟個人與團體、人民與國家或政府之間的關係，如何調適？這是政治學家所共同關切的課題。截至目前為止，人類所能想到的辦法，是實行憲政民主。因之，「民主政治」乃成為當今人類社會流行的生活方式。然則，政治現實顯示，民主政治類別甚夥，即使共黨極權主義社會，他們的理論家與執政者，也都自我辯護，認為他們的「社會主義民主」，才是世界上真正的「民主」。在另一方面，自由國家的政治制度，也並不能稱為完美。人類前途，到底何去何從呢？

　　孫中山先生是一位社會改革家和政治思想家，他領導革命建國，係基於一個崇高的政治理想：欲躋斯民於和平康莊大道。蓋他有感於中國兩千餘年「君主專制」政體，政權的轉移，淪為改朝換代的易姓革命之惡性循環中。每當鼎革之際，總導致同胞自相殘殺，而有生靈塗炭、顛沛流離之苦痛！這都是歷代野心家想當皇帝的結果；也由於未曾建立一套合理的政權制度使然。中山先生，高瞻遠矚，心存「博愛」，鼓吹「天下為公」思想，要使全國公民，人人做皇帝，以解除這不幸的災禍！對這位傑出的先知先覺之思想，允宜深入研究，而將其遺言，做有條理的分析；並印證當代政治思潮及各國政治發展趨向，當能瞭解中山先生政治思想的真正價

值。

　　本書原以「孫中山參政思想研究」為題，經業師傅啟學教授之啟發，乃改用孫中山先生自創之名詞「政權」二字，而名為「孫中山政權思想研究」。這一指點，使作者突覺靈光一閃，茅塞頓開！認為「絕妙好詞」。於是，本書乃成為作者對中山先生政治思想的系列研究之二。

　　本書共分八章。第一章緒論，只在說明作者對本問題之研究目的與方法。第二章政權與民主政治，則為說明民主政治之一般理論，同時探討孫中山「政權」思想與「民主政治」之關係，這是本書之基礎。第三章代議政治之批評，主要目的在襯托出中山先生對政權行使之主張。第四章及第五章為孫中山政權思想之理論及精義之研究，為本書重心所在。吾人認為：「主權在民」、「萬能政府」及「權能區分」為中山先生政權理論的主要內涵。至於其表現出來的精義，則有「全民政治」、「平等政治」及「賢能政治」。對這些問題的探討，作者曾用過許多苦心。第六章政權行使之方法，為政治學上「參政權論」的一般理論及制度，中山先生對這部分遺教甚少，故只能提供讀者之參考；但在第六節特檢討我國直接立法制度，俾以指明我國政治建設尚待努力之處。第七章實踐孫中山政權思想之展望及第八章的結論，則純為作者研究本書後的心得報告；同時提供一些建議事項，俾有助於我國人民參政制度的建立。

　　作者主修政治科學，對社會科學（尤其法政）方面有濃厚興趣。因有志於此，擬本所學為探究中山先生思想的知識基礎，不敢奢謂有所匡補，但願弘揚孫中山精神於世，倘能有益於人類社會之政治發展於萬一，則於願已足。作者學植

尚淺，敬祈

　　博雅君子有以教我，不勝感禱之至！許多師友予我之鼓
勵，並在此謹申虔誠謝悃與祝福！

陳春生　謹識於國立臺灣大學

中華民國 70 年 4 月

目錄

第一章　緒論

第一節　研究目的

　　吾人深知孫中山先生終生所懷抱的革命宗旨，殆為創建
一個名實相符的民主共和國。此一目標，自決心傾覆清廷之
日起以迄逝世，從未稍變。在《孫文學說》第八章〈有志竟
成〉之中，中山先生明確的表示「予自乙酉（1885 年）中法
戰敗之年，始決傾覆清廷、創建民國之志，由是以學堂為鼓
吹之地，借醫術為入世之媒，十年如一日。」[1]那個時候，他
革命的意志已經是要創建「民」國，而無稱王稱帝的個人英
雄主義意識。復於 1894 年檀香山興中會及 1895 年香港興中
會會員誓詞中，也可見到「創立合眾政府」之詞句。1905 年
正月，孫中山重訂致公堂新章規程及在比京與留歐學生組織
革命團體誓詞，則改為「創立民國」四字[2]。同年 7 月正式成
立於東京的中國同盟會入會誓詞亦沿用之[3]。無論稱「合眾政
府」或「民國」，都與此前中國國體政體不同。這無異把西

---

1. 《孫中山全集》第 1 冊，臺北：中國國民黨中央委員會黨史委員會編訂，
　 1973 年 6 月出版，頁 491。
2. 革命文獻第 64 輯，《興中會革命史料》，臺北：中國國民黨中央委員會
　 黨史委員會編輯發行，1973 年 12 月出版，檀香山興中會誓詞，見頁 20，
　 香港興中會誓詞，見頁 60，孫中山重訂致公堂新章規程第 2 條，見頁
　 122。孫中山在比京與留歐學生組織革命團體誓詞，見頁 146。
3. 革命文獻，前揭，第 65 輯，《中國同盟會史料（一）》，中國同盟會會
　 員盟書，見頁 83。

洋民主政治思想引起中國，在中國的政治思想史及政治制度史上，誠為曠古創舉。

　　民前 6 年 10 月 17 日（1906 年 12 月 2 日）在日本東京舉行民報一週年紀念會演講「三民主義與中國民族之前途」時，中山先生說：「民權主義，就是政治革命的根本。將來民族革命實行以後，現在的惡劣政治，固然可以一掃而盡，卻是還有那惡劣政治的根本，不可不去。中國數千年來，都是君主專制政體，這種政體，不是平等自由的國民所堪受的；要去這政體，不是專靠民族革命可以成功。試想明太祖驅除蒙古，恢復中國，民族革命已經做成，他的政治卻不過依然同漢、唐、宋相近，故此三百年後，復被外人侵入，這由政體不好的原故。……研究政治革命的工夫，煞費經營，至於著手的時候，卻是同民族革命並行。我們推倒滿洲政府，從驅除滿人那一面說，是民族革命；從顛覆君主政體那一面說，是政治革命。並不是把來分作兩次去做。講到那政治革命的結果，是建立民主立憲政體。照現在這樣的政治論起來；就算漢人為君主，也不能不革命。」[4] 由這一段話，我們知道中山先生矢志革命的主要目的，乃是為了要建立「民主立憲」政體的政治，「民主立憲」在他之意，也就是「民主共和」。所以，在中華民國成立以後，袁世凱改變國體，妄想當「中華帝國」皇帝時，中山先生不得不再起革命，而感慨萬千的說：「嗟夫！以先烈無量之頭顱，無量之熱血，所獲得之共和兩字空名，行將歸於消滅，是可忍，孰不可忍？深恐國體變更，國運亦隨之而斬矣。此正吾人振作奮發，急起直追，

4.《孫中山全集》，前揭，第 2 冊，頁 201。

起兵除奸，捨身救國之秋也。」[5]此一史實，正好印證了上述：「就算漢人為君主，也不能不革命」的一句話。基於以上之分析，吾人敢大膽而肯定的說，建立「民主共和」的現代化民主中國之政治體系，乃是中山先生積四十年奔走革命的終極目標。而「政權思想」正是他整套民權主義政治思想之重心所在！

作者對這位改變中國政治面貌的靈魂人物之政治哲學，頗感濃厚興趣。在研讀其遺著遺言時，宛然活見其人，倍覺他人格的崇高與思想的珍貴。前此，吾人曾對其「政黨思想」試作研究，今特繼以研究其「政權思想」。主要目的是：

（一）對中山先生所要建立的「民主立憲」國家政治體系內人民參政的理論根據，試作分析。藉以瞭解其政權思想之精義所在，以及達成其「全民政治」或「眾民政治」的政權思想之目標的方法。

（二）檢視中山先生政權思想之內涵，是否合於一般政治學原理，及現代世界政治潮流，並評斷其價值。

（三）基於中山先生政權思想之立場，檢討我國現行人民參政制度諸問題，並提出個人一些觀念，從而推出促進我國政治現代化之途徑。

（四）在 1924 年 3 月 30 日中山先生手書三民主義「自序」中，勉勵大家「本此基礎，觸類引伸，匡補闕遺，更正條理，使成為一完善之書。」[6]可見他極盼望讀者同志能對其各種理論「匡補闕遺」。然則，作者個人學植尚淺，何敢出

5.《孫中山全集》，前揭，第 3 冊，頁 339。1915 年（1915 年）9 月 30 日，派陳其美等七人南下籌餉並協辦黨務致南洋同志函。
6.《孫中山全集》第 1 冊，前揭，頁 1，三民主義「自序」。

此？是以，謹藉研究之便，旁涉有關書籍及論文，印證各國學者理論及政治事實，試將中山先生「政權思想」之體系，做比較有系統的整理而已。

第二節　研究方法

　　為了達成第一節所述各種研究目的，作者採用下列幾種方式進行本書之研究工作：

　　（一）**分析研究法**（Analytical approach）──中山先生之著作，不能以現代嚴謹的學術作品之尺度來衡量，因為中山先生是一位書生革命家及思想家，而不是一位政治學家，他沒有唸過政治學系，他是一個醫生。所以他的思想，我們只能從他的演講詞，及有關論著、宣言、文告，和部分函電中看出來。要研究其政權思想內涵，必須採用分析研究法，俾使在浩如煙海之文字中，分析其相關之理論，從而做有系統的組織和研究，並做合於邏輯的排比和解釋，以發現其價值所在。這個工作是相當艱鉅的。

　　（二）**比較研究法**（Comparative approach）──社會科學的研究，比較方法是頗為重要的，而研究中山先生的政治思想，尤須與中外古今思想家或學者，甚至政客、野心家、獨裁者之觀念，作適當的比較，庶幾能得知其異同，從而看出中山先生思想的特點。本研究為中山政治思想的重要部分，作者當然必須注意及此。是以，在研析中山先生論著、演講詞之外，也須廣為蒐集各家有關理論，用為比較之資料。此外，如眾所週知，我國之政治建設係以中山先生的政治思想為根據的，在人民參政的制度上，與中山先生政權思想之理

論，亦須從事比較之工作，才知理論與現實之關係，而研究之本身也才富於意義。

（三）**法學研究法**（Legal approach）——一種思想與理論合用與否之判斷，須經實踐乃可知其然，是以，為瞭解中山先生政權思想之理論，是否適於運用在我國政治行為之上，吾人必須從法律學上探討有關規定及其運作之精神。至於我國未及實踐之理論，也應採取法學研究法，以便吸收外國過去及現代法制上所作實踐之經驗資料（Empirical data），才能明白中山先生政權思想之體系是否完全合於今日世界政治新趨向？藉此研究，我們才能對中山先生政權思想之理論作新的價值判斷，以及力求更新，而賦於時代意義。

此外，在必要時，也運用到現代行為科學的方法及理論，以解釋中山先生的政權思想。作者深信，藉上述幾種方法，當有助於作者對中山先生政權思想之闡揚。

第二章　政權與民主政治

第一節　政權之意義

　　在從事本研究之前，必須先對「政權」之意義加以界定。首先，要說明的是本書主題所稱「政權」二字，並不指一般報紙、雜誌、廣播、電視及通俗所瞭解的「政權」（regime），如傀儡「政權」、匪偽「政權」、阿敏「政權」、……這些字眼，在我們的感覺上，似指不屑予承認的政治組織而言，在心理上存有鄙視之見。而本書所稱之「政權」，係採用中山先生自己的發明，也可說是人民的「政治力量」（political powers）而不是「政治權利」（political rights）。然則，為了更清楚的說明其意義起見，吾人必須把相關名詞——民權也一併加以研究。

　　一般人所瞭解的「民權」，可以說是公民權（civil rights），其範圍應包括成年公民所可享受的一切權利。譬如國家對刑事犯予以褫奪「公權」，即指剝奪犯人在公法上應享受的權利資格之意。但是，中山先生對「民權」之意義的界定，另有他的見解。他說：「現在要把民權來定一個解釋，便先要知道什麼是民。大凡有團體有組織的眾人就叫做民。什麼是權呢？權就是力量，就是威勢；那些力量大到同國家一樣，就叫做權。……有行使命令的力量，有制服群倫的力量，就叫做權。把民同權合攏起來說，民權就是人民的政治

力量。」[1]接著他繼續說「政治」二字的意義，「什麼是叫做政治的力量呢？我們要明白這個道理，便先要明白什麼是政治。……政治兩字的意思，淺而言之，政就是眾人的事，治就是管理，管理眾人的事便是政治。有管理眾人之事的力量，便是政權。今以人民管理政事，便叫做民權。」[2]可見依中山先生之意，民權是以人民管理政事的力量。這個力量在君主國家，並不操在人民的手裏。這個力量一旦操在君主的手裏，君主對人民便擁有生殺予奪之權，這就是「君權」。君主有好的，也有壞的，人民對「那些為民造福的就稱為『聖君』，那些暴虐無道的就稱為『獨夫』，大家應該去反抗他。」[3]人民反抗「獨夫」或「暴君」的集體行動，就是革命。而中國歷代的易姓革命以及大大小小數不清的變亂，正是造成人民顛沛流離、生靈塗炭的主要原因。中山先生認為這是由於「中國自有歷史以來，沒有實行過民權」[4]的緣故。「中國老早便是君權時代，民權這個名詞，是近代傳進來的。」[5]為免除這種惡性循環的苦難，「希望國家長治久安，人民安樂，順乎世界的潮流，非用民權不可。」[6]可見「民權」一詞是與「君權」相對的。而在許多場合，提到西方民主時，他也用「民

1.《孫中山全集》第1冊，臺北：中國國民黨中央委員會黨史委員會編訂，1973年6月出版，頁65，民權主義第1講。
2.同上。
3.同上，頁72。
4.同上。關於中國歷史上之所以發生治亂循環的原因，根據周道濟的研究結果，認為有（一）政治人事上的原因，（二）政治制度上的原因，（三）人民心理上的原因，（四）人口與糧食的原因，（五）天然災害的原因等五個。（參見臺北中央研究院三民主義研究所專題選刊第十五種，《我國一治一亂思想的探討》，1978年7月出版，頁26-31。）
5.《孫中山全集》第1冊，前揭，民權主義第1講，頁71。
6.同上，頁73。

權」兩字，所以我認為也的民權之意義也就是「民主」（democracy）[7]。事實上，他自己也說過：「中國自革命以後，成立民權政體，凡事都是應該由人民作主的；所以現在的政治，又可以叫做民主政治。」[8]

那麼，「民權」與「政權」有什麼關係呢？民權主義第六講有一段話說：「……在我們的計劃之中，想造成的新國家，是要把國家的政治大權，分開成兩個：一個是政權，要把這個大權，完全交到人民的手內，要人民有充分的政權，可以直接去管理國事。這個政權，便是民權。一個是治權，要把這個大權，完全交到政府的機關之內，要政府有很大的力量，治理全國事務。這個治權，便是政府權。」[9]可知，依中山先生之意，他的「政權」二字之意義，也就是「民權」。因為他所指的「政權」是人民大家掌握，而非由君主或任何私人集團掌握的。換句話說，「政權」也就是人民的「政治主權」，而與「治權」或「政府權」是相對的。

然則，「政權」與「治權」之關係又如何？中山先生說：「政治之中，包含有兩個力量，一個是政權，一個是治權。這兩個力量，一個是管理政府的力量，一個是政府本身的力量。」[10]這也就是說，「政權」乃是管理「政府的力量」的力量，顯然是優先而且高於「治權」的。這個思想，與民主主義之信念是完全符合的。美國加州大學政治學教授歐本

7.如民權主義第 1 講，他說：「近代事實上的民權，頭一次發生是在英國。」（見《孫中山全集》第 1 冊，頁 73。）又說：「美國的革命，脫離英國獨立，成立美國聯邦政府，到現在有一百五十年。這是現在世界中頭一個實行民權的國家。」（見同頁。）
8.《孫中山全集》第 1 冊，前揭，民權主義第 6 講，頁 128-129。
9.同上，頁 149。
10.同上，頁 147。

斯坦（William Ebenstein）在其名著：《現代的各種主義》（Today's Isms）一書中，曾列舉八點西方民主信念之特徵，其第七點即是「討論與同意」（discussion and consent）。根據民主社會的理論，「政府是從被統治者的同意而取得適當的權力」（government derive their just power from the consent of the governed.），因為除了為人民服務之外，國家實無由存在，假如政府變成橫暴，而忽視人民權利，則此一民主理論不但支持人民得起而反抗的權利，而且認為反抗橫暴政府，發動革命乃職責所在[11]。這個觀念可說是由英國洛克（John Locke）及美國傑佛遜（Thomas Jefferson）一脈相傳而來的。但是這種反抗暴君及專制政府的革命權利之思想，在中國亦早就有之。如《孟子》一書〈梁惠王下篇〉就有這麼一段記載：「齊宣王問曰：『湯放桀，武王伐紂，有諸？』孟子對曰：『於傳有之。』曰：『臣弒其君可乎？』曰：『賊仁者，謂之賊；賊義者，謂之殘；殘賊之人，謂之一夫。聞誅一夫紂矣，未聞弒君也。』」顯然，孟子認為這種賊仁賊義，不仁不義，損人利己，暴虐無道，只為私人特權圖謀的君主，已不成其為君主，而只是一個「獨夫」而已，對於這種危害社會正義，造成人民痛苦的暴君，人人得而誅之。若在共和體制下，不為人民造福，反而殘賊百姓的政府，則只是一個吸民血膏的邪惡集團，而不是一個正常的政府，人民自得起而推翻之。中國孟子的這種「暴君放伐」理論，到明末大儒黃宗羲而發揮得淋漓盡致。他明白地表示：「君主如不能盡其君道，成為獨夫，則人民不但無服從之義務，且有討伐反

---

11. William Ebenstein, Today's Isms, Seventh edition, (New Jersey: Englewood Cliffs, Prentice-Hall, Inc. 1975) p. 151.

抗的革命權利。」[12]中山先生承襲此一理論傳統，認為「那些暴虐無道的（君主）就稱為『獨夫』，大家應該去反抗他。」的這種理念，是「中國人對於民權的見解」，而在「二千多年前，已經早想到了。」[13]

不過，歐本斯坦（William Ebenstein）說：「此一反抗的權利，只能在討論與同意的方法已被暴虐的專制政治封鎖了之後，始得行之。在討論之門徑（Channels discussion）永遠敞開的社會，民主主義者不能主張這種反抗國家從事革命的權利。」[14]換句話說，只要「政權」是由人民掌握，政府管理國事尊重人民之意願，人民且隨時可以表達政治意見，而免於被迫害之恐懼，則政治之改革，可以在和平開放的基礎上進行；人民生命、財產及各種權利，自可獲得保障；而政府也可以在定期的公正選舉下和平轉移。在這種民主社會裏，革命行動顯然已經沒有必要。這是中山先生主張「政權」要「完全交到人民的手內，要人民有充分的政權。」[15]的重要原因。所以中山先生的「政權」之意義，也就是「人民管理政府的權或力量」，與「民權」有近似的意義。基於以上之分析，我認為中山先生的「民權主義」，本質上就是「民主主義」，而「民權政治」，也就是「民主政治」。如果要分別這兩個主義有什麼不同？則我們可以說，中山先生的「民權

---

12. 參閱周道濟：《我國民本思想的分析與檢討》，臺北：中央研究院三民主義研究所專題選刊第四種，1977 年 4 月出版，頁 11-13。
13. 《孫中山全集》第 1 冊，前揭，民權主義第 1 講，頁 72。
14. William Ebenstein, op. cit., p. 151, "The right to rebel can be claimed only where the methods of discussion and consent are blocked by tyrannical despotism; Where the channels of discussion are open, a democrat cannot claim the right of rebellion against the state."
15. 《孫中山全集》第 1 冊，前揭，民權主義第 6 講，頁 149。

主義」，比西方的「民主主義」更重視人民的參政權，中山先生的思想，是不允許專制政府存在的。基於此一見解，吾人認定「政權思想」實為中山先生政治思想中最重要的一部分。

第二節　民主政治之意義

在上一節，作者提到民權主義就是民主主義，民權政治就是民主政治，而民主政治本身之理論又極為複雜，牌子又多，可見在研究中山先生的政權思想之前，對一般民主政治之理論，必須作一番探討之工作，然後，分析中山先生之政權理論才比較方便一些。是以，自本節以後，將依序討論民主政治之意義、民主政治之重要、民主政治之條件、民主政治之形式以及「政權」與民主政治之關係。茲先討論民主政治之意義。

民主政治在英文稱為 democracy，而 democracy 是由希臘語的 demos 與 kratos 兩個語根結合而成，demos 是人民（the people）之意，而 kratos 則是指權威（authority）或統治（to rule）。合而言之，則為人民權威（authority in the people），或民眾統治（rule by the multitude）之意。但是，希臘文所指謂的人民，並不是全民，奴隸和婦女是被排除在外的。到十七世紀之後，人民才具有全民的意義——也就是全體公民之意[16]。希臘人用此一字義，始於西元前五世紀，所以浦萊斯（James Bryce）謂自希臘歷史家希羅杜塔斯（Herodotus

---

16.參閱羅志淵：〈民主政治與地方自治〉，載臺北：《憲政思潮季刊》第十期，頁5。

484～425 B.C.）以來就用這個字以指稱一種政府體制（form of government），在這一體制之下，國家的統治權不屬於某一特殊階級或各個階級，而屬於整個社會的人民[17]。希臘人用民主政體（democracy）來反對當時一人統治的君主政體（monarchy）及少數人統治的寡頭政體（oligarchy）[18]。

　　顯然希臘人是以政府體制來說明民主政治的，這個說法，一直流行到近代。因此，梅茵爵士（Sir Henry Maine）在其 1886 年所著的《民治政府》（Popular Government）一書中，即認定「民主政治不過是指一種特別的政府體制」（democracy means simply a particular form of government）[19]。在這個體制下，人民（the people）或多數人（the many）行使政治的控制權[20]。浦萊斯（James Bryce）在其名著——《現代民主政體》（Modern Democracies）一書中認定希臘民主政治的原義為多數政治，所以他說：「在本書，我用此字是採其固有的而嚴格的意義，藉以表示一個政體，此一政體乃由合格公民的多數意志所統治。良以合格公民至少占四分之三，所以公民的體能與他們的投票權（voting power）大約是相一致的。」[21]而認為民主政治乃是「多數統治」（the Rule of the

---

17. James Bryce, Modern Domocracies, (New York: The Macmillan Company, 1921.) vol. I, p. 20.
18. Ibid.
19. Carlton Clymer Rodee, Totton James Anderson & Carl Quimby Christol, Introduction to Political Science. (New York: Mcgraw-Hill Book Co., 1957) p. 83. cited from Sir Henry Maine, Popular Government, (New York: Henry Holt and Company, Inc., 1886) p. 59.
20. Ibid.
21. James Bryce, op. cit, vol. I, p. 22 "In this book I use the word in its old and strict sense, as denoting a government in which the will of the majority of qualified citizens rules, taking the qualified citizens to constitute……at least three-fourths, so that the physical force of the citizens coincides (broadly speaking) with their voting power."

Majority）[22]，傳統政治學者，大多持這種政府體制說，來解釋民主政治之意義。

　　但是，誠如美國威斯康辛大學奧斯汀‧蘭尼（Austin Ranny）教授說，自西元前五世紀以至第一次世界大戰時，言民主政治者大抵抱持希臘人本來的命意，但自 1918 年以來，Democracy 一字已經演變成多種涵義[23]。如：有人認為 democracy 不只是一種政府體制，更重要的意義是人類社會的一種哲學，一種生活方式，一套觀念和態度，足以誘導和指引社會人群彼此間的政治行為、經濟、社會及文化上的相互關係。抱持這種見解的人日見增多，如梅利姆（Charles E. Merriam）在其 1939 年所著《新民主與新專制》（The New Democracy and the New Despotism）一書中所說：「Democracy 不是一套公式，或是一種藍圖，而是公眾意志的說法和指示，以對待社會（commonweal）的一套思想和一種行為模式。」[24] 他所指的社會（commonweal）不只包括純「政治」事務，還包括實體物質和精神理念的廣泛範疇。易言之，也就是包括提高生活水準，培養和豐富人格，及擴大國民的「群眾收益」（mass gains），而此項收益乃因增加全體人群經濟和社會的生產而獲致的[25]。

　　其他更有人認為 democracy 不僅是一種政府體制，而且是一種社會體制，這種社會體制比任何政府理論更為親切而

---

22. Ibid., p. 20.
23. Austin Ranney, The Governing of Men: An Introduction to Political Science, revised edition, 1966, p. 96.
24. Carlton clymer Ridee, et al., op. cit., p. 84. "Democracy is not a set of formulas, or a blueprint of organization, but a cast of thought and a mode of action directed toward the commonweal as interpreted and directed by the common will."
25. Ibid.

且重要。如李普曼（Walter Lippmann）在其所著《輿論》（Public Opinion）一書中即作如此看法。而林德賽（A. D. Lindsay）在其所著《民主政治要義》（The Essentials of Democracy）一書，很顯然地認為「民主政治」是一種政府體制，但他認為民主政治是達成比任何種類的政府更為重要的某種事物的一種理想方式和手段，亦即達成「個人的自由道德生活」（the free moral life of the individual）[26]。拉斯基（Harold J. Laski）認為「民主觀念之要義」乃是「人們努力以確認他們自己的本質，並排除對於此一確認的所有障礙。」他強調經濟、社會及政治的平等的要求，認為這是「民主發展的基礎。」他相信「只要有不平等就不能有自由。」[27]

馬克佛（R. M. Maclver）在其所著《政府組織》（The Web of Government）一書中表示，要把政府體制說的民主與生活方式說的民主分開是不容易的。他說：「我們不要從民主的精神方面去對民主政治下界說，因為民主政治是一種政府體制，但人們為民主政治而奮鬥者，並非為這種體制，而是為其所支持的生活方式。」[28]

以上是一些關於「民主政治之意義」的比較性之討論。我們似乎可以做一個比較適當的結論：民主政治是政府體制與生活哲學兩者之結合，它誠然是政府體制，在政府的運作過程中，人民或他們的多數，對公共政策的主要問題擁有最

---

26. Ibid.
27. Ibid., "so long as there is inequality, there cannot be liberty."
28. Ibid., p. 85, "We do not define domocracy by its spirit, since democracy is a form of government.…But men have struggled toward democracy not for the sake of the form but for the way of life that it sustains," cited from R. M. Maclver, The Web of Government. (New York "The Macmillan Company, 1947") p. 204.

後的決定權力。但是，此一政府之存在，目的不在其自己，而是達成更重要目的的手段。然而，一個真正的民主國家，其政府是永遠為其所有住民的「幸福生活」（the good life）而努力奮鬥的[29]。

第三節　民主政治之重要

民主政治之意義既如上節所述，乃為政府體制與生活哲學兩者之結合，人民對公共政策擁有最後的決定權。然而，此一結合體有什麼重要性呢？它究竟有什麼特別價值？這是作者在本節中所要申論的。

從統治權之歸屬來觀察，民主政治是與君主政治相反的。君主政治有什麼不好呢？密勒（John Stuart Mill, 1806-1873）在其所著《論代議政治》（Considerations on Representative Government）一書中曾說：「從很久以來，我們就有一句俗語：如果能有一個好的專制君主，專制的君主政體就是最好的政府形式。我把這句話看作是對好的政治的一種極端而有害的誤解。」[30]為什麼呢？因為密勒認為「那句話的假定是，絕對的權力操在一個卓越的人手裏，就會保證政府的一切責任將有有效和明智的履行。好的法律會被建立和推行；壞的法律會被改革。最好的人會被安置在負責任的位置上；而在國家環境以及他的智識與道德修養程度所允許的情形下，司法會被管理得很好，社會的負擔會很輕微和有

---

29. Ibid.

30. John Stuart Mill 著，郭志嵩譯，《論自由及論代議政治》，臺北：協志工業叢書出版股份有限公司出版，1974 年 5 月三版，頁 132。

適宜的分配，每一行政部門也會有廉明的管理。」[31]但是，密勒認為即使能「產生以上相仿的結果，也不單是那句簡單的話所說的一個好的專制君主就能做到，還需要很多條件的配合，那些結果的實現，事實上不僅要有一個好的君主，而且要有一個留心到一切方面的君主。他對全國各地區每一行政部門的辦事情形，必須隨時有正確詳細的情報（作者按：注意此處的「正確、詳細」二詞），而且必須能夠在每天所給他的，並不異於所給予最卑微的勞動者的二十四小時中，對這種廣泛範圍的各方面都給予有效的注意和監督；或者他必須至少要能在全國國民中，不但發掘和選用大批清白幹練的人，能在管理監督下處理公共行政每一部門的工作，而且還要發掘和選用少數有卓越品德和才智的人，不僅毋須予以監督，而且信賴他們去監督別人。」[32]這可能嗎？密勒抱著悲觀的態度，認為「很難想像我們所假定的好的專制君主會願意負擔這種任務，除非他以它為某些重大災害的避難所，或以它為達到某些企圖的一種過渡性的準備。

　　就假定所說的困難都已消失，我們然後會遭遇怎樣的局面呢？一個有著超人精神和活動能力的人，管理著一個精神上消極的民族的全部事務。……不管是整個民族或者組成它的每個人，對他們自己的命運都沒有有力的發言權。他們在有關自己集體利益方面，也不能發揮他們的意願。一切事情都是由一個人的意願決定，而如他們不去服從它，在法律上就是一種罪行。在這種統治下會形成怎樣的人類呢？在它下面，他們的思想和活動能力又怎能獲得發展呢？」[33]而那種社

31. 同上。
32. 同上。
33. 同上，頁133。

會，我相信必也成為暮氣沉沉的人間煉獄。

　　在這種君主專制政體之下，會發生什麼禍害呢？密勒認為可能使整個民族「被蹂躪、被征服、為一個更強的暴君或鄰近的在野蠻的粗暴之中仍然保持著自由活力的野蠻民族所奴役。」[34]這不僅是自然的趨勢，而且也是隨著專制政治而來的必然結果。關於這種推論，中山先生亦曾提及，他認為明太祖雖驅逐蒙古，恢復中國，可是他實行的是專制政治，因而三百年後，又被外人（指滿洲）侵入，導致第二次亡國的悲劇，這是由於政體不好的緣故[35]。足見中山先生與密勒對於君主政體之不足以保家衛國，有同一見解。

　　由密勒的分析，我們乃知對於君主政體不必存有厚望。不過，密勒認為君主政體在一個前提之下可以免除禍害，那就是除非君主「同意使它不成為專制的政治。只要那位假定的好的專制君主不使用他的權力，或者雖然保留地持有那種權力，卻允許政府事務的進行，好像由人民真正管理著他們自己那樣。……他可以允許出版和討論的自由，以便形成一種輿論，對國事表示其意見。他可以容許人民自行管理地方上的事務，不受當局的干涉。他甚至可以容許在他周圍有一個或不止一個政事評議會，由全國或國內某部分人自由選擇其人選；只把徵稅和最高立法和行政的權力保持在自己手中。如果他能這樣做，不以專制的君主自居，他就可以免除大部分專制政體所特有的弊害。」[36]在這種情勢之下，政治活動和

34.同上，頁 135。
35.《孫中山全集》第 2 冊，前揭，頁 201。（1906 年 10 月 17 日在東京演講：「三民主義與中國民族之前途」）
36.郭志嵩譯，前揭書，頁 135。

處理公共事務的能力將不會遭遇阻礙，在國內的團體中逐漸成長；而一種輿論也會自行形成，不單是政府的附和者[37]。

可是密勒認為這樣又會發生新的難題，因為這種不是聽命於君主的輿論，必然不是擁護君主就是反對君主，不是站在這一邊就是站在另一邊。而一切政府並不能使所有的人滿意，因之都不免要觸怒很多人。這些人現在既有正式的機構可以表示他們的意見，種種反對政府措施的意見就難免時常表現出來。當這類反對意見成為多數人的意見時，那位君主怎麼辦呢？他會聽從國內多數人的意見嗎？如果是，他就不再是專制的君主，而只是一個立憲的國王，成為人民的代言人或元首，而唯一的不同處就是不能將他撤換。如果不，他就必須用他專制的權力打擊反對派，否則就會在人民和他個人之間產生永久的敵視，而到最後也只有一種可能的收場，那位君主必然會被屈服，遵從立憲君主政體的條件，否則就要讓位給一個願意那樣做的皇族。可是，人民絕不會忘記他們所享的自由是由於特許和現有憲法下的一種讓步，而那種讓步卻隨時可以被收回。他們也絕不會忘記他們在法律上都是奴隸，雖然是屬於一個明達或寬大的主人[38]。然而，密勒相信：一個專制君主有時雖願興利除弊，而九十九個專制君主卻只會製造弊害[39]。這也是中山先生之所以不主張中國行君主立憲政體，而主張建立民主立憲政體，「就算漢人為君主也不能不革命」的原因[40]。

---

37. 同上。
38. 同上，頁 135-136。
39. 同上，頁 136。
40. 同註 35。

　　由以上之論述，吾人得知英人約翰・密勒確是一位熱衷於民主政治的思想家。然而，他並不反對統治者為排除積弊及自由的障礙而行使一種暫時的獨裁。他說他決不反對在極端危急的情況中，以一種暫時獨裁的方式使用絕對的權力，作為治療政治積弊的一種必要藥物[41]。即使自由國家在不能以溫和的方法加以排除積弊時，過去也有時自願授以這樣的權力給統治者。可是縱然在一嚴格限制的時間中，也只在獨裁者能以其所有的全部權力排除妨害全國享受自由的障礙時，才可以原諒。所以他認為，所謂「好的專制」，根本就是一種錯誤的觀念，實際上（除以它為達成某種暫時目的之方法）也成為一種最愚蠢最危險的幻想。一種「好的專制」在一個文化稍有進步的國家，比「壞的專制」更為有害；因為它更能鬆懈和減弱人民的思想、感情和努力。

　　密勒的論點，無疑的，在二十一世紀來臨的今天，對主張所謂「開明專制」的人，是一當頭棒喝。他認為理想上最好的政治形式，就是以主權或最後的最高統治權賦予整個社會團體的一種政治形式；每個公民不但對那種最後主權的運用具有發言權，而且至少有時會被徵召去實際參加那個政府，擔任某些地方性或一般性的公共任務[42]。——而這種政治形式就是「民主政治」。

　　密勒之所以主張民主政體，蓋因民主政治有其重要價值；有利於對社會事務的良好管理，而且比其他任何政體更能增進一種更好更高尚的民族性格。而其優越性實基於下列兩個原理：

19

41.我認為密勒此一觀念，正好和中山先生的「訓政」理論一致。
42.郭志嵩譯，前揭書，頁 136-137。

(一) 只有在每一個有關的人都能為自己，和慣於為自己
　　 的權利和利益辯護時，其他人的權利和利益才會獲
　　 得保障。

(二) 隨著各個人所作的各方面努力和努力的程度，將使
　　 一般繁榮達到更大的高度和散布得更為廣泛。

　　那就等於說：要使人類能夠免於別人的殘害，唯有看他
們是否有自衛力量和是否實行自衛；而要使他們在和自然的
鬥爭中有高度的成功，也唯有看他們是否倚靠自己；信賴他
們個別或集體的能力，而不是倚賴別人去替他們做[43]。

　　以上所討論的是以密勒的論點為基礎，來說明君主政體
之不可取，以及民主政體的重要性。然則，是否沒有君主的
共和國家，就一定順理成章有民主政治呢？這又不然。一般
人容易誤解，把共和（Republic）與民主（Democracy）混
淆。嚴格的說，共和國的政府形式是，其名義上的政府元首
不是世襲的，一個共和國可能有一個不民主的政府（如納粹
德國或蘇聯），但一個君主國可能是一個民主國家（如英國
和斯堪地那維亞國家），這兩個詞彙並無有機的或邏輯的關
聯[44]。共產黨也有他們的民主教條，常自詡地號稱「人民民
主」（people's democracy），強調只有蘇聯及共產集團的國
家，才能被稱為「民主政治」國家。

　　蘇聯駐美大使於二次世界大戰期間，曾送給中華民國駐
美大使胡適一本 1936 年的《蘇聯憲法》說：這是世界上最民
主的憲法[45]。他們認為真實的民主政治乃是一種制度，在此制

---

43. 同上，頁 138。
44. The Encyclopedia Americana, international edition, 1979, vol. 8, p. 685.
45. 羅志淵，《民主政治與地方自治》，前揭，頁 7。

度下，政府的各種政策和各種措施，都是為了促進無產階級的真正利益和幸福。因之，在他們看來，「民主政治」是指政府所為的是什麼事情（a matter of "What" government does），亦即要問政府政策的內容（content），而不管政策制定和執行的程序（process）。

總之，共產黨徒篤信民主政治是「民享」（"for" the people，其所謂民是指無產階級，不是指全民。）而非「民治」（"by" the people）。從此等理論，當可為其一黨專政、迫害政治上的反對者、每官職只許一個候選人的選舉制度（One-condidate-per-office elections）、以及其他各種扼殺民意的措施而辯護[46]。

這種思想恰恰與中山先生的思想相反。1921 年 7 月，中山先生在中國國民黨特設辦事處演講「五權憲法」時說：「人民必要能夠治，才能夠享，不能夠治，便不能夠享。如果不能夠享，就是民有都是假的。」[47]這就是說「民治」優先於「民享」，「民享」優先於「民有」。只有人民能參與公共政策的制定，才能把自己的命運掌握在自己的手裏，才能夠求生存。所以中山先生強調中國非實行民主政治不可。他極力反對君主立憲，也反對極權主義，而主張建立「民主立憲」國家──也就是說他要「共和」，不要「君主」，要「民主」，不要「專制」。這不只為了適應世界新潮流，也為了替中國開萬世太平。

是以，在 1923 年 1 月 29 日，於其所著《中國革命史》之中，從學理、歷史及將來建設三方面說明其從事革命建國

46. Austin Ranny, op. cit., p. 85.
47. 《孫中山全集》第 2 冊，前揭，頁 421。

運動之目標，非採「民主立憲」不可的理由如下：

其一、──「既知民為邦本，則一國以內人人平等，君主何復有存在之餘地，此自學理言之者也。」

其二、──「滿洲之入據中國，使中國民族處於被征服之地位，國亡之痛，二百六十餘年如一日；故君主立憲在他國君民無甚深之惡感者，猶或可暫安於一時，在中國則必不可能行，此自歷史事實而言之者也。」

其三、──「中國歷史上之革命，其混亂時間所以延長者，皆由人各欲帝制自為，遂相爭相奪而不已。行民主之制，則爭端自絕。此自將來建設而言之者也。」

又曰：「有此三者，故余之民權主義，第一決定者為民主，而第二之決定者則以為民主專制必不可行，必立憲然後可以圖治。」[48]

由是可知，「民主立憲」實為中山先生革命建國之首要目標，其重要性已不待再費筆墨而明矣！

第四節　民主政治之條件

我們要瞭解「民主政治」的真實內涵，不能僅知其表面意義為已足，必須深入地探討其構成真正民主的各種條件乃可。這些條件的探討，對研究中山先生政權思想是極端重要的！紐約大學賽登尼‧胡克教授（Sidney Hook）在 1979 年出版的《大美百科全書》中，對 democracy 一詞之解釋至為詳細。他認為民主政治是一種政府體制，在此政府體制中，政

---

48 同上，頁 182。

府的主要決策——或這些決策背後的政策指示——是直接地或間接地依據被統治的成年公民多數的「自願同意」（freely given consent）[49]。辨別民主政府與其他政府體制之差異，有一個流行的觀點，那就是一個民主政府乃是少數或少數代表可能和平地成為多數或多數的代表的政府。當然，此一前提是，此一轉變係由於被統治者成年公民之多數的「自願同意」所形成[50]。因之，民主政府的執政者一定有容納異見的雅量。

在什麼條件之下，成年公民可以表現其「自願同意」呢？胡克教授認為「當沒有使用身體的迫害或迫害的威脅來對付意見表達時；當沒有無理的限制置於言論出版、集會結社的自由之上時；當宣傳沒有被執政黨壟斷時，以及通信器材或設備沒有制度上的控制時。」[51]「自願同意」方能顯現出來，因為這些是使「自願同意」存在的最低條件。如若不然，則公民投票（plebiscite）即使是全體一致，也是沒有民主的效力的[52]。所以，表面的「多數決」並非民主之真諦，公民有「自願同意」的機會，才是民主的靈魂。民主政治絕非只是一個空洞的名詞，而有其高貴的實質。

胡克教授所列上述各種條件，在過去的法西斯主義社會及今日的共產主義世界和一些落伍國家都未曾具備。因此，

---

49. The Encyclopeydia Americana, op. cit., vol. 8, p. 684. "Democracy is a form of government in which the major decisions of government--or the direction of policy behind these decision--rest directly or indirectly on the freely given costent of a majority of the adults governed."

50. Ibid.

51. Ibid., p. 685. "Briefly, When there is no physical coercion or threat of coercion employed against expression of opinion; When there is no arbitrary restriction placed on freedom of speech, press, and assembly; Where there is no monopoly of propaganda by the ruling party; and where there is no instituional control over the instruments or facilities of communication."

52. Ibid.

他們為了趕時髦，也紛紛把他們的「民主」牌子掛上來，美其名為「組織民主」（organic democracies）、「指導民主」（guided democracies）、「新民主」（new democracies）、「高級民主」（high democracies）、「社會主義民主」（socialist democracies）等等，共產主義社會和蘇聯、中國及卡斯楚（Fidel Castro）統治下的古巴，就叫「社會主義民主」。共黨否定佛朗哥將軍（Gen. Francisco Franco）統治下西班牙的「組織民主」，但他們否定的理由，事實上，共黨國家也在運用。反之亦然，西班牙長槍會（Spanish Falange）成員否定共黨民主，但其否定之理由，同樣可以用來否定西班牙的「民主」特徵[53]。其實他們都是假民主。試想，如果人民沒有人身自由的保障，隨時可能被莫須有或編造的罪名而加以逮捕、審訊、甚至加以身心迫害，人民還會有自由表達意見的機會嗎？縱使不出此，而僅使用迫害的威脅，人民還有自由表示意見的勇氣嗎？言論、出版、集會、結社的自由受無理限制的社會，人民怎麼可能會有真正的參政權利呢？因此，吾人深覺民主政治之能否實現，與人民能否享受基本自由人權之間，有絕對密切的關係。

中山先生是一位民主政治的信仰者，對人類的自由人權素抱渴望，他在這方面有許多遺言。民國元年〈臨時大總統布告友邦書〉中有一句話：「天賦自由，縈想已夙，祈悠久之幸福，掃前途之障蔽，懷此微忱，久而莫達。」[54]由這句話，可知中山先生之革命，乃為了使中國人民從滿清君主專制的政治控制中，求得解放。所以民國成立後，「凡為中華

---

53. Ibid., p. 684.
54. 《孫中山全集》第 1 冊，前揭，頁 784。
55. 同上，第 2 冊，前揭，頁 236。「女子教育之重要」演講詞。

民國之人民，均有平等自由之權。」[55]這裏所指的平等自由，也就是人人有平等的政治自由或參政權，以及言論、出版、集會、結社的自由權。因此他於 1924 年 11 月 19 日，在上海莫利愛路二十九號招待上海新聞記者，演講「國民會議為解決中國內亂之法」時說：「現在中國號稱民國，要名符其實，必要這個國家真是以人民為主，要人民都能夠講話，的確是有發言權，像這個情形，才是真民國；如果不然，就是假民國。」[56]這個觀念可說與今日民主政治思想家之見解是完全一致的。

中山先生何以如此嚮往民主政治呢？在「民權初步」序中，他說：「在滿清之世，集會有禁，文字成獄，偶語棄市，是人民之集會自由、出版自由、思想自由，皆已削奪淨盡，至二百六十餘年之久，種族不至滅絕，亦云幸矣；豈復能期其人心固結，群力發揮耶？」[57]沒有言論、出版的自由，當然就無法自由去發展思想，追求文化的進步。沒有集會、結社的自由，也就不能產生促進政治進步的推動力量。是以，英人密勒說：「出版自由是防止腐敗或專制政府的一種保障。」[58]

誠如浦萊斯所言：「政治自由就是一國公民參與政治的權利。」[59]人民而無言論、出版、集會、結社等等自由，便失去了政治自由，也就是失去了參與政治的權利。人民而無參與政治的權利，就不能表達「自願同意」（freely given consent），則政府將更專制、更腐敗。那麼，民主立憲國家何由

56.同上，頁 738。
57.《孫中山全集》第 1 冊，前揭，頁 667。
58.郭志嵩譯，前揭書，頁 13。
59.James Bryce, Modern Democracies, op. cit., vol. I, p. 54. "the participation of the citizen in the government of the community."

而建立呢？

　　胡克教授所提的「自願同意」之各種條件，可說是民主政治的消極條件。此外，他認為民主政府也需要拿出積極的辦法，以確保社會上不同的團體，能夠在被操縱的輿論機構中有個通道。舉例以言，如果，一個私人或一個團體，擁有新聞紙或電視頻道的經濟壟斷權，而阻塞那些不同觀點的人來使用它，則在民主政治的精神和字義上兩者都已被破壞淨盡了[60]。是以，吾人認為，民主政治又與經濟平等、社會平等以及教育平等不可分。然則，什麼是民主政治的積極條件呢？胡克教授認為有四：

　　（一）**開通的公民**（informed citizenry）──民主政治哲學家特別是傑佛遜（Thomas Jefferson）、密勒（John Stuart Mill）、及杜威（John Dewey），他們都呼籲大家注意某些加速和強化民主政治過程的積極條件。首先就是教育的推廣，允許對時代議題與問題（issues and problems）的報導和評論。如果傳播大道暢通，有教養的選民就能對過去的政策及現在的行動選擇之影響和代價、抱警覺態度。誠如斯賓諾塞（Spinoza）所言，人可能被其無知所奴役，蒙昧自由的選擇，可能走向災難之路。這就是擔心大眾的無知和愚蠢成為反民主政治的根源。閔肯（H. L. Mencken）也認為選民愈開通和愈有教養，民主政治愈為健康[61]。

　　（二）**活躍的公民參與**（citizen participation）──民主政治存在的第二個積極條件是公民活躍的參與政治過程。政治參與是當政府變為有力而複雜，終於產生一種氣氛，使公民個

---

60. The Encyclopedia Americana, op. cit., vol. 8. p. 685.
61. Ibid.

體因面對莫名的力量控制他的命運，而感到無能與無耐時的一種最關鍵的藥方。不然這種氣氛形成的後果，可能導致冷漠，而削弱民主政治的活力，即使民主政治的形式仍然保留。密勒認為「知覺的食糧是行動」（the food of feeling is action），讓一個人對其國家無所事事，他將不會關心這個國家[62]。

杜威且強調，公民平時參與地方及國家各種政治事務，對於使公民獲得民主政治整體觀念的一個新尺度的重要性。最大多數的公民以各種不同方式在不同層次上介入政治行動，這種多元中心的發展打消了政府擴張與集權的傾向，則「大社會」（a great community）的條件於焉奠定[63]。孫中山時代的國民黨人與杜威一樣重視公民的參與，1925 年 2 月 16 日，「中國國民黨對金佛郎案二次宣言」中有言：「凡對於國家之重大問題之足以增加人民負擔者，非經國民會議及國民會議所產生之正式政府之討論與決定，中國國民決不承認此等之負擔。」[64]國民黨人的這一觀點，將使人民權利獲得保障，而不致被少數特權階級所侵奪。吾人認為這種主張積極參與的精神，就是民主的精神。

（三）**權力的委任**（delegation of power）——胡克教授認為賢明的代表及其責任感，對民主政治也頗重要。因為沒有一個團體能夠持續不斷的開立法會議，而且也不是每個人都能夠把每一件事都做得一樣好。此外，在危機時刻，也需要信託某種制度和人員給予緊急權力，以便於防禦和保護整個社會[65]。一般人可能誤解民主政治之涵義，以為唯一真正的

---

62. Ibid.
63. Ibid. p. 686.
64. 《孫中山全集》第 1 冊，前揭，頁 929。
65. 同註 63。

民主政治是「直接民主」，所有社會上的公民都要出席而集體地通過所有的立法，像古雅典所實行的，或新英格蘭鎮會議（New England town meeting）的成例一樣，這是對民主政治的極大誤解。其實，全權代表在任何政治會議場合是不可避免的，除非所有公民都能全天候不停止的服務，不但是進行立法工作而且執行法律[66]。然則，這可能嗎？民主政治的基本問題是，機關的代表是否可更換的問題，也就是代表是否被他所代表的那些人所控制的問題，而不在乎親自出席或委任代表。這個觀念，中山先生也有同樣的認識。他在民權主義第六講說：「總而言之，要人民真有直接管理政府之權，便要政府的動作，隨時受人民的指揮……並不是要管理的人，自己都來做工夫，不要自己來做工夫的機器，才叫做靈便機器。」[67]由這一句話，我們就可以知道，中山先生絕不排除代表制度。是以，吾人認為研究如何培育一群富於正義感與進取心的菁英，實是有益於民主政治理想的實現的。

（四）**懷疑論與審議**（skepticism and judgment）──權力代表在平常及非常時期都可能發生濫用其權力之情形，是以，懷疑論與審議之受重視乃構成民主政治成功之第四個積極條件。懷疑論要求絕對真實，然而，領導者是否公正無私，專家是否絕對不會有錯誤，這是令人懷疑的。不可避免的，專家之生活一如大家一樣的多面，民主思想與普通常識都假說：「一個人不必要去做一個評估多數專家之工作的專家；特別是在廣泛的人類經驗中。一個人也不必要去做一個評判多數大廚司的廚司；或者由一個將軍去預測戰爭的勝負；由

66. The Encyclopedia Americana, op. cit., vol. 8, pp. 684-685.
67.《孫中山全集》第 1 冊，前揭，頁 152。

一個公務員去發現官僚的政策是導致幸福還是痛苦。在民主政治裏頭，消費者是，而且將是國王。」[68]胡克教授所說的「消費者」，也就是全體國民。他這種譬喻恰與中山先生的政權思想一致，中山先生在民權主義第一講曾說：「共和國家成立以後，是用誰來做皇帝呢？是用人民來做皇帝，用四萬萬人來做皇帝。」[69]如果這個理想成為事實，則人人認為自己最有本事，最為仁慈，可以稱王稱帝，可以領導群倫，以及政治上或社會上種種是是非非的紛爭，也就煙消雲散了！吾人認為民主政治之可貴，正在乎此。因之，司法的獨立，審判的公正無偏，大是大非訴諸選民公決，以及公民參與政策的制定，行政首長及國會議員的定期改選等等……都是民主政治成敗的重要關鍵。

　　普林斯頓大學教授皮諾克（J. R. Pennock）在其 1975 年新著：《民主政治理論》（Democratic Political Theory）一書中，第六章說明民主政治的條件，他提到歷史、社會經濟秩序及政治文化三個要件。在他申論社會經濟秩序時，認為必須注意兩個原則：

　　(1)民主社會必須是開放的社會——所謂開放的社會，意指民主社會必須有四面八方的透氣孔，而且有極大的適應性，必須引進新觀念及新的處事方法，必須不是排他的種姓階級社會（caste society），也必須不是被傳統性的政治組織，如教會和教條所控制的社會。因為此一階段制度，使中產階級及工人階級，不能達到權力和榮譽的地位。

　　(2)權力必須不能過於集中，以致個人自治失去勢力——

29

68.同註 63。

69.《孫中山全集》第 1 冊，前揭，頁 79。

民主政治的社會裏，權力必不能集中於某一群人，否則，立憲政府便不能使個人及少數人，甚或多數人，免除虐待與剝削的痛苦。因之道爾（Dahl）說：「競爭性的政權，不可能存在於經濟高度集中之國度。」[70]如果政府壟斷一切生產工具，控制教會，而且不允許自由工會及其他自由組織發生作用的話，民主政治就不能存在了。關於這個論點，我們可在所謂「無產階級專政」的共產主義社會中，找到根據，待後深論。

戰後德國所實行的政治體制表現出下列涵義，吾人認為可作民主政治之條件的結論：

①所有政治權力應出自選民，並受選民控制。

②選舉應在公平的競爭條件下進行，亦即應有兩個以上的有力政黨提出政綱及候選人以供人民選擇。

③政黨本身必須具備民主性質，且視為公民自願組合之團體，與政府機關不能混為一體。

④承認並保障人民的身體自由、言論自由、宗教信仰、集會結社、組織政團等個人基本權利。

⑤輿論工具如無線電、報紙、出版必須自由，不得由政府控制。

⑥法治（the rule of law）應為個人對抗政府濫權的獨一無二之最大保障[71]。

當然，民主政治也不是絕對唯一最完美的政治制度，也

70. Dahl, "Governments and Political Opposition" in Fred A. Greenstein and Nelson W. Polsby, eds., Handbook of Political Science, reading. (Mass: Addison-Wesley, 1975.) p. 141.

71. 羅志淵：《民主政治與地方自治》，前揭，頁14。引見 Department of State, Germany, 1947-1949, The Story in Documents, 1950. p. 156.

有其不可掩飾的弱點。然而民主政治不論在理論上和事實上受到怎樣嚴重的打擊，它仍然是卓然不拔，為自由人類所嚮往的法制，受得住打擊，經得起考驗，這就顯示出其本身堅強的力量和偉大的價值[72]！

第五節　民主政治之形式

民主政治之條件既如第四節所述，本節繼之討論民主政治行使之方法。依據孟德斯鳩三權分立的理論，政府宜分為行政、立法、司法三個部門，但這三權之中以立法行政兩權為最重要，立法權之性質屬於討論，行政權之性質屬於執行，討論應博採眾議，立法權須由大眾行使，不必包辦於少數人。執行之時，則應職權統一，行政敏捷迅速，所以行政權只要委託於少數人，不能由大眾行使。司法權自亦不能由大眾行使，因之只有立法權可由多數人行使。立法權由國家公民親自行使者，稱為直接民主（direct democracy），或純粹民主（pure democracy），委託少數代表集會行使者，稱為間接民主（indirect democracy）或代議民主（representative democracy），若在原則上仍委託代表行使，但公民在一定範圍之內，又可用投票的方法，來參加立法權的行使者，即稱為公民投票制（referendum）。

第一項　直接民主制

直接民主，中山先生稱為「直接民權」，有時候稱為「全民政治」，但是其內容實與第三項所述公民投票制無異。

31

72.羅志淵：前揭文，頁 14。

直接民主起源自希臘雅典的公民大會（Ekklesia or Assembly of citizen），這個公民大會係由國內年滿二十歲的男性自由民（奴隸不在其列）組成，人數在三萬人以上，三萬五千人以下，但出席人數很少超過五千人，通常為三至四千人，歷史上唯一紀錄是 3,616 人。重要法案非有六千人出席不得開會。不過雅典的公民大會之性質在審議各種議案，至若行政權則委託於執政官（Archon），人數九名，每年於公民中用抽籤的方法推舉之。司法權委託於六千公民組成審判團體（Heliaea），這六千名司法人員每年由各村落（Demes）於公民中用抽籤方法推舉之，分為十組（Dikasteries）辦事[73]。在公民大會之外，還有一個元老院（Boule），每年由公民以抽籤方法，推舉五百人組成「五百人會議」，其職權為召集公民大會，籌備提出於公民大會的議案，並監督公民大會通過的法律之執行。再如瑞士各邦所行之直接民主制，其行政權屬於行政委員會，司法權屬於各級法院，只有立法權才由公民大會行使。公民大會之外，另設參議會，由公民選舉代表組成，其職權為準備議案以便提出公民大會，並代表公民大會監督行政機關與司法機關，緊急之時又可發布命令以代替法律。又如美國新英格蘭州的若干市鎮，原亦實行直接民主制，許多由政府機關擔任的工作，當時都由人民自己或小團體來處理，但是現在，即使在小鎮之內，他們也願意付稅請人來進行這些服務工作，而不願躬親其事。目前，該州的若干市鎮，選民每年至少開大會一次，制定各項法律，規定如何修建及管理當地的公路、橋樑、街道、學校等。他們自己決定稅率，

73.James Bryce, Modern Democracies, op. cit., vol. I, pp. 172-177。薩孟武：《政治學》，1960 年 9 月四版二刷，頁 197-199。

決定公款的分配使用。他們選任官吏去執行所通過的法令，人民沒有把立法權賦給任何代表[74]。由此可知不論古今，行政權及司法權很少由公民直接行使的。所以直接民主與間接民主之區別只能以立法權之行使方式為標準[75]。

　　直接民主之原始意義，純指公民出席集會以行使立法權之意。但是現代國家已非雅典的城市國家可比，事實上，公民並不能以出席集會方式來親自立法，況且，誠如薩孟武教授所言：「人數既多，無法討論，出席的人非依自己的判斷，乃受群眾心理的支配，任意對於議案表示贊成或反對。由這兩點可以知道直接民主制縱在小邦，也不是一個理想的制度。」[76]譬如：瑞士的烏利（Uri）邦，原是實行直接民主制，但因領土稍大（1,076 平方公里）在 1920 年時，人口為二萬二千人，公民不易出席，乃改行間接民主制[77]。今天臺灣各鄉鎮人口在二萬二千人以上者不知凡幾？公民出席開會參與立法的「直接民主」制，殊少實現之可能。是以，演變到今天，中外學者大率都把「直接民主」用來與「間接民主」（代議民主）相對稱，而賦予新義，亦即包括以投票方式（不限於出席開會）行使罷免及直接立法權之謂。本書即採此義。

　　直接民主制，中山先生稱為「直接民權」，他主張中國實行直接民權也並非主張人民自己來行使行政權或司法權等「治權」，而是由人民行使「政權」，亦即選舉、罷免、創制、複決四權。就以中央政府的立法權而論，中山先生也把

---

74. 傅啟學：《中山思想本義》，臺北：孫中山遺教研究會，1976 年 3 月出版，頁 170。
75. 薩孟武：前揭書，頁 198。
76. 同上，頁 201。
77. 同上，頁 200。

它看做是一種「治權」，歸屬於立法院，要它發揮如外國國會的立法功能。而由國民大會在中央政府替人民行使四權，在他也稱此為「直接民權」，可見他的「直接民權」尚包括選舉權，並且在中央可由代表代為行使。這是他的「直接民權」理論與一般政治學上「直接民主」理論不同之處。四權之理論及行使方法待後討論。本項，僅就創制、複決、罷免三權之要義與功能，稍作論述。

主張直接民主之理論，認為由於民意代表不一定能真正代表民意，有時甚且常有罔顧民意而擅權自恣，以致人民希望的法律，國會不予制定，而人民反對的法律，國會又予通過，這顯然失去當初選任代表參與國會之初衷。是以，代議制度遂為人所詬病。為矯治國會專橫之流弊，則有賴於直接民主制之補救。因為直接民主制的創制權，有如寶劍，能使人民開闡其理念而成為法律；複決權有如盾牌，可以阻止國會通過不為人民喜歡的法律；罷免權則可把不負責任的民意代表或行政官吏取消其資格，以使民意代表不敢肆無忌憚，違背民意；亦可令行政官吏奮勇從公，為民服務，不敢有所敷衍塞責。直接民主正是「以更民主來治民主的病」（more democracy to cure the ills of democracy）[78]，而對於創制與複決兩權，有人更以「門後的兩支槍」（two guns behind the door）來形容之[79]。

直接民主制的功能確有其長處，但也有其缺點，茲分別簡述之：

---

[78] Encyclopedia of the Social Sciences, vol. I. p. 51.

[79] Frederic A. Ogg and P. Orman Ray, Essentials of American Government, (New York: Applet-Century-Crofts Inc. 1952.) p. 596.

（一）**創制**：創制權之行使，確實是民意的表現，可基於真實民意及人民利益而立法；並以防止腐敗的議員歪曲民意、只顧其政黨利益及政策而不顧真實民意的立法，這是優點、反之，難免有一部分人，以比議員更不負責任的態度，提出只圖一部分人之利益的議案。尤其，一般國民的立法能力比議員更差，其拙劣的提案條文如經可決，則將使社會陷於混亂，是為其缺點。是以，創制案實有經手於法律專家、政府或議會的必要。

（二）**複決**：複決權之行使，可以糾正議會制度的缺點，拒絕違反民意的法律，對於各種衝突對立能作最後的裁決，是其優點。其缺點則為，只能概括的決定可否，而不可能作修正。如果國民集合起來審議討論，自有予以修正之機會，但是將條文交付公民投票決定時，就不可能了。又複決時，放棄投票權者甚多，以致投票率太低，主要原因是一般人民對複決投票比選舉投票缺乏興趣。如想補救此一缺點，則把複決案與議員選舉同時舉行是一較好的辦法。

（三）**罷免**：罷免權之行使，可以加重公務員及議員之責任感，如果行政首長或議員明顯違法，固然可以與一般人民一樣由法院制裁，但是政治責任或道義責任，則捨由公民行使罷免權之外，別無其他追究途徑，除非當事者引咎辭職。是以，公民具備對選任人員之罷免權，確實可以對彼等產生一種嚇阻作用和鞭策作用。至於其缺點，公務員或議員縱然有不法不當情事，但要由人民予以認定，則事實上困難甚多。就以「無能」而言，民眾如何認定其程度呢？尤其在實行此一制度時，難免發生由於誤解、反感、仇視、以及政治利害而起的歪曲事實之現象，而使公民在極不負責的立場下投票，

則顯然已玷污了罷免權之美意！為了防止類似情形，有的設置罰則，以處罰懷有惡意的罷免案提案人，有的限制或禁止在就職後一定時間內提出罷免案，或者給予被提議罷免的人有申辯的機會，或在罷免案不能成立時給予該公務員或議員補償等等[80]。

有關直接民主之行使經驗及討論，將於第六章政權行使之方法一章論述之，茲所欲言者，直接民主制絕非政治行為之極則，它並不能取代目前世界各國所通行的代議制度，它只能做為補正代議制度缺陷的「預備輪胎」而已。幸而，中山先生亦本無意以「直接民權」來代替代議政治，他之所以主張中國實行「直接民權」，其主要用意，正如他自己於1923年1月29日，所著〈中國革命史〉一文中，提到的一句話：「更采（採）直接民權之制，以現主權在民之實，如是余之民權主義，遂圓滿而無憾。」[81]亦可知他要建立的是紮紮實實的民主國家，實行「直接民權」，可以表現「主權在民」之主張。

直接民主制，在近代民主政治思想家之中仍有人主張之，那就是法國人盧梭，他認為國家有一總意志（general will），而總意志即是國家的主權，凡是國家的基本原則，以及政府所奉行的政策，均須由它來作決定。總意志是人人對國家的全面問題參與意見而得到的普遍共識，參與意見時，必須親自出席，不能推舉代表來作替身，他反對當時英國的選舉制度，並且批評說：「英國人以為英國是自由的，那是

---

80. 日本，水木惣太郎著，林秋水譯：〈議會代表國民的原理〉，載臺北《憲政思潮》季刊 31 期，頁 169-179。
81. 《孫中山全集》第 2 冊，前揭，頁 182。

絕對的錯誤。英國只在選舉其國會議員時是自由，議員一經選出之後，又成為奴隸，一無所有。」[82]但是，盧梭主張人人出席開會而參加討論，如何可能得到結論呢？又哪一種結論才可稱為總意志呢？對這一個問題，盧梭自己也感覺苦惱，所以他不相信大國家可以推行民主政治。是以，吾人認為盧梭之思想，在理論上是矛盾的，在實行上是不可能的，反而有導致野心家專制之危機。鄒文海教授認為盧梭思想：「對後世民主運動的價值，只在精神上有所鼓勵，原則上有所啟示，但並沒有直接把握民主運動的方向。」[83]

第二項　間接民主制

英人洛克（John Locke）提示另一條民主的途徑，他雖早生於盧梭，然而他的思想平易實際，為一般國家所接受，經過英國光榮革命，及美國獨立革命後之實驗，其重要觀念遂已成為今日代議民主的基礎。他認為人民是國家的組成分子，政府決策應以民意為依歸，也就是說，政府的重要政策必須得到人民明示或默示的認可。人民對國家的政策未必有一致的意見，但人民的認可，以多數人的意見為標準。少數人如不遷徙出境，即應服從，只有如此，而後政府既可民主，社會又能保全其安定的秩序。洛克主張政府重要政策，只須得到人民的認可，故人民不須親自出席參與討論，更不必自己決定政策，這種觀念與前述「自願同意」（freely given consent）觀念是相近的。可見洛克並不主張「直接民主」而主張

---

82. 羅志淵：〈立法功能現代化〉，載臺北：《憲政思潮》季刊第 7 期，頁2。徐百齊譯，《社約論》，頁 128。
83. 鄒文海：《代議政治》，臺北：中華文化出版事業委員會，1955 年 4 月初版，頁 5。

「間接民主」或「代議民主」，人民對國家重要政策既有最後可否的決定權，那也就不必害怕政府的獨裁了。

英國在十三世紀時，地方代表曾屢次被國王召集共商大事，但召集時間及討論內容，仍完全由國王決定，甚至代表所發表的觀點只是代表局部性或職業性團體的利益，並非代表本地方居民的意見。是以，此等代表都是一些有勢力者如地主、世襲貴族或商業公會的發言人，其目的在制定規則來限制王權，而非為國家制定政策。直到十七世紀末期，君權神授觀念慢慢式微，演變為只有在人民同意下，國王及其政府才可代表人民行使職權。洛克且認為統治者行使職權應受人民的控制，應承認法律之前人人平等，並負起為人民保護私有財產之責任。在徵稅方面，則必須先得到人民的同意（孫中山時代的國民黨人亦作如此主張）。統治者所有權力都帶有委託性質，被認為是為了達成某項特定目標之工具。因此，「當這些目標受到明顯的忽視或違背的時候，這種委託關係就必須立刻中止，而將權力歸還委託人。委託者可以將之交托另一個他們能夠信任，且能保障他們安全的新統治者。」[84]洛克的這種契約理論，對代議民主的發展可說貢獻很大。

1776 年美國獨立宣言即言：「人生而平等，上帝賦予人民某些不可剝奪的權利……為了保障這些權利，於是設立政府。因此，政府合法權力的取得，實淵源於被治者的託付。如果政府破壞了設置的目的，則人民有權將之推翻，另設新政府，乃因新政府較能保障人民的安全和幸福之故。」在此一思潮之激盪下，終於產生世界第一部成文憲法。不過，無論美國或英、法等國，要達到代議民主之人人平等，人人有

84.John Locke, Second Treatise on Civil Government, p. 149.

充分的意見表達權利，確實是不斷奮鬥得來的，分別簡述如下：

（一）**英國**：英國在 1832 年通過第一改革法案（the First Reform Act），也只增加一部分選民而已，當時英國人口二千四百萬人，有選舉權者僅七十五萬人。激進民權運動人士對此不滿，乃於 1838 年提出如下要求：①成年男子皆應有選舉權，②實施國會議員付薪制度，③議員任期一年，④選舉時採無記名投票方式。但這種要求被視為是一種危險的改革，而且婦女尚無選舉權，直到 1929 年，才承認婦女的選舉權，而實現全民的普選權。

（二）**法國**：法國大革命時人權宣言固然宣布「主權屬於國民」，但 1789 年選舉法規定只有繳付相當數目直接稅，且非奴僕地位者才有選舉權，這個選舉權並不能直接選舉其政治代表，而只能選出一個「選舉人團」，再由這些人選舉國會議員。在 1790 年的法國，二千一百萬人口中，只有四百五十萬人有選舉權。1830 年 7 月革命後，1831 年的選舉法雖改為直接選舉，但限制選舉仍未改變。直到 1848 年 2 月革命才取消被選舉權的納稅條件，成年男子的普選權規定在憲法之中，但選舉資格仍受到許多限制。第三共和時代，所有男性公民，才取得選舉權。至於婦女的選舉權卻遲至 1945 年才取得。

（三）**美國**：美國參議院議員原由各州議會間接選出，到 1913 年依憲法第十七條修正案，才改由全民直接選舉。眾議員的選舉起初就是普選，但有財產的限制，且各州規定不同，所以直到十九世紀中期，成年男子才取得普選權。1870 年，憲法第十五條修正案，明白規定不得以種族膚色或曾為

奴隸身分為理由，限制人民的選舉權。可是，由於各州有權自定選舉權資格，事實上仍有南部幾個州如阿拉巴馬、喬治亞、路易西安那、密西西比、和南卡洛林那等州，即以此來剝奪黑人及貧窮白人的選舉權[85]。在婦女選舉權方面，各州規定亦不同，1869 年懷俄明州（Wyoming）就給婦女選舉權。直到 1919 年，憲法第十九條修正案才強迫各州讓婦女有同等選舉權。但黑人之選舉權，至今仍有重重障礙。

然則，公民縱然已獲得普選權矣，是否能實現真正的民主政治呢？議員是否真能代表多數人的民意呢？這又是一回事，本項所討論的「間接民主制」，旨在說明其思想依據和發展概況，故不再深論。蓋由於中山先生對代議政治的間接民主制，批評甚多，而本書之重心，正是探究其政權思想，必須將他對代議政治之觀感抽出，特別加以研究，而另立一章討論之。

第三項　公民投票制

廣土眾民的現代國家，不能實行由公民親自出席開會，而參與立法的「直接民主」制。同時，「間接民主」制又不容易達到民主政治的理想，乃產生折衷性的「公民投票」制（referendum），所以這種公民投票制的運用，可說是不情願委託充分決策權給予選任代表的一種表現[86]。雖然設置議會以作為立法機關，而公民對於國家的重要問題，尚保留一部分

85.關於選舉權不平等之現象，可參閱：Guy Mermet, Richard Rose and Alain Rougu'e, Elections Without Choice. (New York: John Wiley & Sons Press, 1978.) chp. 10, "Is Choice Enough?--Elections and Political Authority." (by Richard Rose).

86.The New Encyclopedia Britannica, 15th ed., 1974. vol. 6, p. 532, "Referendum."

的立法權，可用投票的方法表示自己的意見。

公民投票制一方面與間接民主制不同，在間接民主制，立法權完全屬於議會，公民除選舉議員之外，對於國事不得過問；在公民投票制，立法權雖然屬於議會，而公民對於國家的重要問題，尚得表示自己的意思。在另一方面又與直接民主制不同，在直接民主制，立法權完全屬於公民，而公民又須集合起來，組織一個公民大會，以行使立法權；在公民投票制，公民只保留一部分立法權，而公民不須聚會一堂，可在各地用投票的方法，表示贊成或反對。所以，公民投票制一方面既可挽救間接民主制之弊病，同時又可減少直接民主制的缺點[87]。不過，在此有一點須注意的是，在本節第一項吾人討論直接民主制時，曾提到，中外學者多數已經把直接民主（direct democracy）擴充解釋，指謂公民擁有包括以投票方式行使罷免及直接立法權之意，而不限於親自出席開會以行使立法權。這種新意義的「直接民主」實與中山先生的「直接民權」同其意義。那麼，本項主題「公民投票」制，和此意義的「直接民主」或「直接民權」究竟有什麼區別呢？薩孟武教授的《政治學》一書提到公民投票制，所用英文字為 referendum，而說明之內容則與新意義的「直接民主」或「直接民權」無異，顯示誠如傅啟學教授在其所著《中山思想本義》一書中所言：「公民投票制可以說是直接民權的一種形式，人民可以用投票方式，來代替集會的方式。」[88] 是以，吾人認為，如把公民出席集會參與立法權之行使，叫做「狹義的直接民主」，則公民投票制應可稱為「廣義的直接

87.薩孟武：《政治學》，前揭，頁 205。
88.傅啟學：《中山思想本義》，前揭，頁 175。

民主」。

此外，《大英百科全書》在 Electoral processes 一詞的解析中，把 Referendum（公民投票或複決投票）與 Plebiscite（公民投票或全民投票）同列於 Types of Elections 項下，作分別的說明。是以吾人必須把這兩個意義相近的文字稍作區別。依《大英百科全書》之解釋，Referendum 是在政府或人民提出某些特殊問題須公眾解決取捨時舉行的投票。而 Plebiscite 則決定兩個主要政治問題的投票，一是關於政府體制者；一是關於國家疆界者。在第一個案子，公民投票是建立合法統治權的手段，而不是選擇政治團體或立法提案，這是反多元主義的無競爭的政治。近代極權政權曾使用公民投票的手段使其權力合法化。在第二個案子，於第一次世界大戰，曾用公民投票來解決國際邊界問題，最成功的應算 1935 年在薩爾（Saar）舉行的一次。——在那一次公民投票結果，薩爾人民選擇做德國領土而不願隸屬法國[89]。可見兩個名詞意義並不相同。

基於以上之分析，吾人認為 Referendum 公民投票制，本質上是孫中山所稱的直接民權之行使方式，而與 plebiscite 不同意義，在此似可不必再行深論。至於民主政治之形式或方法，似可歸為：①間接民權制，公民只有選舉權而無罷免、創制、複決各權，故為代議政治。②直接民權制，公民除有選舉權之外，並有罷免、創制、複決各權，故為全民政治。此二種方法之利弊得失如何？作者擬在次章配合中山先生之理論探究之。

89.The New Encycolpedia Britannica, op. cit., vol. 6, p. 532, "Referendum" and "Plebiscites."

第六節　政權與民主政治之關係

　　本章以較大篇幅來說明民主政治之內涵，蓋民主政治與政權具有密切不可分之關係，我們必須對民主政治有透澈的理解，才能認識中山先生政權思想之本義。中山先生在民權主義第二講一開頭就說：「民權這個名詞，外國學者每每把他和自由這個名詞並稱，所以在外國很多的書本或言論裏頭，都是民權和自由並列。歐美兩三百年來，人民所奮鬥的所競爭的，沒有別的東西，就是為自由，所以民權便由此發達。法國革命的時候，他們革命的口號是自由、平等、博愛三個名詞，好比中國革命，用民族、民權、民生三個主義一樣。由此可說自由、平等、博愛是根據於民權，民權又是由於這三個名詞然後才發達。」[90]「民權」之意義，正如本章第一節說明「政權之意義」時討論過的，就是「民主」。中山先生所說，外國學者把「民權」和「自由」並稱，也就是把「民主」和「自由」並稱之意，所以本節之主題，實質上也就是討論自由與民主之關係，因為民權就是民主，而政權須有自由。

　　中山先生喜用「民權主義」來做他的政治主張之標幟，吾人認為這在他是想強調「主權在民」的思想，是想強調他的民權主義不只是歐美的代議民主而已。因為人民只有選舉權選出代表到議會，這並不能保證民主政治的實現。有如盧梭之批評英國代議政治，議員一經選出，人民即一無所有，因為人民管不了議員。民主政治是和自由平等不可分的，在

90.《孫中山全集》第 1 冊，前揭，頁 80。

沒有自由與平等的國度，單有選舉行為，並不能說明這個國家就有民主政治。所以中山先生特別重視人民的政治力量，特別重視人民要掌握四個「政權」。本書名稱之所以選用「政權」這個名詞，而不用「民權」這個名詞，蓋著重對孫中山人民參政權思想的探討之故，實無暇去深究其他如政府論、人權論、及地方自治論等中山先生之政治主張。

關於政權與民主政治之關係，可分為兩個層面來觀察，一是從政權的立場看，行使政權是民主政治之方法；一是從民主政治的立場看，民主政治是行政政權之目的。茲分別論述之：

第一項　行使政權是民主政治之方法

中山先生在民權主義第五講裏曾說：「……從前的政權，完全在皇帝掌握之中，不關人民的事，今日我們主張民權，是要把政權放在人民掌握之中，……」又說：「中國自革命以後，成立民權政體，凡事都是應該由人民作主的；所以現在的政治，又可以叫民主政治。」[91]由這兩句話，我們可以體會出政權對民主政治之重要性。在從前，政權操在皇帝的手中，人民沒有機會參與國事，除了納糧之外，只有聽由天命之安排，生殺予奪之權在他人掌握之中，而無可奈何。誠如中山先生自己評論滿清政府之專制所言：「無論為朝廷之事，為國民之事，甚至為地方之事，百姓均無發言或與聞之權。其身為官吏者，操有審判之全權，人民身受冤枉，無所籲訴，且官場一語，等於法律。」[92]人民等於生活在暗無天

政權論──孫中山政治思想研究（二）

44

91.同上，頁 128-129。
92.同上，第 2 冊，前揭，頁 4，「倫敦被難記」。

日的世界之中。是以,處在這種君權專制時代,民主政治是不可能發生的!人民是無法掌握自己的命運的。反之,在今日為民權時代,政權在人民掌握之中,則國家一切事務,人民都可作主,都可參與政治,也都可表示意見而無顧慮,不必害怕政府對人民的自由權利用法律加以不合理的限制,則自然可以奠定民主政治的基礎,而人民也可享受自由平等的幸福生活。

不過,在此吾人必須注意者,乃是在非君權時代,也可能產生專制暴政的事實,那是由於人民的政權被少數人或一個單獨的集團所壟斷之故。1920 年 3 月 1 日,中山先生在〈地方自治開始實行法〉一文中有言:「權在於官,不在於民,則為官治;權在於民,不在於官,則為民治。」[93]又說:「官治云者,政治之權付之官僚,於人民無與。官僚而賢且能,人民一時亦受其賜,然人亡政息,曾不旋踵。官吏而愚且不肖,則人民躬被其禍,而莫能自拔。前者如嬰兒之仰乳,後者則如魚肉之於刀俎而已。」[94]可見,中山先生認為雖在共和時代,民權時代,也須注意自己的政權不可被官僚等少數人集團所竊奪。必須制定法律,約束政府官吏依法行政,並監督其忠實執行,不致違法濫權!也就是說要重視法治,消滅特權,否則人民「躬被其禍,而莫能自拔」矣!

當今之世,有無官僚竊權之事實乎?曰有!謝瀛州氏在其所著:《中華民國憲法論》一書四版自序中說:「近代國際政治,明顯的分為兩大壁壘:一自由民主,一專制獨裁。此非由於憲法之差異,而實由執政者之有無守法誠意與決心。

93.同上,頁 178。
94.同上,頁 179。

在專制獨裁之國家中，如蘇俄、波蘭等，亦具有保護個人自由之優良憲法，惟執政者，以一紙具文視之，甚且反其道而行，藉祕密警察之力量，實施恐怖政策，遂得為所欲為，使國內人民，侷處於其暴政之下，而無從獲得憲法之保障耳。」[95] 可見一個國家即使沒有了君主帝王，而有了憲法法律，也並不能保證這個國家的政府必定實行民主政治，更不能保證這個國家的人民必能享受政權在握的福祉！

　　那麼如何辦呢？1916 年 8 月 24 日，中山先生在寧波歡迎會演講：「地方自治為社會進步之基礎」時說：「……在鄙人意見，則以為共和之堅固與否，全視乎吾民，而不在乎政府與官吏。蓋共和國與專制國不同，專制國是專靠皇帝，皇帝賢則可苟安；如不賢，則全國蒙禍。但共和則專恃民力，使吾民能人人始終負責，則共和目的，無不可達。若吾民不知負責，無論政府官吏如何善良，真正之共和，亦必不能實現。是知共和國之民，應希望自己，不應希望政府官吏也。」[96] 足見在民主共和時代，政權既操在人民手中，則民主政治之成敗，當然其關鍵在人民，而不在政府官吏。倘然人民皆能惕勵自己，始終盡到「主人」監督政府之責任，不使官吏有機可乘，以致敷衍塞責，或獨斷跋扈，或魚肉人民，則民主共和之理想目標，必可達到。反之，縱然政府官吏如何善良，真正民主共和，亦必不能實現。何況，萬一遇到假民主之名而行專制之實的極權主義者時，又將使人民自己侷處何地呢？是以，吾人認為，中山先生是為了使政權不墜落於官僚政客手中，而鼓勵人民必須積極參政，關心國事，好好善自運用

95. 謝瀛洲：《中華民國憲法論》，四版自序。
96. 《孫中山全集》第 2 冊，前揭，頁 367。

選舉、罷免、創制、複決四種神聖的政權。

然則，一個國家的人民能行使政權，也並不一定能達成民主政治之目的，因為政權的行使可能被操縱，選出的代表也不一定能真正代表民意。所以自由與平等的權利在政權的行使上，實居於重要的關鍵地位。誠如英國曼徹斯特市維多利亞大學（The Victoria University of Manchester）麥肯西（W. J. M. Mackenzie）教授在其所著《自由選舉》（Free Elections）一書序言中所言：「自由選舉實際上已成為現世界兩種對立生活方式之所以有別之標誌（badge）。當我們使用『自由選舉』一詞時它不僅是一句時髦話（catchword），也表示只有在舉行『自由選舉』之處始有民主政府與民主政治。」[97]

怎麼樣的選舉才算是「自由選舉」呢？他認為「只要政府之成立係由全體選民中之多數投票決定，選民投票時不受威脅與操縱，甚至參加投票與否，亦自由決定；而且，此種成立政府之普選，定期舉行，不曾有長時間之間斷；則選舉自由已存在，而自由選舉即已名實相符。」[98]同時，他認為在舉行選舉之前，最好要具備下列幾個條件：①司法必須獨立行使職權，負責解釋選舉法規，②主辦選舉的行政當局，必須由中立的公務員組成，超黨派、正直而且行政效率高超。③必須有健全的政黨組織，負責擬訂政綱政策，並提出候選人名單，以供選舉人抉擇。⑤整個社會同意若干廣泛的選舉

97.W. J. M. Mackenzie, "Introduction" Free Elections, first published in 1958, third impression 1968, printed in Great Britain.
郎裕憲譯：〈二十世紀之選舉行政〉，載臺北：《憲政思潮》季刊，第16 期，頁 61。
98.Ibid.

原則，倘有人違反此等原則，應受懲罰，而且必要時可宣判選舉無效，重新舉行[99]。

若以此等尺度衡量各國政治，則當今世界有不少國家是不合乎麥肯西教授「自由選舉」之標準的。就以蘇聯來說，選舉只不過是共產黨用來鼓動和宣傳以加強公民對其蘇維埃生活方式的認同的一種戲劇性表演而已[100]。

行使政權是民主政治之方法，以自由選舉而成立政府，乃迄今為止人類設計以管理公眾事務的最佳方式，其重要性可知。但是，選舉只是決定由誰來控制整個政府，管理公眾事務；而不是決定如何控制、如何管理。這個如何控制和如何管理的最後決定權是屬於人民的，所以人民在選出行政首長和議員之後，應掌握住另外三個「政權」，庶幾不使自己的命運落在不可測的政客手中。

第二項　民主政治是行使政權之目的

人民掌握不住自己的「政權」，便只有把自己的命運交給別人，這是極為危險的事。所以，作為主權者，必須「以國家興亡為己任」，積極參與國家事務，才能實現政治民主。有了民主政治，才能實現經濟民主，及社會民主。因為「經濟民主之功能依賴言論、出版、及集會自由的運作而發生，因此，沒有經濟民主，而政治民主可存在，沒有政治民主，則經濟民主便不能存在。……同理，沒有政治民主，少數民族也不能發展其自己的宗教、文化、社會和政治傳統。」[101]這

---

99. Ibid.
100. The New Encyclopedia Britannica, op., cit., vol. 6, p. 529. "Elections are dramatic occasions for communist agitation and propaganda to strengthen the citizen's identification with the Soviet way of life."

也就是中山先生所說的：「人民必要能夠治，才能夠享，不能夠治，便不能夠享。如果不能夠享，就是民有都是假的。」[102] 道理！顯然中山先生是重視「民治」勝於「民享」的！而「民享」又優先於「民有」。

中山先生所以重視民主政治（民治或民權）是因為民主政治可以保障人民的基本權利，保障人民過自由平等的生活。他在民權主義第三講裏頭說：「民權發達了，平等自由才可以長存；如果沒有民權，什麼平等自由都保守不住。所以中國國民黨發起革命，目的雖然是要爭平等自由，但是所定的主義和口號，還是要用民權。因為爭得了民權，人民方有平等自由的事實，便可以享平等自由的幸福。」[103] 又說：「因為一國之內，人民的一切幸福，都是以政治問題為依歸的，國家最大的問題就是政治。如果政治不良，在國家裏頭，無論什麼問題都不能解決。」[104] 所以他主張以民權主義來改革中國政治，也就是要使中國由君主專制國家變成民主共和國家。

如何去達成這個目的呢？在君主專制時代只好用革命的方式；在民權時代，則必須以人民行使政權的和平方式來保持民主政治的正常運行。是以，政權的行使是民權時代實行民主政治之方法；民主政治是行使政權之目的。有了民主政治，人民才得享受自由平等的幸福生活；反之人民有了自由

---

101. The Encyclopedia Americana, op. cit., vol. 8, p. 686. "The functioning of economic democracy in this sense depends on the free exercise of speech, press, and assembly. Consequently, although political democracy can exist without economic democracy, economic democracy cannot exist without political democracy.⋯No. minority group can be free to develop its own religious, cultural, social, or political traditions in the absence of political democracy."
102. 《孫中山全集》第 2 冊，前揭，頁 421，「五權憲法」演講詞。
103. 同上第 1 冊，前揭，頁 101。
104. 同上，頁 103。

平等的幸福生活，才得保障政權的自由行使，政權能夠自由行使，才得保障真正民主政治的永遠存在。顯然，政權與民主政治是互為因果的！明乎此，人民應掌握自己的政權，珍重政權的行使，而政府官吏更應尊重人民的基本自由平等權利。唯其如此，民主政治才能發達，社會才能導致祥和！

討論政權與民主政治之關係，無法不論及自由平等。浦萊斯（James Bryce）在其所著《現代民主》（modern Democracies）一書，對自由與平等解說甚明，並強調自由對民主的重要性。他把自由分為四種：①公民自由（Civil Liberty）──即公民在身體和財產方面免受限制。②宗教自由（Religious Liberty）──即宗教意見及禮拜行為不受限制。③政治自由（Political Liberty）──即公民參與國家政治的自由。④個人自由（Individual Liberty）──即凡與整體社會之福利無關涉之事，應得自由[105]。

中山先生也主張「確定人民有集會、結社、言論、出版、居住、信仰之絕對自由權。」[106]但關於個人自由，也許有人以為他只主張爭取國家自由，不主張個人自由，個人應犧牲自由，以求國家自由。實則他主張個人犧牲的自由是指無拘無束放蕩不拘的自由，決不是法律下的個人自由[107]。是以，吾人認為，凡是民主主義信徒，絕不會限制人民合理的自由；極權主義者則必定無理的限制人民自由。因為民主主義本於洛克的自由思想，極權主義則本於黑格爾的獨斷哲學（Oracular philosophy）。誠如毛子水教授言：「自由的道理，原本

---

105. James Bryce, Modern Democracies, op. cit., vol. I, pp. 53-54.
106. 《孫中山全集》第 1 冊，前揭，頁 860，1923 年 1 月 1 日，「中國國民黨宣言」。
107. 傅啟學：《中山思想本義》，前揭，頁 184。

於忠恕。懂得忠恕的人，才能夠懂得自由。……能有『絜矩之道』的君子沒有一個不尊重自由的道理而會侵害別人的自由的。……世界上如果有一個偉大的政治家，那麼，他就是能夠替世人保留最多自由的人，能夠使自由和秩序配合得最適宜的人。……凡不懂得或不願意維護世人自由的政治家，決不是一個好的政治家！」[108]

就平等而言，浦萊斯也把它分為四種：①公民平等（Civil Equality）──即民事平等，人民在私法上具有平等受保障之權利，並得訴諸法院。②政治平等（Political Equality）──即所有成年公民有平等參與政權行使之權利，且除國籍條件、年齡限制、教育資格或有犯罪污點者外，皆有擔任公職之資格。③社會平等（Social Equality）──指沒有出身門第、貧富差異等階級歧視之意。④自然平等（Natural Equality）──人類初生皆平等，待成長則有智愚個別差異之「自然不平等」（Natural Inequality），如何協調，則為政府應善盡之職責[109]。中山先生之平等論，亦有類似之主張，他承認天賦不平等，反對人為的假平等，提倡立足點的平等，及政治地位平等，並主張能者多勞的服務人生觀，以濟先天的不平等。

第七節　結論

當今之世，保障個人基本權利，已成為各國憲政新趨勢。世界人權宣言、國際人權公約、歐洲保護人權公約，對人類基本權利皆有詳明之規定。但是欲其著有成效，則仍有

108.郭志嵩譯：前揭書，毛子水序。
109.James Bryce, op. cit., vol. I, pp. 60-62.

賴於各國政治家的良知、人民的參與及獨立的司法。民主國家的政府承認民權的價值，當要限制它時皆極慎重，遇有發生「明顯而即刻的危險」（clear and present danger）須限制人民自由時，必須儘速的恢復正常，並在各方面尊重獨立的司法權[110]。

傅啟學教授在其所著：《中山思想本義》一書中，提出人民行使民權的原則六點：①多數決定，②尊重少數，③法律至上，④人民法律下的自由，⑤政府權力的限制，⑥協調的政治。他認為民權行使的原則，各民主國家大體相同，如違反這些原則，必然是一個獨裁國家，至少是一個冒牌的民主國家。所謂「尊重少數」，他認為是「承認反對黨合法存在，反對意見可以自由發表。反對黨只要用和平方法，爭取人民的支持，不用暴力去推翻政府，就可以合法的生存發展。」[111]這個觀念，事實上也就是中山先生的政黨思想。可是，在共黨統治下的國家，「都不准反對黨的存在，不准反對意見的發表，甚至不准其黨內反對派的存在。若發現有反對派，反對派就要被清算迫害。」[112]因此，「專制國家政權的轉移，多半是以戰爭決定。民主國家政權的轉移，則由人民投票決定。政府權力的轉移，不由武力決定，而由人民投票決定，這是政治史上的一大進步。民主政治尊重少數，承認反對黨的存在，政府有反對意見可供參考，政治就可以隨時改善進步。獨裁政治一意孤行，必導致腐化，而趨於退步。這就是民主政治最後必獲勝利，獨裁政治最後必歸失敗的根

110. The Encyclopedia Americana, op. cit., vol. 8, p. 687.
111. 傅啟學：前揭書，頁 180。
112. 同上，頁 181。

本原因。」[113]

　　總而言之，「民主和獨裁的區別是：凡是反對黨可以生存發展，人民可享受法律規定的自由的，就是民主國家。凡是反對黨無法生存，反對意見不能發表，人民沒有基本自由的，就是專制獨裁的國家。」[114]換句話說，凡是人民有自由行使政權的國家，就是民主國家；凡是人民沒有自由行使政權的國家，就是極權國家。

113.同上，頁 181-182。
114.同上，頁 188。

第三章　代議政治之批評

　　在第二章第五節討論民主政治之形式時，吾人曾對間接民主之思想依據及發展概況作簡要的介紹，本章則將針對間接民主的代議政治。這種民權行使之方式作比較客觀的評價，同時說明中山先生對此一方式的觀感，並論及他的主張。

第一節　代議政治之概念

　　中山先生在民權主義第四講裏頭曾說：「照現在世界上民權頂發達的國家講，人民在政治上是占什麼地位呢？得到了多少民權呢？就最近一百多年來所得的結果，不過是一種選舉和被選舉權。人民被選成議員之後，在議會中可以管國事，凡是國家的大事，都要由議會通過才能執行，如果在議會沒有通過，便不能行。這種政體叫做『代議政體』，所謂『議會政治』。」[1]由此可知在中山先生之意，所謂議會政治，也就是採用「代議政體」的國家所實行的政治。但在政治學上，這兩個名詞的意義並不完全相同。所謂議會政治，英文為 Parliamentary Government，所謂代議政體，英文為 Representative Government，前者係指內閣制而言，係與總統制相對待之名詞；後者是指間接民主，亦即中山先生自己所稱的「間接民權」。這是與「直接民主」或「直接民權」相

1.《孫中山全集》第 1 冊，前揭，頁 118。

對待的名詞。一個國家無論是實行總統制或內閣制,都可採用「代議政體」。本章所稱代議政治亦即間接民主或間接民權,也就是代議政體。簡言之,代議政治是指一個國家經由全體公民或大多數公民選出代表(議員)來行使國家最高統治權之謂。

我們在探討代議政治時,對其主要角色──「代表」一詞的概念應加瞭解。持平而論,除了立法機關的議員之外,政府中的若干部門,事實上也在履行代表的功能,因此,凡是扮演代表角色的政府有關部門,包括立法委員,國大代表,以及一些民選的政府首長,他們皆有決策及制定法律之權力,都與代表概念互有關聯。而在決定政策與制定法令時,他們常解決了民眾相互間的衝突。但是,不論作些什麼,或扮演何種角色,他們都是代表者,因而應該履行代表行為,並服從可能存在的一些代表規範(norms of representation),才能把相互衝突的訓令(instructions)加以調和。

葛利費斯(A. Phillips Griffiths)把政治代表分為三種,(一)歸屬代表(ascriptive representation)──這種代表是指既有權代理其所代表者,又有權表達其所代表者之意見的人。(二)記述代表(descriptive representation)──這是指盡可能反映其選區的情況的代表。(三)利益代表(representation of interests)──這是指各種利益團體(而非各選區)選出的代表者。事實上,就「代表」一詞的狹義意義而言,其所提示的任務,實少於代表者所擔當的任務。立法者所履行的職務,並不止於立法,實際上他們的多數行為都可歸入「代表」概念之內。譬如他們的「差事」是向行政人員力爭其選民的利益,而其承辦此等「差事」的方式,則有如穿梭

於選民與行政人員之間的連絡線[2]。

代議政治是一種統治形式，實行代議政治的國家，其主要法律和行政決策係由一小群被相信是代表其人民或大多數的人所制定的。但是，依據被代表的群體及代表的產生方式，代議政治又可以分為不同的種類。首先，從代表的基礎上來看，究竟是誰被代表呢？答案因時因地而異，從本質上代表全部成年人口（如二十世紀的代議民主政體）到只代表小康（Well-to-do）階級（如十九世紀的許多立憲政府）、貴族階級（如十七及十八世紀的波蘭共和國）或只代表識字階級（如1950年代某些歐洲在非洲的殖民地政府）等等。但是，自1900年以後的一般趨勢，已經賦予所有成年人選舉權。在這個基礎上，對投票的限制──如財產、知識、階級、身分、性別、種族、語言或宗教上之限制，已逐漸減少，甚至消除了。第二次世界大戰之後，美國以及亞非新興國家，此一趨勢更為普遍而加速。不過，儘管如此，在許多國家，政治代表的選舉還保留某些不平等。

政治代表以哪些社會角色來代表人民呢？在十九、二十世紀，最流行的答案是代表地理區的住民角色──特別是鎮、縣、區、或其他行政區的選民。有些時候在某些地方，是以特定的經濟或職業組織會員身分，在政治上代表人民，如基爾特（guilds）、公司、勞工聯盟、大學等等推出的代表。在中世紀的許多歐洲城市，基爾特推選代表參加政府，大學則在進入二十世紀時才推選特別代表到英國眾議院。第一次與第二次世界大戰中間，現代組合主義者（corporatism）宣稱：

2.有關「代表」之理論，可參閱：J. R. Pennock, "Representation" in his *Democratic Political Theory* (N. J.: Princeton University Pres, 1979) Chapter VIII.

政治代表應建立在經濟或職業公司的基礎上，而造成了短命的企圖，用組合主義策略，來支持義大利墨索里尼（Benito Mussolini）及德國希特勒（Adolf Hitler）的獨裁。而在另一個不同的哲學基礎上，蘇俄政權於 1917 年與 1936 年期間，企圖在獨裁極限內透過其工廠會議的政治運用，把政治代表的主要部分置於職業代表上。然而，全世界的主要趨勢，還是繼續眷顧區域代表制[3]。所以我們應特別警覺的是，人民有了選舉權，有了政治代表，都不保證一定能享受到自由民主的政治果實。易言之，一個國家即使採行代議制度，也不能說這個國家一定是民主國家，而可能是冒牌貨。

人民如何選舉政治代表呢？在這方面，代議政治最廣泛被接受的條件是由人民自由而無拘束的選擇他們的代表。不過，依據耶魯大學政治學教授 Karl W. Deutsch 之觀察，有些殖民政權，喜歡提名聽話的地方知名人士做為選區的代表，歐洲及殖民非洲政府，喜歡增加政府提名的議員名額，以確保立法機關溫馴的多數。顯然，共產黨與非共產黨的獨裁者已經誤以為民意代表是任由政府挑選的[4]。在這世界上，有些憲政國家變得很不名譽，他們有時運用一些更嚴重的限制，來對付被認為是「危險分子」或「國家的敵人」的候選人或政黨。這個策略，在東歐及亞洲的共產黨統治下的「人民民主」國家被廣泛的運用。但這種策略，也被瑞士、西德和其他國家，用來反共及對付那些被控為共產主義的人。可是，在另一方面，代表的選舉自由之增加到二十世紀中葉為止，已經很普遍，而且支付公費給代表，以促使那些須為生活而

3. *The Encyclopedia Americana*, international edition, 1979. vol. 23, p 387f.
4. Ibid.

奔勞的人，得以做好他的代表工作[5]。

民主的制度不必有任何固定的公式，虛君的政體、實權的總統制，以及其他人類可能設計的制度，只要承認人民的地位，只要加強民意的力量，政府制度就會充沛著民主的精神。但人民自己決策相當困難，代議政治為不可避免。然而人民都會受到政策的影響，每人根據其自受的經驗，當能辨別政策的利害，是以，政策之執行，對人民而言實禍福繫之，人民應有權利來批評與監督政府的行動，這是洛克的政治觀念。而約翰密勒（John Stuart Mill）也強調民主的精義，應以人民有批評及監督的權利為主，任何國家之中不必也不可能使人人擔任政府工作，但人民如無批評與監督政府之權，則人民即變成被統治者，他們不能自己掌握其禍福了。

現在代議政治的選舉意義，不止是選舉代表而已，我們也在選舉中表示主張，成為政府必須尊重的原則。尤其政黨政治健全的國家，政黨必然先揭示其黨綱，而政黨在選舉中取得勝利，不僅它提名的候選人當選，而且是它的黨綱被多數人承認為國家的重要政策。因此，實行代議政治而無健全的政黨政治，則欲臻民主政治之境地，實為不可能之事。同時，在辦理選舉之過程，人民須有自由平等的選舉權與被選舉權，而選舉事務的進行，尤必須遵守公平、公正、公開的原則，代議政治才能顯現其真正意義。誠如戴維斯（A Powell Davies）所言，人類如不能信任自己，就只有依賴獨裁者。人類自己找尋理想，理想是偉大的，無止境的；人類要求主宰來指示最後的理想，理想必然枯萎，必然隨風而去，而馬克斯、列寧等過分自尊的人就會來鞭笞人類了。我們假如一

5.Ibid.

定要一句格言來指示迷津，我們不妨這樣說，不讓自己的命運掌握在他人之手，這就是民主的永恒理想[6]。

第二節　代議政治之理論

在上一節裏頭，吾人討論一些有關代議政治的概念，認為代議制度為人類政治生活不可避免之方式，但有人誤用了它，人民命運乃不能自保，如果人類不知自己掌握自己的權利，這就枉費了人類在歷史上所做的艱苦奮鬥。不過，從世界大勢看來，民主政治仍為人類政治生活之主流。中山先生在 1919 年手著《三民主義》中有言：「十八世紀之末以至二十世紀之初，百餘年來，皆君權與民權爭競之時代。從此民權日發達，君權日削亡，經此次歐戰之後，專制之國悉數敗亡，大陸上幾無君主立足之地矣。此世界政治進化之潮流，而非人力所能抵抗者，即古人所謂天意也。順天者昌，逆天者亡，此之謂也。」[7] 又在民權主義第一講說：「世界一天進步一天，我們便知道現在的潮流已經到了民權時代。將來無論是怎麼樣挫折，怎麼樣失敗，民權在世界上，總是可以維持長久的。……世界潮流的趨勢，好比長江黃河的流水一樣，無論是怎麼樣都阻止不住的。」[8] 是以，吾人認為人類前途仍然充滿一片美景，似不必為大江中的幾個小逆流而感到悲觀，人類仍要意氣昂揚，樂觀的奮鬥。在本節，乃有必要對代議政治之理論，加以進一步的研究。

6.鄒文海，《代議政治》，臺北：中華文化出版事業委員會，1955 年 5 月出版，頁 10。

7.《孫中山全集》第 2 冊，前揭，頁 157，1919 年手著《三民主義》。

8.《孫中山全集》第 1 冊，前揭，頁 76。

第一項　政治代表之性質

在十七、十八世紀，關於代議制度政治代表的問題有兩個重要類型的思想出現，一個是英國惠格黨（Whigs）對國會議員角色的想法；另一個是美國急進的理論。茲分別論述，並說明中山先生之見解。

（一）**英國惠格黨的理論**──英國惠格黨人（Whigs）雖然是傳統的統治階級分子，卻發展出一個比平等主義更為新穎的「政治代表」觀念，這個觀念的本質是，如果國會成為政治權力的中心，而非只是王權的牽制機關，則國會議員必須能夠自由做他認為最有利於國家利益的事，而不只是作其選區代理人。國會是個審議機關，代表整個國家，其所作之決定不應只是地方要求之集結而已。至於托利黨人（Tories）的態度，則認為國會議員的角色是代表地方利益，並為某些訴怨尋求救濟之道。他們是假定君主與閣員有解釋國家利益的主要責任的。

惠格黨認為國會議員需要有相當的獨立，並無義務接受其選區的訓令（instruction），此一主張對其政府觀十分重要。而此態度，可以衛理斯（John Willis）的話為例，他說：「我們被選出並在本院占有席位後，至少就我們在此地的行為言，已不再依賴我們的選民了。因此，他們所有的權力都移歸於我們，而我們對本院面臨的任何問題都唯一般公益是視，並根據我們自己的判斷作決定。」[9]因此，在 1774 年勃克（Edmund Burke）對其布里斯托（Bristol）的選民演說

9.A. H. Birch, *Representation.*朱堅章主譯，《代表》，臺北：幼獅文化事業公司，1978 年 7 月出版，頁 31。引見 *Parliamentary History*, vol. 9, Col. 435.

時，他說國會：「不是來自各種敵對利益的大使所組成的集會，即並非每人都是一個代理人及保護者，必須維護其利益而反對其他代理人及保護者，而是一個國家的深思熟慮的會議，只有一個整體的單一利益，不應由地方性目的及地方性偏見所支配，而應該是以來自整體之一般理性的公善（general good）為其指標。」他並認為應該：「以選民的利益重於自己的利益，但他無私的見解，成熟的判斷，明悉的意識都不應為你而犧牲。……你的代表對你不但有盡忠職守的義務，且對其判斷負有責任，如他犧牲了這個責任而遷就你的意見，那麼他是反叛而不是在為你服務。」[10]

根據惠格黨的理論，則既非委任代表制概念（concept of delegated representation 亦即議員為人民所委任以代表地方利益），也非微體代表制概念（Concept of Microcosmic representation 亦即議員為國家社會之微體，應反映社會現實）及象徵性代表制概念（Concept of Symbolic representation 亦即議員為國家的表徵，不反應任何人之利益）。他們被選為國會議員，首要職務是根據其個人判斷何者為促進國家整體利益的最佳作法。伯齊教授（A. H. Birch）認為這最適於稱為「選舉代表制之概念」（Concept of elective representation 亦即實質代表的概念，議員為國家的委託者）。這個概念與霍布士（Thomas Hobbes）的思想頗為近似，因為霍布士的契約說，承認主權者一經獲得人民的授權，即可按照他自己的意見，以維持社會的公共安全，而不受人民的限制[11]。選舉當然就是

10.同上，頁 32，引見 Edmund Burke, *Works*, vol. I. p. 447.

11.參閱：國立編譯館，《西洋政治思想史》，臺北：國立編譯館，1962 年6 月臺修訂二版，頁 122。

一項「授權」行為。

惠格黨的代表理論，在法國得到響應，1789年7月，史野（Abb'e-Sieye's）「促使國民議會宣布其辯論不受其選民訓令之約束」，數週後，此一說法又重述於「人權及公民權宣言」（Declaration of the Rights of Man and of the Citizen）。1791年的憲法宣布主權屬於國家，國民會議是表現國家意志，並明白指出在各部分選出的代表，不是某部分的代表，而是整個國家的代表，不能給他們任何指令[12]。這可說是英國惠格黨的代表理論在法國的翻版，也是歐洲國家的代表制觀念的轉捩點。隨著法國1791年憲法之後，包括1831年之比利時、1848年之義大利、1850年之普魯士、1866年之瑞典、1867年之奧國、1871年之德國、1874年之瑞士、1887年之荷蘭，及1915年之丹麥等國憲法，也遵循這種禁止指令與訓令之規定。易言之，經合法選出的代表（議員）是國家政策的獨立決定者，並無義務接受其選民之訓令。類似的條款，也納入義大利1948年憲法，及1949年西德聯邦基本法。

（二）**美國急進的理論**──美國獨立革命領袖對代議士（政治代表）這個角色的觀點不同於英國惠格黨人。他們希望立法者扮演他們選區的代表人，贊成不時的選舉，以防止代議士獲得太多的獨立權。在1788年眾議院的文獻裏，《聯邦論》第五十二篇的作者哈密爾頓及麥迪遜（Hamilton and Madison）曾說：「代議士密切的依附於人民，以及他必須與人民維持親切感，這是很重要的，而不斷的選舉是有效保障上面兩種情況的唯一辦法。」[13]他們也認為，代議士應視其自

---

12. A. H. Birch, *Representation.*朱堅章主譯，前揭，頁41。
13. 同上，頁36。引見 Alexander Hamilton et. al., *The Federalist*, No. 52.

身的作用在於促進其代表區的利益，而不居於統治的地位[14]。

　　在某些程度上，這種觀點與十八世紀英國托利黨的傳統觀點相似。但理論基礎不同，因為在托利黨人眼中，仍以國王為基本權威，而在美國人眼中，最高權威則屬於人民。代議制度之所以被認為必需，並不是視它為一種平衡政府權力的手段，而是直接民主的代替，藉此，人民在某些意義上統治他們自己。這個觀念，認為主權在民，故政治代表是人民的代理人。因此早在 1776 年揭示的「維基尼亞權利宣言」（the Virginia Declaration of Rights）第二條就說：「所有的權力都賦予人民，因此也是來自人民，所有官員都是人民的託付者及公僕，且在任何時間都服從人民。」[15]

　　此一觀點，與法國羅伯斯比（Robespierre）有相同的看法。因為法國 1793 年制憲會議接受的新憲法裏，擴大了人民的選舉權，並宣布：「人民是至高無上的，政府是人民的工廠和財產，公務員是人民的辦事員。」此一主張對法國革命時的代議理論有不同之含意，但由於羅伯斯比的統治時間甚短，故此一激進主義執行不很久[16]。以致這粒種子，在歐洲未曾落入沃壤，這一觀念在歐洲從未穩固，但它在美國已成為政府的運作概念（working concept）。

　　若問為什麼英國惠格黨人與美國人對國會的觀點如此不同呢？主要原因是他們的價值觀念各有一套，美國人比惠格黨人激進得多，同時，美國憲法提供一個由選舉產生的國家元首。他負責闡明國家的利益，而免於地方之壓力，這不僅

14.同上，頁 36。
15.同上，頁 43。
16.同上，頁 42。For a succinct discussion of Robespierre's political ideas, see Alfred Cobban, *Aspects of the French Revolution*, Chaps 8 and 9.

是憑藉他的崇高地位，也因其被選出的方式使然。選舉人團的組織，確保總統能由最具適當分析能力，最具審度能力，最能用理性作綜合判斷，最能依各種誘因而作適當抉擇的人們之中選舉出來。這使美國開國元勳易於構思一個國會制度，比諸由議會控制行政的內閣政府體系更能反映大眾及地方壓力[17]。

（三）**孫中山之見解**──上面提出兩種不同的政治代表理論之類型，前者主張經人民選出的代議士，依國家的利益而立法，並無接受選民訓令之義務；而後者則主張經由人民選出的代議士，只是人民的代理人及公僕，基於主權在民的觀念，這些代議士應接受人民之訓令，以服務選區人民，促進選民之利益為職志。這是兩種正好相反之代表理論，是非之判斷頗為困難，而中山先生之見解如何？

關於代議士之角色，中山先生之看法，似乎比較接近於美國政治諸領袖之見解。如 1919 年，他在手著《三民主義》中說：「夫美國之開基，本英之殖民地而離母國之獨立，其創國之民，多習於英人好自由，長自治之風尚，加以採盧梭之民約，與孟氏之法意，而成其三權憲法，為致治之本；此為民憲之先河，而開有史以來未有之創局也。有美國共和，而後始有政府為民而設之真理出現於世。林肯氏曰：『為民而有，為民而治，為民而享者；斯乃人民之政府也。』有如此之政府，而民者始真為一國之主也。國家之元首百官，始變而為人民之公僕，服役於民者矣，此為政治之革命也。」[18] 由這段話，可知中山先生頗為欽讚美國之成為民主共和國，

17.同上，頁 37。引見 *The Federalist*, No. 68.
18.《孫中山全集》第 2 冊，前揭，頁 157。

國家之元首百官，變為人民之公僕。這當然是「主權在民」的思想。又談到中華民國時，他說：「……今之行政首長，凡百官吏以及政客、議員者，皆即此四萬萬人民之臣僕也。」[19]這個觀點，顯然主張議會議員（臣僕）也應接受人民（主人）之訓令，而與美國華盛頓、傑佛遜、哈密爾頓、麥迪遜及法國羅伯斯比（Robespierre）等人之見解是一致的。

吾人認為，倘然國會議員人人真能做到如勃克（Edmund Burke）所言，以選民的利益重於自己的利益，又能有無私的見解，成熟的判斷，明悉的意識來為國家的整體利益而立法而決策，則誠亦為選民之福。然則，萬一人民選出之國會議員，並不如是之善良偉大，公忠體國，甚且反其道而行，只為私人利益或集團之利益而講話而立法，則人民將如何是好呢？

這個顧慮並非吾人所獨有，英人邊沁（Jeremy Bentham）這位法學家早已對上述之假設，認定是一種幻想，為不可能實現之事。故在他後期的著作，乃主張普選，秘密投票，並堅持選民對其代表應使用某些控制權，他們的代表應投票支持選民所主張的政策，亦即應接受選民的訓令。蓋他確信，即使是國家的首相或國會議員，也同一般人民一樣，皆會自私的盡量擴大自身的福利，也就是說，「人類最大的劣根性——先私而後公——此劣根性是無法避免的，唯有盡量防止它。」[20]邊沁之見，一部分根據他自己的體驗，而一部分則受其朋友詹姆士·密勒（James Mill）之影響。詹姆士·密勒在

19.同上，頁158。

20.同註12，頁50。引見 Jeremy Bentham, *Constitutional Code*, in the Bowring edition of Bentham's Works.

1820年所著《政府論》（*Essay on Government*）一書中，即言：「毫無疑問的，人類行為完全出自其意願，而其意願乃源於其需慾，而其需慾又由於……己利。」[21]故要寄望於國會議員人人無私是頗為困難的，人民對代表應有約束之權是必需的。不過，吾人亦不認為在民選的代議士之中沒有以國家興亡為己任、置個人私利於度外的政治家，是以，吾人並不願抹煞勃克等人之主張。至於主張代議士應為其選民發言，接受選民訓令的這一派代表理論，吾人認為事實上在定期改選的社會，代議士而想繼續獲得選民支持，則其在議會之言論與作為，勢必須注意到選民的願望和付託。即使不然，為鄉親爭取福利，實亦情理之常。但如過於重視地方利益，而不能展開政治家之視野，為國家整體利害著想，則實亦非為理想之代議士。為使能者在位，吾人認為縮短國會議員的任期為兩年，使其密集的接受選民之考驗，是可行的途徑。

第二項　政治代表之功能

關於政治代表之功能，伯齊教授（A. M. Birch）在其所著《代表》（*Representation*）一書裏，採用兩段分類法來說明，也就是在三個廣義的一般功能下，再劃分為幾個特定功能：

（一）一般功能的定義如下：

1. 大眾控制（Popular control）：對政府可加以相當程度的大眾控制。
2. 領導作用（Leadership）：使得在政策擬定上有領導

21.同上，頁51。引見 James Mill, *Essay on Government*, p. 84.

作用與責任。

3. 體系維護（System maintenance）：經由得自人民的支持而致力於對政治體系的維護，並使其能順利運行。

（二）特定功能的定義如下：

1. (1)反應性（Responsiveness）：確保政策制定者能反映大眾的意見和利益。

(2)負責性（Accountability）：提供一種使政治領袖對他們的作為公開負責的方式。

(3)和平更替（Peaceful change）：提供一種使一批領導人毋須經暴力而來代替另一批人的機能。

2. (1)領導（Leadership）：提供政治領袖的徵選，並為其策動擁護。

(2)責任性（Responsibility）：鼓勵政治領袖追求國家長久之利益，並對急迫的壓力即時反應。

3. (1)合法性（Legitimation）：賦予政府一種特別形式的合法性。

(2)認可性（Consent）：用以當作一溝通途徑。政府可由此策動以得到對特殊政策的認可。

(3)疏通性（Relief of pressure）：提供一種如安全活門的作用，使得不滿的人民可由此發洩其怒氣，並經由鼓勵他們採取合法方式的作為，來解除革命的危機。

以上所列各點，可說已經說盡了「政治代表」在代議制度下的所有功能。不過，伯齊教授也承認，並非所有的代議

體制都可達成以上全部功能，有些國家的代議制度都只是部分的發展。例如：蘇聯的代議體制，在領導、責任性、合法性及認可性的功能上充分發揮，但於其他四者並無很大的功能。即使是一個充分發展的代議體制中，在不同的政府間，也會發生政治代表功能之差異。如法國第四共和時代的代議政體，若以反應性、和平更替的功能而言，實比第五共和時代更為有效；但在領導、責任性和認可性的貢獻則不如[22]。

第三項　政治代表與政黨關係

代議政治下的「政治代表」能否達成上述各種使命，還與政黨之作用發生密切關係。假如國會議員或各級民意代表，被他的政黨領袖或地方黨部領袖強迫對某一政策投票，因而違反了對他的選民有顯著利益之政策，違反了他選區內多數意見的政策，違反了他個人關於對國家何者為最好之判斷的政策時，怎麼辦？這個問題，也就是黨紀與良知衝突，或黨的利益與國家的利益及地方民眾的利益衝突之問題。……當然這也是一個頭痛的問題。

緬因爵士（Sir Henry Maine）認為這將走向一種新形式的腐化，政黨將會吸引階級利益以求得選票[23]。則「民主政治」可能就變為「黨主政治」了。二十世紀的英國工黨和保守黨，對他們的議員皆施以相當嚴厲的黨紀律。而如何使議員既擁護黨的政策，又不與民主理想違背，不使政治腐化？勢必須遵守如下命題[24]：

22.A. H. Birch, op. cit.,朱堅章主譯，前揭，頁 112-113。
23.同上，頁 100。
24.同上，頁 100-101。

㈠只有當選民有兩個或更多可供選擇的行動計畫，並知道在下屆國會的執政黨將盡力實行那些計畫時，大眾民主才會對選民產生有意義的影響。

㈡一黨在普選中獲勝，不但有權利而且有義務追求它已承諾的目標之實現。

㈢如每一政黨內部是民主的，則不會有太多的權力集中於黨幹部及領袖手中，因此，黨員都能參與黨政策的制定。

㈣每一個議員乃有義務在國會中擁護自己所屬的政黨，因為他們是依黨的政綱而選出，而與個人意見大部分不相干。

在這種情況之下，執政黨的政策已經被多數選民所認可，就變成合法政府的政策，這時執政黨的議員支持黨的訓令，將不致產生反民主或違背國家及民眾利益的結果，因為這時的國會及其議員與選民是「同質」而不是「異質」的。如果議員與選民沒有共同的利害，當然沒有同一的主張，這時議員與選民是「異質」的，國會與國民當然也不會是「同質」的，自不能代表國民而立法。

是以，吾人認為代議政治之成敗，以及「政治代表」能否真正達成其本身應有的功能，實與政黨政治是否健全發展，以及各政黨黨內是否民主，具有不可分割的密切關係。在1950 年美國政治科學協會（American Political Science Association）的政黨委員會（Committee on Political Parties）宣稱，一個有效的政黨系統之條件是：「第一、政黨能夠提出他們所認可的黨綱；第二、政黨具有充分的內部團結以完成這些黨綱。」並主張黨內民主（intra-party democracy）和一個選

舉人能在兩個不同的政策中作有意義選擇的制度[25]。這已顯示政黨政治對代議政治之重要性。

由以上之分析，可知代議政治體制必須同時建立健全的政黨制度，加重政黨責任，才可能發揮民主政治功能。關於這個觀念，中山先生也有同樣看法，他說：「……本黨既占優勝地位，須知本黨所負之責任，亦必加重也。中華民國以人民為本位，而人民之憑藉，則在政黨。國家必有政黨，一切政治始能發達。政黨之性質，非常高尚，宜重黨綱，宜重黨德，吾人宜注意此點，以與他黨爭勝。……黨爭必有正當之方法，尤必具高尚之理由，而後始得謂之黨爭。……一國之政治，必賴有黨爭，始有進步。無論世界之民主立憲國，君主立憲國，固無不賴政黨以成立者。」[26]足見中山先生之政權思想中，對政權行使之方法，也認為政黨為人民之憑藉，它是用來參與國家政治的，而非用以爭取私人利益或階級利益的集團，固甚明確。

總之，代議制下的「政治代表」（議員）之角色功能是多方面的，然則，最重要者當是服膺多數民意，為國家利益與人民福祉而竭智盡忠。是以，優良政治代表之選任，對代議政治之成敗至關緊要。人民且必須擁有自由平等的選舉與被選舉權，以及對政府之批評權，才可能發揮代議制的真精神。同時，為了避免權力的壟斷和腐化，必須有健全的政黨政治，庶幾不致走上極權橫暴之路。

25.同上，頁 101-102。American Political Science Association, *Towards a more Responsible Two-party System*, pp 17-18.

26.《孫中山全集》第 2 冊，前揭，頁 322-324，1913 年 1 月 19 日在上海演講「政黨宜重黨綱黨德」。

第四項　代議政治之價值

　　一個國家，不論其政府制度是實行內閣制、總統制或委員制都可採行代議政治。事實上，現在世界各國可以說都是實行代議制，雖然代議制在各國表現的形式並不相同，此一事實已足以證明代議制有其存在之理由。因為一個國家的面積相當大而人口又多，人民不能直接管理政事，就不能不委諸一個代表機關。而政治問題不一定要徵求全體公民的意見，由人民的代表即可得到充分的指示。何況並非所有人民都有閒暇或訓練能對立法問題實行判斷，自不必由人民全體來從事立法工作。在政策的制定過程，如果沒有系統程序，則議事必致發生紊亂，而煽動家勢必有機可乘，代議機關的程序，當比人民全體參與議事時有系統。同時，為了得到分工的利益，應讓有能力而熱心政事的人有服務的機會。是以，代議制實比直接民主政體合乎實際需要。

　　鄒文海教授在其所著《代議政治》一書中表示，代議政治充分表現了機動的適應能力，實優於極權政治、君主政治及貴族政治。因為君主與貴族政治過分護衛自己的既得利益，往往把改革看作叛逆，由是保存變為守舊，無法順應社會新的要求。至於共黨統治的國家，又視保存為落伍，由是他們的所謂改革，都是些自上而下的革命，全憑獨裁集團的狂想與錯覺，以衝動的方式，強迫人民改造，而其實際結果，應該保存的固沒有保存，應該改革的也未嘗改革。此外，君主、貴族，以及極權政治，其政府的主持者均以天命自任，與人民的意見沒有溝通的機會，所以他們不會有中庸的政策。代議政治之所以不同於眾，因它保存而不守舊，改革而不衝動，

政府與民意相溝通，以多數人的要求為政府政策的基礎，每個人可以發表意見，但每個人的意見不能支配全局。政策是否可行，以實際效果來作考驗，而不是以少數人的偏見來作決定[27]。

約翰・密勒（John Stuart Mill）在其所著《論代議政治》（*Considerations on Representative Government*）一書中亦言，唯一能夠滿足社會一切要求的政治，就是由全民參與的政治；儘管參與的是最小的任務，也都是有益的；這種參與應該在社會進步的一般許可範圍內盡量求其廣泛；而最後最可希冀的事，也莫過於允許大家分享國家的統治權。但在範圍遠超過一個市鎮的社會中，由於大家所能親自參與的只是公務中極小的一部分，這就意味著一種完美政治的理想形式，必然是代議制的[28]。可見中外學者對代議政治的評價是一致的！而這正因為代議政治有其優越性之故。

第三節　代議政治之流弊

在上一節之中，吾人對代議政治之一般理論，作了概括性之探討，本節來論述各家對代議政治之批評，乃較為方便。然則，代議政治受到如何的批評呢？吾人可舉例說明之。

第一項　盧梭之批評

盧梭在其所著《社約論》（*De Contrat Social, The Social*

27.鄒文海，《代議政治》，前揭，頁 181。
28.John Stuart Mill, *Consideration on Representative Government*.郭志嵩譯，《論自由及論代議政治》，前揭，頁 146-147。

Contract）一書第三編第十五章，專門談他的「代表」觀念。他說：「當公民不以公共服務為主要事務，他們寧願出錢而不願出力時，國家便瀕於覆亡了。在必須挺身為國赴戰時，他們出錢給軍隊而自己安居家裏；在必要出席會議時，他們指派代表而安居家裏，他們便因懶惰和錢財，致使軍人跋扈，代表賣國。」又說：「出錢而不出力，不久便將受束縛。」盧梭這些話，顯示他是主張凡事都要躬親的，開會更要親自出席。而他的主要理由是：「主權不許代表……正如主權不可讓渡一樣。」他把人民的代表看做「只是人民所委任的人員而已，實不能作什麼確定的行為的。凡是未經人民親自批准的法律都是無效的──實際便不是法律。」於此可見盧梭「主權在民」的思想。因他主張「主權在民」，所以法律必須經人民親自批准，而代表只是委任人員，無權做批准工作，這是他認為「立法權是不能許人代表的」原因。但行政權則可以許人代表，而且必須使人代表。

　　基於此一觀念，他批評英國的代議制度說：「英國人自以為是自由，實則大錯，他們只在選舉議院的議員時才是自由的，當議員一經選出，他們便做了奴隸……。」可見盧梭反對代議政治，而主張直接民主，對立法機關的代表不予信任，他是把「主權」牢牢掌握在手裏的人。但他也承認「除非國家是很小的，否則主權體此後很難施行其權利。」所以他主張國家宜小，乃能「有便利的政治和良好的秩序。」我們從盧梭的觀念，可以知道他對民主政治思想是有貢獻的，可惜，他的直接立法之主張，在今日社會恐不能實現，因為現代已非城邦國家可比，他要人民親自出席開會制定法律，是不可能成真的。他沒有想到公民投票也可「批准」法律[29]。

第二項　密勒之批評

　　密勒承認代議制是最理想的政治形式，但是他也認為代議政治有許多缺點，茲分別論述如下：

　　（一）**反面的缺點**──密勒認為任何政治形式的缺點，都可能是反面的或正面的。如果在當局手裏，沒有集中足夠完成一個政府必要任務的權力；如果不能充分發展各個公民的活動能力和社會感情，這就是反面的缺點。他這種看法，也就是中山先生所說的政府無能（是因人民怕政府萬能）之缺點。何以致此呢？他認為這是立法與行政之間的關係未建立的緣故。議會之所以未把足夠的權力交給執行機關，是因為議會對行政方面懷有嫉妒的感覺，怕它權力太大。這種現象，可能發生在議會還沒有充分建立罷黜官吏（如倒閣權）的固有權力的國家。如果這種權力在原則上被承認，在實際上也行得通的話，就不必怕議會不願以真正需要的任何權力，賦予行政機關的閣員。他說，在人民連為他們自己的幸福所必須順從的那些權力也不能容忍時，那種社會狀態就對實施代議政治還不成熟。在建立代議政治的時機成熟時，有主權的議會，必然會為一切需要之目的具有充分的權力（如罷黜官吏）。不過，如果議會對行政之授權過於慷慨和漫無限制時，也會發生危險，因為議會可能整批地給予行政機關權力，卻用一個一個干涉行政事務的法案，將它零星收回[30]。這似乎已失去代議政治的意義。密勒是認為「一個人數眾多的議會

29.盧梭著，徐百齊譯，《社約論》，臺北：臺灣商務印書館，1970 年 9 月三版，頁 127-131。

30.John Stuart Mill, *Consideration on Representative Government*.郭志嵩譯，前揭書，頁 171。

既不宜於直接過問行政事務，也不宜於直接立法。」[31]「議會的正當任務，不是行使它完全不能勝任的統治權，而是監督和控制政府。」[32]從密勒之此一觀點看，頗有如中山先生所思考的「權能區分」之味道。他的意思似在說明，應把行政全權交予政府機關，而議會則只掌握控制政府與監督政府不使為非之大權，這才能使執行機關發揮為民造福的功能。密勒之有此一思想，可能因英國議會職權膨脹之故，他是頗不滿於議會干涉行政瑣事的強烈傾向的，他認為這是代議政治未來將被暴露的實際危機之一[33]。

關於英國議會權力膨脹之事實，確然遭受許多批評。英國議會起源於 1266 年[34]，嗣後，國王與議會迭爭雄長，至 1688 年光榮革命，制定權利法案（Bill of Rights）後，議會乃居於最高權力地位，行政權雖在內閣，但亦僅形同議會的一個委員會。是以，在法律上則如狄龍（De Lolme）所言，英國「議會除不能使男變女，女變男外，無事不能做。」（The parliament can do everything, but make a man a woman, and a woman a man）[35]戴雪（Albert Venn Dicey）亦言：「議會在英憲之下，可以造法，亦可以毀法，而且四境之內無一人復無一團體能得到英格蘭的法律之承認，使其有權利以撤回或廢置議會的立法，是為議會主權的原理所有真諦，不能增多亦不能減少。……大凡議會所通過法案的全部或一部，

---

31. 同上，頁 164。
32. 同上，頁 168。
33. 同上，頁 164。
34. See Cobbett's *Parliamentary History of England* Vol. I. p. 3.
35. Albert Venn Dicey, *Introduction to the Study of the Law of the Constitution*, ie. "*The Law of the constitution,*" p. 41.

無論用以造一新法，或用以毀一舊法，法院俱不敢不遵守。……無一人復無一團體，在英憲之下，能建立規則以與議會的法案相反抗；萬一竟相反抗，這種規則必不能得到法院的承認與遵行。……議會的權力所至誠有如柯克（Sir Edward Coke）所云，不但是卓越，而且是絕對。……議會對於一切法律可以創造，可以批准，可以擴張，可以收縮，可以裁減，可以撤回，可以再立，又可以詮釋；至於此類法律所治理的事務，或關及宗教，或關及世俗，或關及內政，或關及海軍，或關及罪犯，則又皆可不必拘論。……簡言之，凡天意所不能為之事，議會均可以人力為之，因之，世人遂誇稱議會為萬能。」[36] 顯然這就是中山先生所說的「英國現在的政治制度是國會獨裁」[37]。戴雪且引孟德斯鳩之預言，以斷定英國議會的前程，認為在以前各國如羅馬、斯巴達及迦太基既已失卻自由而歸於淪亡，英格蘭的憲法將來必不免同蹈覆轍，至於失去自由，歸於湮滅。故一遇立法權力較行政權力更為腐化之日，即英格蘭的憲法湮滅之時。」[38] 可見，不論中外名儒，對英國議會的權威，皆有同樣之感慨！

然則，英國議會是否腐化呢？是又不然。蓋誠如戴雪所言：「議會的議員遂負一國自由權利之重寄，如此重寄的勝任不獨須仰賴他們所有權能，而且須依仗他們所有誠信、剛毅與智識。」[39] 「……無論法律學者作何論調，事實上決非絕對無限。君主、貴族院及平民院縱能合成一體，亦不能具有

---

36. Ibid., pp. 37-39.
37. 《孫中山全集》第 2 冊，前揭，頁 419，1921 年 7 月，「五權憲法」演講詞。
38. Albert Venn Dicey, op. cit., p. 40.
39. Ibid.

一種萬能力量。復有許多法案，縱非極不聰明，又非十分暴戾，議會不但不願而且不能建立。」[40]若問何以「不願」呢？這可能與英國政治道德傳統有關，誠如上節所引勃克（Edmund Burke）之言，議員有無私的見解，成熟的判斷，明悉的意識，還有盡忠職守的義務[41]之故。又何以「不能」呢？此則與英國社會充滿自由空氣有關，議員之言論行止，勢無法逃脫社會輿論之牽制和影響也！加以兩黨政治的君子之爭，以及政黨責任的重視，國會多數黨議員欲獨攬霸權，並不簡單。是以，誠如鄒文海教授所言，英國議會權力的無限，不過法理中的一項假設（Legal Fiction），事實上並不是真正無所限制的，英國的輿論，限定了議會可以行動的方向，英國悠久的政治傳統，亦告訴議會何者為其行為的邊緣。凡輿論及政治傳統的力量不如英國者，如果採取英國議會至高無上的原則，那真是畫虎不成反類犬了[42]。不過，議員受壓力團體之影響是不免的，儘管黨紀嚴明，但英國議員接受壓力團體的費用或薪水的作為，現在已被認為是正當的，在美國則屬違法[43]。

　　以上是對英國議會萬能與否之補充探討，現在言歸正傳，再論及密勒對代議政治之評論。前面所述乃他所提關於代議制的反面缺點之一。

　　其次，他認為代議政治尚另有一個反面的缺點──不充分運用人民個別的道德、智慧和活動的能力。也就是說，代議政治如不能喚起公民的廣泛參與，則可能與專制政體無多

---

40. Ibid., p. 69.
41. Edemund Burke 於 1774 年對其 Brestol 選民之演講詞。
42. 鄒文海，《比較憲法》，臺北：三民書局，1974 年 1 月四版，頁 83。
43. A. H. Birch, *Representation*, op. cit., 朱堅章主譯，前揭書，頁 105。

差別。要能達成民主政治之好處，須把公務的行使廣泛分散。一方面擴大選舉權，另一方面使各階層公民多方參與司法和行政工作，如參加陪審，讓他們擔任市政工作，尤其重要的是使討論儘可能公開和有最大的自由，使公民分享政治教育和精神訓練。可是，如果實行代議政治，而缺乏這等條件，則民主政治的美景仍在虛無縹緲間。一黨國家即犯此毛病。

（二）**正面的弊害**——密勒認為這可歸納為兩種，一是普遍的愚昧和無能，亦可說議會沒有足夠的精神條件，一是它受到與社會一般福利相違的勢力之影響。

首先，談高度精神條件的缺乏，在這方面，密勒認為一直表現高度統治能力和依照政策的不變原則而行事的，只有羅馬和威尼斯的貴族政治，羅馬真正的統治團體——參議院，皆由有過行政經驗者組成，他們如表現無能和失敗，就要負嚴厲責任，一旦成為參議員，要保證終身致力於公務。這使每一參議員感到其個人地位，和他的國家尊嚴與聲譽以及他在會議裏所能貢獻的努力有密切關係，當然加重其責任感。雖然其努力與公民的幸福是兩回事，但卻與國家對外的成功和擴張有密切關係，結果表現了貴族政治有系統的聰明的集體政策和偉大的個人政治能力[44]。密勒這些觀點當然是指一個政府的行政效率而言。代議政治之效率不如貴族政治或獨裁政治、寡頭政治是必然的缺點。但這要與國家之目的併合考慮才行，人類組成國家，是否以造就「羅馬的光榮」為標的呢？這是作者所疑惑的。吾人仍願相信，中山先生之思想——有民治，才有民享，沒有民治，就沒有民享，如果沒有民

44.John Stuart Mill, op. cit.,郭志嵩譯，前揭，頁 173-174。

享，就是民有都是假的[45]。是以，吾人對密勒以代議政治缺乏如羅馬貴族政治這種對外擴張的「高度精神條件」來評論其缺失，認為並不妥切，亦乏現代意義。何況，代議政府行政效率的不及，可用「權能區分」之辦法補救之，這不只是中山先生之理論，密勒亦有此見解[46]。

　　密勒認為議會如沒有足夠的智慧和知識可能引起許多危險。它可能用特別法令侵害行政權，可能驅逐一個好內閣、維護一個壞內閣，並縱容其失職、或為其偽裝所欺騙，可能制定感情用事、短視、愚昧帶有成見的政策，可能廢止好法律或制定壞法律，引進新弊害或以頑固態度堅持舊弊害……[47]。關於密勒這個觀點，吾人頗以為然，蓋人民如選錯了代議士，這種情形都可能發生。顯然，代議政治之成功，必須以選賢與能為條件，而這正是中山先生政權思想的一部分。1912 年8 月 13 日「國民黨宣言」中，中山先生有言曰：「同此圓頂方趾之類，其思想知識能力不能一一相等……是故有優秀特出者焉……而優秀特出者，視尋常一般者恒為少數，……在法律上，則由此少數優秀特出者，組織為議會與政府，以代表全部之國民。」[48]人才乃良好政治之原動力，中山先生思想與密勒之觀點，在此則初無二致。

　　其次，談議會受著邪惡勢力支配的行動方式所引起的弊害，那也是多少和社會一般福利相衝突的勢力。如果把上項

---

45. 《孫中山全集》第 2 冊，前揭，頁 421，「五權憲法」演講。
46. 郭志嵩譯，前揭書，頁 176。密勒主張「以一般控制權授與代表全體人民的團體（即公民團體），同時利用……以從政為職業的熟練人員，去處理政務。」這與　中山先生「權能區分」的主張完全相同。
47. 同上，頁 177。
48. 《孫中山全集》第 1 冊，前揭，頁 793。

所述之弊害，歸責於議員的無知無能，則本項所述即係表示議員的自私自利。這個弊害，在君主政治、貴族政治是最為明顯的。密勒認為，他們常以社會一般利益相違背的行為，來推進君主或貴族集團或個別分子的利益。徵收重稅以肥己即是一個例子，但社會的利益是要求良好的行政管理必要支出的範圍內，盡量減稅。其他如自由的不合理限制亦然。國王、貴族與社會大眾之利益是互相衝突的，一個統治階級的利益，不管在貴族政治或貴族的君主政體中，是為自己取得各種不正當的特權，有時犧牲人民利益去飽自己的私囊，有時只是要把自己騎在別人之上，總之要把別人貶低到自己之下[49]。

然則，在民主政體或代議政治中，會不會有如上述同樣有害的勢力呢？從民主政體之多數統治觀點看，它的統治權力就一定會受部分階級利益的支配，做出不是基於公正及尊重大眾利益的行為來。假如這個多數是白人，少數是黑人，或者多數是黑人，少數是白人，多數會讓少數有同等的公平嗎？如果多數是天主教徒，少數是新教徒或者剛好相反，不也是有同樣的危險嗎？或者讓英國人是多數，愛爾蘭人是少數，或者反過來，不是也很可能發生同樣弊害嗎[50]？密勒是相信在不同種族、民族、宗教信仰者之間，甚至窮人與富人之間，其利益顯然是完全對立的，因此可能發生多數壓迫少數的情形。關於密勒這個論點，在今天世界上是有事實根據的。茲舉例說明之：

(1)美國南方黑人受壓迫──從很久以前到二次大戰，美

49.參閱郭志嵩譯，前揭書，頁 177-178。
50.同上，頁 178。

國南方各州，包括阿拉巴馬、喬治亞、路易斯安那、密西西比、和南卡羅來納等州的黑人，在名義上雖居公民地位，但其司法保護權和選舉權皆被剝奪殆盡。這些州發展適於白人優越地位的選舉制度；其中花招頗多，譬如以合法或非法的方法，使黑人永被拋棄於選舉登記之外，譬如黑人不准參加民主黨的初選投票，因為民主黨的初選是一種「俱樂部」活動，並非公民投票的選舉活動。白人在大選時，則團結在一種職位的單一候選人周圍，以保持其「多數」地位。1957年金恩（Martin Luther King Jr.）曾言：「只要給我們選票，我們就不再讓聯邦政府為我們的基本權利煩惱了。」然而，縱使黑人登記為選民的比率不低，但他們在南方各州都很少構成三分之一的比例。這與主辦選舉的白人官吏有關，他們可以玩弄劃選舉區的技巧，亦即玩弄 Gerrymandering（傑利蠑螈）的技巧，把全州黑人集中劃分在少數幾個選區，讓他們在這少數選區以絕對多數當選，而把白人分散劃分到多數選區，使超過相對多數而當選。故白人在全州雖為少數，仍可產生較多代表，而黑人在全州雖為多數，也只能產生少數代表。這是掌權者利用特權和選舉以壓迫弱小民族之適例[51]。辦選舉時，如何保證「中央選舉委員會」的超然中立與公平透明原，是極為重要的。

51.參閱：Guy Hermet, Richard Rose and Alain Rougue: *Elections Without Choice*, Chp. 10 "Is *Choice Enough? - Elections and political Authority*." (New York: John Wiley & Sons press, 1978). by Richard Rose.

(2)北愛爾蘭烏爾斯特天主教徒（Ulstern Catholics）受歧
視──北愛爾蘭的新教徒把他們的權利寄託在自由選
舉，因其人口占北愛三分之二多數，烏爾斯特天主教
徒只占三分之一。新教徒組成的「聯合主義黨」
（Unionist Party）維持多數統治地位，他們依靠「奧
倫治秩序」（Orange order）以監督檢查候選人的政治
正統性，而從未提名一個天主教徒進入議會，北愛政
府閣員清一色是奧倫治人。只要選舉是基於多數原
則，地方政府就永遠掌握在「聯合主義黨」手中。天
主教徒永遠是輸家，又得不到司法保護權，一部分乃
外移尋求庇護。1968 年，天主教徒開始效法美南黑人
故事，從事街頭示威與抗議行動。北愛既乏疏通管
道，武裝衝突乃成為政治上之常事，爆炸射擊事件逐
漸增加[52]。這也是掌權者利用選舉來壓迫異教徒之適
例。

　　吾人所舉以上兩個例子，可支持密勒之高見，誠如密勒
所說：寧取自私利益而捨棄與別人共享利益，與寧取一時和
直接利益而捨棄間接和遙遠的利益，這種隨著權力的掌握而
產生和助長之特徵，現在已是每一個人所共覩的事實[53]。由於
人類的自私自利心，遂造成人類間之仇視，即使在民主政體
下實行代議政治之社會，亦無法避免之，誰說這不是人間憾
事？

　　因此，密勒認為民主政治最大的危險之一，就是掌握權
力者的邪惡利益，對整個國家造成久遠損害的危險。是以，

────────

52.Ibid.
53.郭志嵩譯，前揭書，頁 181。

在決定代議政治的最好組織時，需要考慮的最重要問題之一，就是如何為防止這種弊害，提供有效的保障[54]。而他認為最好的辦法是：「不讓一個階級或可能聯合一起的幾個階級，在政治中具有一種壓倒的勢力。」[55]，也就是讓政治權力保持平衡。

第三項　浦萊斯之批評

　　浦萊斯（James Bryce）在其名著《現代民主政體》一書的第二卷之中，曾詳細的批評代議政治的缺點，他說一般人都認為議會議員的才能遠不如以前，而議會的聲望也每況愈下。許多採用代議制度的國家，其人民多表不滿，因為議會的代表往往與有勢力的商業家互相勾結。浦萊斯自己經過實地的考察與仔細的研究後，指出代議政治有下列五大缺點，茲分別簡述之：

　　（一）議員用演說來延長時間，阻礙議事的進行，使討論的重要問題，不能得到決議。英、美、澳、德各國的議會中都有這種情形。在英國這種阻礙手段變成了一種很好的藝術，結果不但浪費多數議員時間，而且使整個的下議院失去人民的信仰。採用內閣制的國家常使用這種手段，因為內閣所提的議案與其生命息息相關，如一個重要議案因缺乏時間而未通過，或因時間的分配受了影響而不得不放棄若干提案，內閣便受很大損失，不能對那些擁護的人民實行諾言。現代議會所要通過的議案頗多，而實際上總不能圓滿達成任務，即由於這種手段之使用[56]。

54. 同上，頁 183。

55. 同上。

56. James Bryce. *Modern Democracies*, (New York: The Macmillan Company, 1921) vol II. pp. 345-346.

（二）政黨數目增加。許多國家原只有兩個黨，但後來由於內部分裂與新政爭之發生而演變成多黨，英、法均有類此情形。在十九世紀中葉，各國都想以民主共和取代君主專制或貴族政體，政治改革家在大問題上殊少異議，故能維持兩黨制。迨至建設工作開始，意見乃漸分歧，各有主張，各有計劃，於是造成黨的分裂，終於小黨林立。而且各不同階級為增進本身利益，也多組成政黨。政黨既多，內閣遂不穩定，這是因沒有任何政黨能獲議會多數之故。而且立法之討論，也不易得到一致的結果[57]。

（三）選民中的小團體常對其選區議員使用壓力。把自己個人利益或自己的特殊觀點，看得特別重要，因此在選舉時完全以候選人願不願在議會支持其利益或主張為投票的標準。候選人因期望當選，對這類選民不能不表示讓步。結果個人利益、特殊觀點得到不自然的支持，而致選民真正之希望反被疏忽。這是代議制的弱點[58]。

（四）議員在議會之言行應以自己之主張為準，或以所代表的選民過半數意見為準呢？這是爭辯未決之問題。以前有人主張議員不應只作人民的代表，而應憑自己良知與主張投票。但後來，相反的說法占優勢，認為如果議員的主張與人民的意志不同，則議員只能代表人民的意志，而不能為自己的主張奮鬥。而且，政黨政治發達以後，政黨支持當選的議員亦須考慮政黨的指令。則如果這種指令與選民意志或國家利益不一致時，議員將何去何從呢？是服從「黨意」？還是追隨「民意」與自己良知投票？一方面他要在議會對人事

57. Ibid., pp 347-349.
58. Ibid., p 349.

與法律問題，表示選民的意見，另一方面又要支持他相信合於國家利益的立法、司法及行政政策，前者為對選民之義務，後者為對國家之義務，如他認為法案與國家利益不合，但選民希望他通過，或他的政黨命令他投贊成票，他是否必須照辦呢？或者，他的選區或政黨所持意見，他認為是錯誤的，他是否必須在議會代為發言呢？這都是很困擾的問題，這也是有獨立性格的人不願進議會的原因[59]。

（五）每個政黨在議會裏之所以能發生力量，是由於黨能夠團結。內部的異議既少，行動便能一致，而投票也一致，因而能充分表現它的力量（作者按：美國則不然）。每個黨都有黨團，黨團一經決議，黨員即須遵守，這種辦法實行的結果，如果是一個少數黨，它便可和多數黨的領袖談判。多數黨如因內部意見不一致，恐遭分裂而導致失敗時，少數黨便可向他們表示支持，只要多數黨答應少數黨有利的條件。如果是一個多數黨，則其力量之大，更可為所欲為，對一切反對意見便可置之不理，如此一來，則議會便成了一個投票機器而不再是議事機關[60]。

以上五點是 James Bryce 之看法。不過，誠如傅啟學教授所言，民主政治是協調的政治[61]，Bryce 所指的一些缺點，似並非無法補救，如能改進磋商技術，並彼此尊重，代議政治仍是最好的政治方式，何況，迄今為止，人類還沒有找到更好的「代用品」。

59.Ibid., pp 349-353.
60.Ibid., pp 354-357.
61.傅啟學，《中山思想本義》，前揭，頁 186。

第四項　孫中山之批評

以上作者列舉盧梭、密勒、浦萊斯等名家對代議政治之批評，而最重要者，我們必須瞭解中山先生對代議政治之觀感。因為，這是造成他的政權思想之動因所在。在《孫中山全集》之中，我們可以發現不少有關於代議政治的批評，特別是對於民國初年的中國代議制度之弊端，更為不齒。在1923 年 1 月 1 日的「中國國民黨宣言」中，他說：「現行代議制度已成民權之弩末，階級選舉易為少數所操縱。」[62]這已經表示他對民國成立後的政治現實「民權」的落空而感到失望，這種「民國」絕不是他理想中的「民國」。

除了「階級選舉」容易被少數有財有勢者所操縱之外，議員一旦當選是否真能代表民意，為民喉舌呢？中山先生以當時的觀察獲得的結論是頗令他悲觀的。因為這些代議士一旦藉選舉而取得國會議員的資格之後，心目中已經沒有了人民，自也忘了本身是民意代表，而悍然做出違背民意的事，說出違背民意的話來，而人民又毫無控制議員的辦法。所以，他在 1922 年為上海新聞報三十週年紀念而作的一篇文章「中華民國建設之基礎」中，說：「彼踞國家機關者，其始藉人民之選舉，以獲此資格，其繼則悍然違反人民之意思以行事，而人民亦莫如之何。」[63]這種觀感，顯然是他主張「全民政治」，由人民行使直接民權亦即四權的理由。

中山先生對代議政治的不信任，也可從他的民權主義演

---

62. 《孫中山全集》第 1 冊，前揭，頁 859。
63. 《孫中山全集》第 2 冊，前揭，頁 180，1922 年作「中華民國建設之基礎」。

講詞中看出來，他說「照現在世界上民權頂發達的國家講，人民在政治上是占什麼地位呢？得到了多少民權呢？就最近一百多年來所得的結果，不過是一種選舉和被選舉權。……成立了這種『代議政體』以後，民權是否算得充分發達呢？在『代議政體』沒有成立之先，歐美人民爭民權，以為得到了『代議政體』，便算是無上的民權。好像中國革命黨，希望中國革命以後，能夠學到日本，或者學到歐美，便以為大功告成一樣。如果真是學到了像日本、歐美一樣，可不可以算是止境，還要聽下文分解。歐美人民從前以為爭到了『代議政體』，便算是心滿意足。我們中國革命以後，是不是達到了『代議政體』呢？所得民權的利益究竟是怎麼樣呢？大家都知道現在的代議士，都變成了『豬仔議員』，有錢就賣身，分贓貪利，為全國人民所不齒。各國實行這種『代議政體』，都免不了流弊，不過傳到中國，流弊更是不堪問罷了。大家對於這種政體，如果不去聞問，不想挽救，把國事都付託到一般『豬仔議員』，讓他們去亂作亂為，國家前途是很危險的。所以外國人所希望的『代議政體』以為就是人類和國家的長治久安之計，那是不足信的。」[64]

　　中國學得了歐美的『代議政體』何以流弊更是不堪問呢？在說明其理由之前，我想先介紹密勒關於「在何種社會情況下不適用代議政治」的理論。在密勒所著《論代議政治》（*Consideration on Representative Government*）一書裏，他認為一切制度都是由人製造的，它們能夠產生和能夠存在，都是由於人類的意願。而且政治機構本身不能行動，必須由人

64. 《孫中山全集》第 1 冊，前揭，頁 118，民權主義第 4 講。

去操縱和積極參與。同時也必須要看操縱它的人的能力和品質，對它作適當的調整。所以要以一種政治形式給予人民，必須人民①願意接受它，②願意而且能夠做一切必要的事，使它繼續存在，③願意而且能夠做一切該做的事，使它實現它的目的。「做」這個字是指「容忍」和「行動」兩方面。密勒認為，如果這些條件中有任何一個不能達到，就會使它不適合那種特殊的場合[65]。他並舉例說明，例如一個民族也許願意有一個自由政治，但是如因怠惰、輕率、懦弱或缺乏愛國心，他們承擔不起保全它所必需的種種努力；如果在它遭受直接攻擊時，他們不去為它作戰；如果他們會為欺騙的手段迷惑，將它放棄；如果由於暫時的挫折，一時的恐慌，或對某個人一時的熱情，就可誘使他們將自己的自由放在一個大人物的腳前，或給予權力，使他用以毀滅他們的制度。……在所有這些情形下，他們多少都不配享有自由[66]。

　　一個民族也可能不願意或不能夠履行一種特殊政治形式所要他們履行的責任。一個粗野的民族，雖在某種程度內感到文明社會的益處，卻可能做不到它所要求的容忍。他們的感情也許太激烈，或者他們的個人尊嚴也太嚴正，以致使他們不願放棄私人的衝突……[67]。如果一般選民對他們自己的政府，並不感到有給予選票的充分興趣，或者縱然參加選舉，並不是根據公的立場去選，只是以選票賣錢，依照某一對他們有著控制權的人的意旨去投票，或者為私人理由，有心要以選票去取悅別人，代議制度就不會有什麼價值，而且可能

65.John Stuart Mill., op. cit.,郭志嵩譯，前揭書，頁 106-107。
66.同上，頁 108。
67.同上。

只成為專制或陰謀的一種工具。如此舉行的普選，不但不是防止失政的一種保障，而且反會助長它的推行[68]。

密勒這些言論，誠然深獲我心。由此一理論，我們乃可檢視民國成立後的中國社會之實際情形。1916 年 7 月 15 日，中山先生在駐滬粵籍議員歡迎會演講「中華民國之意義」時就曾說過：「欲民國之鞏固，必先建其基礎，基礎不必求，當求諸全國國民之心中。若國民身受民權之庇護，識其為無上光榮，則必出死力以衛民權，雖有拿破崙在國中，亦莫吾毒。」[69]然則，實情如何？當時國民心理如何？誠如 中山先生所言：「中國大多數人的心理，『寧為太平犬，不作亂離王』，這種心理不改變，中國是永不能太平的。因為有這種心理，所以樣樣敷衍苟安，枝枝節節，不求徹底痛快的解決，要曉得這樣是不行的。你不承認十二年的禍亂是革命黨造成的嗎？民意大多數卻承認是這樣的。」[70]以致有「現在真命天子不出，中國決不能太平。」[71]的想法。 中山先生認為「要是中國統計學發達，將真正民意綜起來分析一下，一定復辟的人占三萬萬九千萬多。我們果然要尊崇民意，三、四十年前只好不提革命了。因為在那時，多數人要罵我們亂臣賊子，是叛賊，人人可得而誅之的。」[72]由此可見，當時的中國社會確實還不能達到如密勒所言之社會條件，來實行「代議政治」的。而這正是 中山先生主張民主共和的建國工作，必須經

68.同上，頁 109。
69.《孫中山全集》第 2 冊，前揭，頁 352。
70.同上，頁 525，1923 年 8 月 19 日演講「學生要努力宣傳擔當革命的責任」。
71.同上。
72.同上。

過「訓政時期」來從事政治教育，以促進政治社會化（Political Socialization）的道理所在。

由於「代議政治」制度的社會條件不足，使中國一點都沒有學到歐美代議政體的好處，「所學到的壞處，卻是百倍十倍。弄到國會議員，變成豬仔議員，污穢腐敗，是世界各國自古以來所沒有的。這真是代議政體的一種怪現象，所以中國學外國的民權政治，不但是學不好，反而學壞了。」[73]是以，孫中山先生在 1923 年 10 月 7 日在「中國國民黨為曹錕賄選竊位宣言」中有言「議會之專恣必須制裁，現行代議制之流弊必須為根本之刷新」[74]。而且，主張以考試、監察二權，來建立現代文官制度，「以杜倖進於前，復有以懲溺職於後」，就不會有「崇拜金錢、喪失人格之賄選！」[75]

至於對代議政治，應如何為根本之刷新？即於下節討論之。

第四節　孫中山對政權行使之主張

在第三節，吾人分別論述盧梭、密勒、浦萊斯及　中山先生四人對於代議政治之批評，他們分別指出了實行代議政治的許多流弊，但是，我們急於瞭解的是，究竟　中山先生是否不主張在中國實行代議制度呢？是又不然。因為代議制度本身，迄至目前為止仍是無可替代的政治方式。今天全世界流行的是代議民主，而不是全體公民出席開會表決的直接

73.《孫中山全集》第 1 冊，前揭，頁 123，民權主義第 5 講。
74.同上，頁 871。
75.同上。

民主。

　　1924 年，中山先生親筆修改的三民主義講演稿（手訂稿）之中，有一大段話，論及民權的流弊，我認為頗有引用的價值。他說：「因為我從前是決定了中國要行民權，才去革命。所以頭一次失敗，逃亡到海外，之後，極留心研究的就是民權問題，故再到美國之後，續漸實察美國的共和政治，總是見到民權的大體，確是不差。其流弊無論如何大總是利多害少。但是民權到底是什麼意思呢？我當時還沒有徹底研究，後來遊歷歐洲，有很多時間，於是決意徹底來研究民權問題。要研究這個問題，當然是要買很多這種書籍來參考。便到書店去買關於民權的書。我記得頭一次買了一本英國人李基所著的《民權與自由》[76]，就那本書的名字說，顧名思義，應該是詳細解釋民權自由的，應該是極力頌揚民權自由的，所以我便很高興去看。那知道那本書的內容，完全是痛罵民權自由，把英國、美國、法國歷代所有民權自由的流弊，源源本本和盤托出。我本來是很主張民權的，看了那本書，便大失所望。如果我的民權思想稍為薄弱，看了那本書之後，那麼我的民權思想，當然是根本推翻了。我當時就想起來，如果中國的保皇黨能夠看英文本，他們看了這本書之後，一定要把它譯成中文，傳到中國來，做反對民權的材料。所以暗說這本書決計不可讓他們知道。由此便可知歐洲學者有很多是反對民權的。就是美洲學者也有主張帝制的。所以古德諾到中國來，便勸袁世凱做皇帝。……不過民權的流弊，遺害於國家人民確是不少。所以在歐美至今還是一個大問題。」

───────

76.係指 W. E. H Lechy, Democracy and Liberty, 2 Vols, (New ed. London. 1903).

雖然西方的民主政治有流弊，但中山先生仍然主張實行民權主義，因為他認為這是世界上不可抗拒的大潮流。既有流弊，便應防止；能夠防止，更無不可實行的理由。所以他接著說：「不過我們先知先覺的人，觀察政治社會，要持冷靜的態度，拿遠大的眼光，把世界的潮流，和一種主義的利害，要審慎周詳，才可以拿出一種主張。現在世界潮流，已經到了民權時代，各國由於行民權所發生的流弊，本來是很多。不過從前在君權神權時代，不能說君權神權完全沒有流弊。……近來人民的思想很發達，政府不能禁止人民永遠不覺悟。人民有了真覺悟，君權神權就要消滅。民權就要發生，就要實行。世界潮流到了今日是實行民權的時代，我們應該順應世界潮流去實行民權。不能阻止世界潮流來反對民權。不過中國此後實行民權，便不要蹈歐美的覆轍，再發生歐美的流弊。所謂取人之長，去人之短，流弊去了之後大家同心協力去實行，就一定可以造成一個好國家。」[77]由以上這一大段的話，可以知道　中山先生迄至晚年，仍然不放棄實行西方民主政治——代議民主制度。只是特別主張對這種有流弊的西方「代議政治」制度應設法予以預防而已。是則，中山先生的政權思想自然與西方民主政治的理論與制度有些不同之處。

有什麼不同呢？民權主義第四講有言：「……我們國民黨提倡三民主義來改造中國，所主張的民權，是和歐美的民

77.所引係孫中山手訂稿民權主義第 1 講最末一段。據崔書琴著《三民主義新論》中言，中山先生「這個手訂稿迄今尚未發表，現仍由黨史會珍存。」引文見此補篇頁 9-10。（臺灣商務印書館，1972 年 10 月修訂臺北十版）。

權不同。我們拿歐美已往的歷史來做材料，不是要學歐美，步他們的後塵，是用我們民權主義，把中國改造成一個『全民政治』的民國，要駕乎歐美之上。」[78]「歐美的先進國家，把民權實行了一百多年，至今只得到一種『代議政體』，我們拿這種制度到中國來實行，發生了許多流弊，所以民權的這個問題，在今日還是很難解決。」[79]中山先生之政權思想，就是「把這個問題，在中國求一個根本解決的辦法。」對這個問題他並且說：「我們不能解決，中國便要步歐美的後塵；如果能夠解決，中國便可以駕乎歐美之上。」[80]所以，換句話說，中山先生的政權思想，是比歐美的民主政治更為徹底的民主思想，而不僅及於「代議政治」，當然更不是專制獨裁的思想，這是我們所必須明白的。

至於，根本解決的辦法如何呢？這正是本節所要討論的主題。1921年3月6日，中山先生在中國國民黨本部特設辦事處演講「三民主義之具體辦法」時，說：「現在應聲明那代議制不是真正民權，直接民權才是真正民權。美、法、英雖主張民權主義，仍不是直接民權。兄弟的民權主義，係採瑞士的民權主義，即直接的民權主義。……直接民權，一是『選舉權』。人民既得直接民權的選舉權，尤必有『罷免權』。選之在民，罷之亦在民。又如立法部任立一法，人民因其不便，亦可起而廢之，此種廢法權，謂之『複決權』，言人民可再以公意決定之。又人民應有『創制權』，即人民可以公意創制一種法律。直接民權凡四種：一選舉權，一複

78.《孫中山全集》第1冊，前揭，頁118。
79.同上，頁119。
80.同上。

決權，一創制權，一罷官權。此為具體的民權，乃真正的民權主義。」[81] 這四個民權，是人民用來管理政府的力量，又叫做「政權」。易言之，中山先生是希望中國人民能夠透過行使四個直接的民權，以掌握自己的「政治主權」，來達成「全民政治」之理想，而矯「代議政治」只行使「間接民權」的流弊。

但是，人民行使直接民權，並非就不要間接民權──選舉權。1923 年 10 月 7 日的「為曹錕賄選竊位宣言」中即說：「本黨主張之民權主義，為直接民權，國民除選舉權外，並有創制權、複決權及罷免權，庶足以制裁議會之專恣，即於現行代議制之流弊，亦能為根本之刷新。」[82] 1924 年 1 月 30 日，「中國國民黨第一次全國代表大會宣言」第二部分為「國民黨之主義」，其中所提「民權主義」，一開始即揭示：「國民黨之民權主義，於間接民權之外，復行直接民權。即為國民者不但有選舉權，且兼有創制、複決、罷官諸權也。」[83] 可見，中山先生對政權行使的主張是直接民權與間接民權併行的。

關於中山先生的政權行使方法論問題，傅啟學教授也認為「先生沒有根本反對代議政體，所反對的是 1924 年以前的中國代議政體，只學到歐美的壞處，沒有學到好處。」[84] 傅教授在其所著《中山思想本義》一書中又說：「人民僅有選舉權，是不充分的民權，人民能行使四權，才是充分的民權。

---

81. 《孫中山全集》第 2 冊，前揭，頁 406。
82. 《孫中山全集》第 1 冊，前揭，頁 871。
83. 同上，頁 882。
84. 傅啟學，〈權能區分理論的研究〉，載 1974 年 7 月《中華學報》1 卷 2 期，頁 50。

人民只要有充分的民權，無論直接行使或間接可使，均屬可行，因為先生從未諱言間接民權。」[85] 中山先生確實是想以直接民權來補救間接民權的不足，而未否定間接民權之必要性。事實上，沒有民選的立法機關，則創制、複決兩權已失其意義，這無論在中央或在地方皆然。是以， 中山先生說：「人民有了這四個權，才算是充分的民權，能夠實行這四個權，才算是徹底的直接民權。從前沒有充分民權的時候，人民選舉了官吏議員之後，便不能再問，這種民權是間接民權。間接民權就是代議政體，用代議士去管理政府，人民不能直接去管理政府。要人民能夠直接管理政府，便要人民能夠實行這四個民權。人民能夠實行四個民權，才叫做全民政治。全民政治是什麼意思呢？就是從前講過了的，用四萬萬人來做皇帝。」[86] 顯然， 中山先生此一觀念就是主權在民的思想，因主張「主權在民」，所以主張以人民行使充分的民權，亦即用徹底的直接民權來實現全民政治的制度，而救濟代議政治的多種弊端。

不過，四權之行使，尚有困難，因為在廣土眾民之國，由人民來行使對中央政府人事的罷免權，對中央法律的創制權與複決權，恐力有未逮。關於這一點， 中山先生主張直接民權的全民政治，可在地方自治單位的縣（市）實行。在中央除選舉權之外的其餘三個政權，則付託國民大會代表行使。故在 1923 年 1 月 29 日的〈中國革命史〉一文裏，他說：「建設完成時期……此時一縣之自治團體，當實行直接民權；……而對於一國政治，除選舉權之外，其餘之同等權，則付

85.傅啟學，《中山思想本義》，前揭，頁 176。
86.《孫中山全集》第 1 冊，前揭，頁 151-152，民權主義第 6 講。

託於國民大會之代表以行之。」[87] 1922 年在〈中華民國建設之基礎〉一文也說：「官治云者，政治之權付之官僚，於人民無與。……民治則不然，政治之權在於人民，或直接以行使之，或間接以行使之；其在間接行使之時，為人民之代表者或受人民之委任者，只盡其能，不竊其權，予奪之自由，仍在於人民，是以人民為主體，人民為自動者。……分縣自治，行直接民權。……國民大會，由國民代表組織之。……為間接民權。」[88]

由此可知，中山先生對政權行使之辦法，是主張在地方自治行使直接民權，在中央則行使間接民權。但為了使人民能對中央政府也享有充分之民權，藉以參與國事，故委由國民大會代表來行使對中央政府的「政權」，也就是委由國民大會行使中央統治權。因之，在建國大綱第九條說：「一完全自治之縣，其國民有直接選舉官員之權，有直接罷免官員之權，有直接創制法律之權，有直接複決法律之權。」在第二十四條說：「憲法頒布之後，中央統治權則歸於國民大會行使之，即國民大會對於中央政府官員有選舉權，有罷免權；對於中央法律有創制權，有複決權。」[89]中央行使政權有國民大會，縣行使政權，則靠公民自己。那麼，公民如何行使他們的政權（直接民權）呢？1923 年元旦「中國國民黨宣言」主張「以人民集會或總投票之方式」直接行使之。

87.《孫中山全集》第 2 冊，前揭，頁 184。
88.同上，頁 179-180。
89.《孫中山全集》第 1 冊，前揭，頁 752-753。

第五節　結論

從上面各節之分析，我們可得下列結論：

（一）現代國家無論在中央或地方政府，由人民出席開會行使立法權為不可行，亦無必要。因此，選出「政治代表」（議員或民意代表）組織議會議事立法機關，殆為實行民主政治之必要途徑，代議政治與政黨政治同樣有其寶貴價值。

（二）但是，歐美實施代議政治流弊很多，傳到中國更不堪聞問，為此必須以選舉權之外的其他三種直接民權來控制官吏和代議士，使他們誠實替人民謀幸福。孫中山並設計獨立行使職的文官考銓制度與監察制度，用以建立廉能政府。

（三）由於廣土眾民之國，人民在中央行使直接民權有其困難，孫中山設計「國民大會」代表全國人民行使直接民權，這部分值得研究。因科技進步，媒體資訊發達，有關全民重大政策及立法，吾人主張以公民投票方式由人民公決。

第四章　孫中山政權思想之理論

　　由第三章之分析，我們知道中山先生對政治問題有一個根本解決之辦法，那就是要人民掌握住充分的民權，無論對地方政府或中央政府，都能擁有四個「政權」，也就是擁有四個控制「政府的力量」的力量。但是對於大眾日常事務的處理，他認為並不必由人民自己親自去做，而應委由有能力的人去執行，也就是要把政府的「治權」（包括立法權在內）交給最有才幹的人去代勞，使他們組成「萬能政府」。為了實行這個辦法，就必須把人民的「權」和政府的「能」分開。所以，在民權主義第六講，他說：「因為民權是新力量，政府是舊機器，我們現在要解決民權問題，便要另造一架新機器。造成這種新機器的原理，是要分開權和能，人民是要有權的，機器是要有能的。」[1]這一句話，可以說是中山先生政權思想的總說明。由此，而建立了他的政權思想之理論體系。本章之目的，就是要來分析他的此一理論，這個理論分開來，就是①主權在民之理論，②萬能政府之理論，③權能區分之理論。請分節論述之。

第一節　主權在民之理論

　　本節旨在探討中山先生主權在民之理論，惟吾人研究中

───────────────
1.《孫中山全集》第 1 冊，（臺北：中國國民黨中央委員會黨史委員會編
　訂，1973 年 6 月出版），頁 144。

山先生政權思想，應以政治科學為基礎，故必討論①主權之意義，②主權之歸屬，③主權在民之必要，④主權在民之方法，然後再作簡要之結論。

第一項　主權之意義

在古代的希臘羅馬並沒有「主權」（Sovereignty, Souveränität, Souveraineté）這個概念。從語源學（Etymology）上說，「主權」一語係出自法語的 Souveraineté 而 Souveraineté 這個字則出自中世紀拉丁語的 Supremitas, or Suprema potestas，原為「最高權力」（"supreme power"）之意，用以表示神聖羅馬帝國皇帝的權力。當時學者為對抗教會，乃謂皇帝權力對於其他俗世的權力是居於優越的地位。這個主張也許可視為「主權」觀念的萌芽。但是近代的主權觀念並不是產生於皇帝與教皇鬥爭之時，而是產生於神聖羅馬帝國瓦解之後。近代國家由於不間斷的鬥爭，在外則脫離了皇帝與教皇的支配；在內則克服了封建領主與自由城市的反抗，最後使國王得到最高權力，於是國王遂單獨稱為 Souveraineté。而有最高（Supremacy）或絕對（absoluteness）的意義。但是，在政治理論上「主權」一詞，今天已變為很複雜。它包括了：對內的、對外的、法律的、政治的、人民的（popular）和有限的主權[2]。就對內的或政治的意義來說，主權可以界定為一個政治學的理論，它在國家決策過程及解釋維持秩序法規時，是一個最後的監督者或機關。也可簡要的說，主權是制定或改變法律的權力。就對外的意義來說，主權是一個國家免於受

2.*The New Encyclopedia Britannica*, 15th ed. 1974, vol. 7, p. 309.
　薩孟武，《政治學》，1960 年 9 月四版，頁 57。

外來控制的自由[3]。本節所討論的「主權」，係指對內的主權（internal Sovereignty）而言。

對內主權，被公認為國家成立所不可缺少的一個條件，也就是說，凡屬獨立國家，必須有某個人，某個議會，或某個團體，對於其領土範圍以內的一切人和事物，具有一種最後的統治法權，這種統治法權的性質是最高的、獨占的、也是無限的。

確立近代之主權原理的，當推法人布丹（Jean Bodin），他認為主權是國家對公民和屬民的最高權力，不受法律限制。他是以主權為國家要素的第一人。在布丹之後半世紀有一位格老秀斯（Grotius），他認為主權的定義是行為不受任何權力的限制，意志不受別人意志的支配的最高政治權力。又布拉克斯敦（Blackstone）認為主權是最高的，不可抵抗的，絕對的，無限制的權力，主權權力便寄寓在這個權力之中。耶令芮克（G. Jellinek）認為主權是國家的一種特徵，因為它有這樣的特徵，所以它除了它自己的意志之外，不受任何法律的拘束，除了自身的權力之外，不受任何權力的限制。狄驥（L. Duguit）認為主權是國家的命令權，是組成國家的全體國民之意志，是在國家領域內對一切人民發施「無條件的」（unconditional）命令的權力。柏哲士（Burgess）認為主權是行使於一切人民和一切人民的社團之上的原始的、絕對的、無限制的權力。他又說，主權為發施命令和強人服從的原始的獨立的權力[4]。以上各家對主權之意義的界定雖因人而異，

---

3. *The New Encyclopedia Britannica*, op. cit., p. 309.
4. James Wilford Garner, *Political Science and Government*, New York, 1928. pp. 157-159.（孫寒冰譯：《政治科學與政府》，臺灣商務印書館，1966 年 5 月臺一版，第 2 冊，頁 282-283）

但綜合觀察其主權之特性乃為支配人民之最高權力，殆無疑義。

　　主權是一個法律上的觀念，當吾人說主權的意志是最高的，是不受限制的，也是從法律方面立論，當吾人說主權的意思表示，對於人民便是他們必須服從的法律，也是從法律方面立論。主權雖為法律上的觀念，但主權並非由法律所創設，此與一般法律上之權力係由主權者的法律所設定者迥異，主權不僅不是法律所創設之事物，反而是一切法律的創設者。易言之，主權乃唯一的而且是最終的法律之泉源。主權雖為法律之泉源，但主權只能存在於法律的制度中，一旦法律消滅，主權亦隨之消滅。因為沒有法律，就沒有必須服從的命令，從而就沒有主權。是以，主權之行使必須出自法律，依照法律。即使對於一種已有之法律，主權者不欲繼續遵行，而欲發布命令以變更或撤銷之，此一命令亦為法律。亦即主權者仍須使用法律，始得變更或撤銷舊有之法律。主權行為不可能違法，而違法之行為即非主權之行為。職是之故，主權是法律上的觀念，主權是法律的泉源，在法律上不受限制；可是，主權存在法律之中，只能經由法律以行使之，只能活動於法律範圍中，並且根據主權之性質，是不可能違法的[8]。因主權者之命令才是法律，才是必須服從之命令，故國家以外的其他社會團體，雖亦能發表意見、制定規則，然而，由於各該社會團體並無最高權力，並無主權可言，其制定之規則，發布之意見，並非法律，並無強制他人服從或實行之效

5.W. W. Willoughby, *The Fundamental Concepts of Public Law*, New York, 1924, p. 279.

　沈乃正：〈主權之意義〉，（載《社會科學論叢》第9輯，臺大法學院，1959年7月30日出版）頁2-3。

力。是以，社團之意志與國家之意志，若有衝突，社團的意志即為違法之意志，非但原則上於法無效，且其行為將受法律之制裁[6]。法學上所謂法律之位階性，即指謂憲法之效力高於法律，法律之效力高於行政命令；故行政命令違背法律時行政命令無效，法律違背憲法時，法律無效，此即由於憲法乃是國家之根本大法，具有其最高性，為國家主權主體制定之憲章故也。

正統的主權觀念，為一種法律上的觀念。這是分析法學派（Analytical School）之通說，可以奧斯汀（John Austin）為代表。且亦有用主權一語以表示政治上的主權觀念的。是以主權又有法律主權與政治主權之分。然則，其區別為何？

（一）**法律主權**──所謂法律主權，係一個可以確切指定的權力機關，該機關必能經由法律的形式，以表示國家最高無上的命令。該權力機關之所以被視為法律主權，乃以其命令能在法律上壓倒一切法律以外各種規範的效力之故。亦即法律主權乃法律所承認的最高發令之權力，亦即最高制法之權力。如英國議會亦稱「議會中之英王」（King in Parliament），而為英國「法律主權」機關是也。

（二）**政治主權**──法律主權為法律所承認的最高制法權力，但在事實上，並不一定就是最高的權力，事實上的主權機關未必就是法律上的主權機關。此二者有時可能為同一機關，但通常不在同一機關。事實上的主權機關常隱藏在法律主權之背後，法律不認其為更高但事實上常為更高的權力。如果此一事實權力之旨意與法律主權之旨意相違，則法律主權在事實上必須向之委屈遷就，而從長時期的見地看來，最

6.沈乃正：前揭文，頁4。

終亦必有向之降伏之一日。此一更高權力為事實上的最高權力，亦即所謂「政治主權」是也。如站在英國議會背後的英國公民是也[7]。而孫中山所指「政權」就是「政治主權」，此權屬於人民。

關於法律主權與政治主權之區別，Lard Bryce 說明至為清楚，他認為法律主權與政治主權所以必須加以區別，實因法律學中與常識中之主權概念不一致之故。一般人常識中所謂「主權」，即凡一個人或人的團體，如其地位被認為高超於他人之上，其自己既可以自由作為，又可使他人聽其指揮而行事，從而其意志得以優越通行於全國，則此一個人或團體即為主權者（即政治主權所在）。但依法律學者之見解，則認為主權之概念，不應那樣空泛而難以捉摸。故稱為主權的人或團體，必須他的命令係由法律予以法之效力，並且必須在法律上具有最高之制法權力者。此即所謂法律主權[8]。

然則，如承認有此二種主權，是否與主權不能分割之傳統見解相違背？沈乃正教授認為並不然，因為政治主權與法律主權仍為單一主權，並未分割，只是這個主權係經由兩種不同的個別程序，以表達其意志而已。所謂兩種不同的程序是：①經由政治的程序以表達，如選舉、輿論、與革命等程序是也。②經由法律的程序以表達，如制憲、立法等程序是也。再者，主權既是單一的，主權意志亦應只有一個。但是，因經由不同程序表達之結果，可能使法律主權之意志與政治主權之意志互相衝突牴觸，則又如何是好呢？沈乃正教授認

7.同上，頁8。

8.同上，頁10-11，引見 Bryce, *Studies in History and Jurisprudence*, 1901, vol. 2, p. 505.

為，政治主權之表示與法律主權之表示，二者每不相符，而常有衝突，確是實情，但這是由於表達過程有錯誤所致，並不足以證明有兩個主權之存在。如表達過程沒有錯誤，則政治主權與法律主權之表示，必相符合。是以，二者牴觸衝突之存在，適足以證明表達上有錯誤[9]。沈氏之見解誠然言之有理。在實行代議制度的國家，即可能發生二者意志表達上之衝突，蓋立法機關成員制定之法律，違背民意者不能說沒有；如在實行直接民主之國家，則可能就不會有表達上之錯誤，蓋在直接民主之國家，政治主權與法律主權同屬於人民，則人民所表示者不僅是政見，且同時是法律，兩種主權間之衝突自為不可能，表達上之錯誤亦為不可能之事也。中山先生之所以主張「直接民權」，當是有感於造法機關所造之法律，可能違反真正之民意，如不予以約束，則民意必受委屈而不得伸張之故。Ritchic 有言：「政治主權與法律主權如能步伐一致，即為善良政治之特徵。」[10]正是此意。

第二項　主權之歸屬

一、關於主權歸屬之各種理論

　　主權觀念發生於國家與國家機關（君主）尚無區別之時，故關於主權一語，解釋未能一致，或用以表示國家的性質，或用以表示一國之內，法律上誰人的地位最高。薩孟武教授引用 G. Jellinek 所言：「主權一語事實上乃表示兩重關係，一方表示國家對於其他權力主體的關係，他方又表示國內某種人的地位。由於第一意義，就有國家主權之語；由於

9.同上，頁 11。

10.同上，頁 12，引見 Ritchie, *Annals of the American Academy of political and Social Science*, vol. I, p. 402.

第二意義，又有君主主權及國民主權之語。」[11]要之，關於主權的歸屬問題，學者間雖有三種不同的主張，其實只有兩種，所謂國家主權是對外而言的，所謂君主主權或國民主權是對內而言的。我們假定國家實有主權，但是國家須由機關發表其意思。一方國家的機關多至無限，他方國家的意思必須統一，由是在無數機關之中，須有一個最高機關，而最高機關的意思則可拘束其他機關。所以在事實上，最高機關的意思就是國家的意思，最高機關的行為就是國家的行為，因之國家的主權也可以說是寄於最高機關。但是最高機關也是自然人組織的，所以君主若有最大的權力，國家的主權實寄託於君主，國民若有最大的權力，國家的主權實寄託於國民。茲分別論述之：

（一）**君主主權說**──中世末期，由於重商主義的結果，市民階級要開拓國內市場，須剷除封建領主及自由城市的割據，而建設統一的民族國家；要發展國外貿易，須脫離羅馬教會及神聖羅馬帝國的控制，而建設獨立的民族國家，遂由民族的統一運動與獨立運動，不惜提高君權，協助君主完成中央集權的大業。而最先實現這個目標的是法國。法國國王以俗世統治者之資格與教皇鬥爭，以國家君主之資格與封建領主及自由城市鬥爭。到十六世紀，法國已成為中央集權的國家。此時，國王權力對內是最高的，對外是獨立的。新的國家形態既已誕生，就需要新的國家學說以說明新的國家形態之合理。由是而有布丹（Jean Bodin, 1530～1596）的主權論。他所著《國家論》（Six Livres de la republique,

11.薩孟武，前揭書，頁58。

1577）一書，認為「主權是最高的權力，不受法律限制」，這個權力不屬於國家，而屬於統治者，依國體形態，或屬於國民，或屬於特殊階級，或屬於君主一人，而最理想的制度則為君主獨攬主權[12]。他只對上帝負責，不對國民及國民的代表負責。但布丹又認為君主的權力，須受神法、自然法的拘束，例如個人自由權及財產權係依自然法而設置，所以非經法官判決，不得加人以刑；非經人民同意，不得徵收租稅。至於國民何以須服從君主的命令呢？由是而有君權神授說（divine right theory），可以英國的 R. Filmer（1627～1704）為代表。他們認為君主的權力受之於上帝，君主乃上帝派在地上的代表，上帝藉君主以統治人民，君主的意思便是上帝的意思，故君主的意思即是國家的最高意思，而為法律之淵源。亦即他們用不可知的神以證明「主權在君」[13]。

　　（二）**人民主權說**──上述君主主權說，雖因重商主義而發生，但專制政治只是重商主義之手段，並不是其本質，到貿易發達，工業進步，君權可能成為產業自由發展的障礙，故商業最初破壞了基爾特組織，次又破壞了農奴制度，最後更打倒了羅馬教會。由此可知，重商主義發展到一定程度，勢必發生變化，由擁護君權變為反抗暴君。乃有「暴君反抗論」（Monarchomachos）之說。他們認為君主能遵守神法（jus divinum），保護人民的利益，人民固當服從；否則人民可以反抗，甚至審判之而處以死刑[14]。這個觀念，在東方古中國的農業社會早就有了，那就是孟子及黃宗羲之「暴君放伐」

12.同上，頁 59，引見 Hattern, *Concepts of State, Sovereignty and International Laws*, 1928, p. 3.

13.薩孟武，前揭書，頁 59-60。

14.同上，頁 61。

論，前已述及，茲不贅。人民既然有反抗暴君的權利，則主權便不能說是屬於君主，而應說是屬於人民。不過，此等「暴君反抗論」，尚未脫神權思想，只可視為民主主義（或民權主義）之萌芽。到了自然法學說發達之後，才由反抗暴君而限制君權，再由限制君權而主張民權。這個階段是一個艱苦的歷程，民權主義之成為今世思潮，可說是無數先知先覺的思想家及覺醒的人民不斷的奮鬥爭取得來的。

其中，貢獻最大者為英人洛克（J. Locke, 1632～ 1704），及法人盧梭（J. J. Rousseau, 1712-1778）。洛克認為，人民組織國家，目的在求自己的生命自由和財產有充分的保障。而欲臻此目的，須採分權制度，使立法權與執行權分開，委由國家機關即議會與政府來行使。國家機關只有在人民所委託的範圍之內，於保護人民利益的目的之下，方得行使權力。兩權之中，立法權較高，但議會的立法權不是無限的，最後決定權還是屬於人民。議會的行為苟有反於人民的信託，人民可收回立法權或更換代表的人選。執行權隸屬於立法權之下，只得依照法律的規定執行法律。倘有違反，議會可褫奪政府的權力，並懲罰政府的人員。總之，洛克主張主權屬於人民，用立法權來監督行政權，同時人民又親自監督立法機關，由此以確保人民的生命自由和財產的安全。

盧梭認為，人類組織國家，目的在於保護個人的自由，國家成立之後，個人須拋棄一切權利，將其轉讓給社會。此後個人得享何種權利，則由公意決定之。公意不受任何拘束，個人須絕對服從。然則，此一公意如何產生？盧梭認為，意思不能代表，令人民選舉議員以代表人民的意思，這是不合理的事。所以公意必須由人民自己決定之，亦即由人民依多

數決原則決定之。公意既由人民自己決定，於是各人在國家生活之下，具有兩種資格，一為公民（citoyen），得參加公意之作成，一為屬民（Sujet），而須服從公意，所以主權只是公意的表現。由於公意係由人民決定，所以主權屬於人民，不可讓與，也不可分割。人民雖然設置政府，但政府只是人民的雇員，人民可限制其權力，在必要時尚得推翻政府，而收回其權力。

以上所舉洛克與盧梭兩人之主權理論，似只有一個差別，即洛克認為政府可分為立法與行政兩權，人民得選舉代議士組成議會；而盧梭則主張採用直接民權。吾人認為中山先生之主張，正好是折衷兩人之意見，即成立議會（如立法院）為代議機關，但也要採行直接民權，此一直接民權在縣由縣民以集會或投票方式直接行使，在中央則委由國民大會行使。只是，吾人所應注意研究者，作為中央政權機關的國民大會仍只是一個代表機關。如何使其意思表示與國民意思一致？這是比較困難的問題，容後申論。

關於人民主權說，表現於實際運動者，有 1647 年的《英國人民協約》（Agreement of the People），1776 年美國傑佛遜（Jefferson）所草擬之《美國獨立宣言》（Declaration of Independence）以及 1789 年法國的《人權宣言》（Declaration des Droits de L'Homme et du Citoyen），此等文獻，皆主張「主權在民」。人民主權說，不只是一種思想，而且已成為事實。誠如，Jefferson 所言，「政府之正當權力係得自被治者之同意」，顯示真正主權者是人民而不是政府，這是民主政治的真諦。而 Bryce 也認為，人民主權是民主政治的口號，也是民主政治的基礎[15]。吾人須記取。

（三）**國家主權說**——國家主權說創始於拉班德（P. Laband, 1838～1919）及耶令芮克（G. Jellinek, 1851～1911）。拉班德以國家為公法上的法人，認為主權的主體是國家本身，但主權的主體與主權的持有人應有區別。主權的主體雖是國家（德國），但主權持有人則為聯邦的構成分子，即各邦君主及自由的元老院（Senate）。所謂主權不是積極的表示國家有哪一種權力，而只消極的表示國家之上沒有任何更高的權力能夠發號施令以拘束國家。耶氏亦認為國家有人格，得為權利主體，有權利能力，而為法人。主權屬於國家，所以國家權力是獨立的、最高的。但他反對拉氏之言，而謂主權的持有人也是國家，不是任何人。他認為主權是國家對自己的活動，得自己決定，又得自己限制的能力。申言之，主權在消極方面表示國家之外，沒有其他權力能夠違反國家的意思，而拘束國家。積極方面又表示國家有一種能力，能對國家的統治作用，給予一定方針，依此而決定整個法律秩序。拉、耶二氏固然所言不同，而實質則一，因為他們均不說明主權是哪一種權力，只說明主權為一種優越的權力[16]。不過，「國家」一語，只是一個抽象人格，為人民組成的團體，其主權之行使，仍必須委任自然人或機關為之，亦僅得委任政府的具體機關以行使，則國家主權與人民主權，在觀念上實頗有類似之處，而且又同為「政治主權」。因為人民為一群眾人，雖擁有政治主權，而其主權之行使一如國家人格，仍須委託一個具體機構以行之，除非採行直接民主，否則其本身並無

---

15. James Bryce, *Modern democracies*, New York: The Macmillan Company 1921, vol. I. p. 143. "The Sovereignty of the People is the basis and the watchword of democracy."
16. 薩孟武，前揭書，頁65-66。

法行使之。至於君主主權則可能集政治主權與法律主權於一身，君主是一個自然人，當然可以行使主權。如果像黑格爾（G. W. F Hegel, 1770～1831）及布倫士利（J. K. Bluntschli, 1808～1881）主張國家主權，又以君主代表國家，認為君主應擁有主權，則此國家主權說又與君主主權說無異矣[17]。故吾人只能解釋國家主權為歸屬於國家人格，而由國家人格委任行使之政治主權。

以上所舉三種學說是一元論的，他們皆認為國家與普通團體不同，國家有主權，無論這個主權係屬於君主一人、或人民、或國家人格，都是最高的、獨立的、唯一的；所以國家是最高團體，一切社會生活皆包括於國家之中，而受國家之統制。反之，多元論者否認國家有上述意義的主權，且欲拉下國家，以與國內其他社團同伍。代表這個思想的有下列三種學說，茲簡述之：

（一）**克拉柏的法律主權說**──克拉柏（H Krabbe）為荷蘭學者，主張主權不在國家，而在於法律。現代國家是法治國家，法律不但可以拘束人民，亦可拘束國家的活動。而這個法律係由人類精神力產生出來，亦即由吾人之法律感情和法律意識而發生。法律之有拘束力既是由於人類精神力之作用，非由於國家的強制，而國家本身又受法律的拘束，是則國家不是最高，法律才是最高的。亦即不是國家有主權，而是法律有主權[18]。

（二）**拉斯基的團體主權說**──拉斯基（H. J. Laski）為

17. 同上，頁 65。
18. 薩孟武：《西洋政治思想史》，臺北：三民書局，1978 年 6 月初版，頁 269-270。

英國學者，主張主權不是國家才有，一切社團均有主權。他認為人類有種種需要，須作種種活動，但一人之力有限，於是人和人之間就結合起來，組織各種社團，以滿足各種需要。國家也不過是社團的一種，其他社團的意志可影響國家意志，而使國家屈服。由此可知國家意志不是最高的，一切社團在其業務範圍內，對其管轄的事項均有主權，所以主權不是國家才有，國家並沒有不受限制的主權[19]。

（三）**狄驥的主權否認說**——狄驥（L. Duguit）為法國學者，否認國家有主權。他認為國家只是強者與弱者的統治關係。統治者對被統治者的強制力，叫做政治權力，所謂主權就是這種權力的別個名稱。換言之，主權只是統治者加在被統治者身上的強制力。他認為法律不是國家制定，而是以社會的根本法（由社會聯帶關係而發生）為基礎，人類由於社會聯帶關係，必須互相服務，而為維持互相服務的關係，就產生了社會規範。人類本來沒有命令別人或強制別人的權利，人民所以必須服從統治者所制定的法律，不是因為法律由國家制定，而是因為法律合於社會規範。國家發號施令，能實現公共服務，人民固應服從，否則人民沒有服從的義務。由此可知國家沒有絕對的權力，因之國家的特質不在其有主權，而在其能公共服務[20]。

以上三人之學說皆屬多元論，他們誤解一元論都是主張主權不受限制的。其實不然，除盧梭、黑格爾外，就是布丹也認為主權應受自然法之限制。多元論皆主張分權，以為國家權力可分割而歸屬於各地區及社團，但誠如薩孟武教授所

19.同上，頁 270-271。
20.同上，頁 273-274。

言，此種主張事實上都有不易實行之處。因為如社團彼此之間發生衝突，而沒有一個機關為之解決，則社會秩序將由混亂而至破壞。拉斯基亦不能不承認國家為滿足共同需要，須有一種特別的職權（function）用以監督各種社團。是以吾人認為國家地位仍是優越的，它比國內其他社團是居於上位，而不是居於同位的，此種地位用「主權」一語形容並無不可[21]。

二、孫中山對主權歸屬之主張

吾人對西方學者關於主權歸屬之理論，已作探討如上，現在，我們應論述中山先生對主權歸屬的主張，這是他的政權思想之重要特點。

吾人翻閱《孫中山全集》，深知中山先生民主思想至為濃厚，早在 1912 年，即抱「政府之官吏乃人民之公僕」之說[22]。1916 年 7 月 15 日在駐滬粵籍議員歡迎會演講「中華民國之意義」時也說：「國民者，民國之天子也。」[23] 1918 年，中山先生發表《孫文學說》，其中第六章有一句話：「夫中華民國者，人民之國也，君政時代則大權獨攬於一人，今則主權屬於民國之全體，是四萬萬人民即今之皇帝也。國中之百官，上而總統，下而巡差，皆人民之公僕也。」[24] 1919 年手著《三民主義》，其中論及民權主義的第一句話就說：「民權者民眾之主權也。」[25] 同年 10 月 8 日在上海青年會演講「改造中國之第一步」亦言：「革命黨自審中華民國主權，屬於國民

---

21. 同上，頁 275-276。
22. 《孫中山全集》第 2 冊，頁 230，1912 年 4 月 27 日。對粵報記者演講：「言論應歸一致」。
23. 《孫中山全集》第 2 冊，頁 353。
24. 《孫中山全集》第 1 冊，頁 470，孫文學說第六章。
25. 《孫中山全集》第 2 冊，頁 156。

全體。」[26] 1921 年 7 月在中國國民黨特設辦事處演講「五權憲法」說：「在南京訂出來的民國約法裏頭，只有『中華民國主權屬於國民全體』的那一條，是兄弟所主張的。」[27] 1921年 12 月 7 日，在桂林軍政學界七十六團體歡迎會演講「三民主義為造成新世界之工具」時說：「諸君要曉得，……民國與帝國有什麼不同？我們可用現在民國和從前帝國兩個名詞比較來說一說。從前帝國的天下是皇帝一個人的，天下人民都是皇帝的奴隸。現在民國的天下，是人民公有的天下，國家是人民公有的國家。帝國是皇帝一個人作主的，民國是人民大家作主的。……本大總統受國會的付託，總攬全國政權，雖然說是全國的行政首長，實在是全國人民的公僕。本大總統這次是來做你們的奴隸的，就是其餘文武百官，也都是你們的奴隸。從前帝國時代，四萬萬人都是奴隸，現在民國時代，大家都是主人翁。這就是民國和帝國不同的地方，這就是中國從古沒有的大變動。

革命成功以後，中國的土地和主權，已經由滿清皇帝的手裏奪回到中國人民的手裏來了。但是我們人民徒有政治上主權之名，沒有政治上主權之實，還是不能治國。必須把政治上的主權，實在拿到人民手裏來，才可以治國，才叫做民治。這個達到民治的道理，就叫做民權主義。」[28] 又 1921 年12 月 10 日在桂林對滇贛粵軍演講「軍人精神教育」時亦說：「前此帝制時代，以天下奉一人，皇帝之於國家，直視為自己之私產。且謂皇帝為天生者，如天子受命於天，及天睿聰

26.同上，頁 382。
27.同上，頁 425。
28.同上，頁 460-461。

明諸說，皆假此欺人，以證皇帝之至尊無上；甚或託諸神話鬼話，堅人民之信仰，中國歷史上固多有之。現今民智發達，君權國已難存在，且受革命思潮之影響，大多數傾向民權政治，敢斷言將來世界上無君主立足之地。」[29] 又說：「夫民權者，謂政治上之權力完全在民，非操諸少數武人或官僚之手。」[30] 1922 年，中山先生所作〈中華民國建設之基礎〉一文，尤對實行民治之方略多所發揮。1924 年民權主義第五講裏有一句話，說明人民對政府的態度「應該要學我那次到虹口對於車夫的態度一樣，把他當作是走路的車夫。」為什麼呢？因為「民國的人民都是國家的主人。」[31]

以上引述中山先生許多言論，應可以證明他的主權歸屬之主張是在「人民」，而不是在「君主」，也不是在「少數武人或官僚」等特權階級之手，實至為明確。

在他的言論之中，有時用「人民」，有時用「國民」，有時用「國民之全體」，有時用「民眾」。但是這些名詞所指謂的是同一事物，也就是指「人民」而言。所以，很明顯地，中山先生是一位「人民主權」（popular Sovereignty）論者，是毫無疑問的。不過，在此，吾人必須對「人民」一詞下一個界說，因為一般學者論「人民主權」時，以主權歸屬於人民，而視人民的意志為最高意志，很少有說明何謂「人民」者，以致意義含混，容易引起許多錯誤的觀念，而發生莫大害處。

考「人民」一語，既可用以指全體人民中，有選舉投票

29.同上，頁 492。
30.同上，頁 493。
31.《孫中山全集》第 1 冊，頁 136。

權的那一部分人民；也可用來指謂一個國家之內，並無組織且難以確定的個人所集合而成的全部民眾。有人稱此之所謂民眾，為「一個生有無數的頭腦，意志紊亂，而不能有共同政治行為的一個怪物」[32]。然則，中山先生所謂「人民」究係何所指？關於這個問題，我們必須有所認識才行。

　　迦納（Garner）認為「人民主權」不應作為「民眾主權」的意義，如果「人民」這個名詞係指一國的全體群眾而言，那就不能把主權歸之「人民」，否則便與事實不符。因為所謂人民的最高權力，只能經由法律授予投票權的部分人民，依照法定程序，始能合法行使之。至於全部民眾能否表示意志，本成問題，即使他們能把意志確定表示出來，但其表示亦須憑藉法定機關，依照憲法規定的程序，庶具法律上之效力。沒有組織的公眾輿論，不論其如何有力，若不經法律形式，便不是主權；正如立法機關議員的非正式或私人決議不是法律一樣。是以，所謂「人民主權」應指一個選舉權已普及的國家，大多數選民得以藉法定機關以表達他們的意志，並使其意志發生效力的權力之謂[33]。

　　Gettell 也支持 Garner 的見解，並作補充，認為選民團有權選舉議員及官吏，藉此使他們贊成的政策得以實施；又可經由複決與創制的程序表示他們的立法意志。但如以人民主權作為選民團主權的意義解釋時，則參加人民主權之行使者，即在最民治的國家，亦不過占全體人民的五分之二，而在競選激烈，各方選票幾乎相等之時，所獲勝的過半數（人民主

---

32. 沈乃正：〈主權之意義〉，載《社會科學論叢》第 9 輯，臺大法學院，1959 年 7 月 30 日出版，頁 14。

33. J. W. Garner: *Political Science and Government*, New York, 1928. p. 165.

權的最終表示者）亦不過全民的五分之一而已。準是以論，此種意義的人民主權，實僅一個國家內，少數不能預定的人民所構成的小團體罷了[34]。

以上是 Garner 及 Gettell 對「人民主權」一詞之見解，他們都把「人民主權」看做是「選民團主權」，而選民團主權，又必須使用法律授予的投票權，並依照法定程序以行使。這種主張顯然誤解了「政治主權」之本質。吾人認為中山先生所採之「人民主權」絕非「法律主權」，而是有別於法律主權的一種「政治主權」。人民主權式的政治主權，必是一種固有的最高權，不必依據法律主權的授權，不必依據法律主權規定的程序以行使。如必須經由法律授權，必須依法律程序以行使，則所謂「政治主權」，將變為「法律主權」所一手創造的製成品了。而政治主權之活動範圍，乃反而變為法律主權所設定與所容許的範圍。再說，一旦法律主權撤銷或縮小投票權，或變更行使投票權的法定程序時，人民主權式的政治主權，必亦隨之消滅，或縮小，或受程序之拘束。是則，此時之「人民主權」已不是最高主權，也就不成其為「主權」或「政治主權」了。是以，上述二氏對「人民主權」之見解，只能算是一種次於法律主權，來自法律主權，行使必須依據法律的次等權力[35]。當非中山先生心目中「人民主權」之本意。

然則，中山先生所指「人民主權」之意義為何？吾人認為應係指全體民眾的一般意志（general will）。因為，正如本目前面所述，中山先生已明言「國民者，民國之天子也」，

34. R. G. Gettell: *Political Science*, New York, 1949, p. 130.
35. 參閱沈乃正：《主權之意義》，前揭文，頁 15-16。

「政府之官吏乃人民之公僕」，「中華民國者，人民之國也……主權屬於國民之全體。」「民權者，民眾之主權也。」「現在民國的天下，是人民公有的天下，國家是人民公有的國家。」又說：「必須把政治上的主權，實在拿到人民手裏來，才可以治國，才叫做民治。」「民權者，謂政治上之權力完全在民。」……由此可見，中山先生所指的「主權」顯然是「政治主權」而不是國家要素上的「法律主權」。而他所指的「民」也絕非法律設定的「特定人」或特殊階級——無產階級、貴族階級、或資產階級。他所指謂的「民」是什麼呢？是「有團體有組織的眾人」[36]凡是中華民國國民，都擁有集會、結社的「絕對自由權」[37]，因為他們是中華民國政治主權的主體。政治主權者可以創造法律主權，而法律主權者並不能創造政治主權。中山先生的「主權論」是一種政治主權。

不過，中山先生也曾提過「國會主權論」，這正是他於1916年7月13日在上海歡送國會議員北上時的一篇演講。他說：「袁氏今已自斃，民國之大障礙已除。此後中國存亡責任，將在我國會諸君。何者？主權在民，民國之通義，若諸君則民國之代表，實中華民國之統治者也。……立憲國之權鼎立，立法機關實為稱首之一部，立法機關無能自外，亦無能外之者。」[38]這說明國會議員為民國之代表，處於統治者之地位，但是其地位係得自國民之授權，而非最高主權者，人民才是主權者，故曰：「主權在民」。國會議員代表人民，

---

36. 《孫中山全集》第1冊，頁65，民權主義第一講。
37. 同上，頁860。1923年1月1日，「中國國民黨宣言」。
38. 《孫中山全集》第2冊，頁348。

掌理中央統治權，但這個國會「主權」乃是「法律主權」，而非「政治主權」。易言之，政治主權永遠高於法律主權，當國會之意思表示違背人民之一般意志（或總意志 general will），人民是可以推翻的。

第三項　主權在民之必要

中山先生主張「主權在民」，亦即主張「人民主權」，已如前項所論述。然則，何以中山先生作如此主張呢？這個問題的答案，實際上等於是問：何以中山先生主張建立共和國體實行「民主政治」一樣。在第二章吾人討論「政權與民主政治」時，對此問題已稍有論述及之。本項乃進一步加以說明。中山先生在民權主義第一講說：「我們要希望國家長治久安、人民安樂，順乎世界的潮流，非用民權不可。」[39]又說：「我們在中國革命，決定採用民權制度，一則為順應世界潮流，二則為縮短國內戰爭。」[40]是以吾人認為他主張「主權在民」之理由，至少有三點：①避免國內戰爭，②預防政府專制腐化，③順應世界潮流。茲分別論述如下：

（一）**避免國內戰爭**──中山先生主張「人民主權」論，主要目的，蓋在避免國內戰爭。在他看來，中國過去之所以時常發生內戰，造成人民顛沛流離的痛苦，破壞許多文化遺產，而少有建設，實由於大家爭做皇帝，也就是爭國家領導權之緣故。他說，「因為自古以來，有大志之人多想做皇帝，如劉邦見秦皇出外，便曰：『大丈夫當如是也』。項羽亦曰：『彼可取而代之』。此等野心家代代不絕，當我提

39.《孫中山全集》第 1 冊，頁 73，民權主義第一講。
40.同上，頁 77。

倡革命之初，其來贊成者，十人之中，差不多有六七人是有一種皇帝思想的。但是我們宣傳革命主義，不但是要推翻滿清，並且要建設共和，所以十中之六七人，都逐漸化除其帝皇思想了。但是其中仍有一二人，就是到了民國十三年，那種做皇帝的舊思想還沒有化除，所以跟我革命黨的人也有自相殘殺，即此故也。我們革命黨於宣傳之始，便揭出民權主義來建設共和國家，就是想免了爭皇帝之戰爭，惜乎尚有冥頑不化之人，此亦實在無可如何。」[41]

中山先生也拿洪秀全革命失敗之教訓來說明，他說：「依我觀察，洪秀全之所以失敗……最大的原因，是他們那一般人到了南京之後，就互爭皇帝，閉起城來自相殘殺。第一是楊秀清和洪秀全爭權，洪秀全既做了皇帝，楊秀清也想做皇帝，楊秀清當初帶到南京的基本軍隊有六七萬精兵，因為發生爭皇帝的內亂，韋昌輝便殺了楊秀清，消滅他的軍隊。韋昌輝把楊秀清殺了之後，也專橫起來，又和洪秀全爭權，後來大家把韋昌輝消滅，……太平天國的勢力便由此大衰。……洪秀全當時革命，尚不知有民權主義，所以他一起義時便封了五個王。……使他們彼此位號相等，可以互相牽制；……故洪秀全便因此失敗。所以那種失敗，完全是由於大家想做皇帝。」[42]

陳炯明叛變，也是「因為他想做皇帝」[43]……所以中山先生說：「大家若是有了想做皇帝的心理，一來同志就要打同志，二來本國人更要打本國人。全國長年相爭相打，人民的

41.同上。
42.同上，頁 77-78。
43.同上，頁 78。

禍害便沒有止境。我從前因為要免去這種禍害，所以發起革命的時候，便主張民權，決心建立一個共和國。共和國成立以後，是用誰來做皇帝呢？是用人民來做皇帝，用四萬萬人來做皇帝。照這樣辦法，便免得大家相爭，便可以減少中國戰禍。」[44] 從中國歷史上看，不斷的改朝換代，事實上都是野心家爭做皇帝的結果。而每換一個朝代，都有戰爭。這是中國歷史一治一亂的根本原因。「外國嘗有因宗教而戰、自由而戰的，但中國幾千年以來所戰的都是皇帝一個問題。我們革命黨為免除將來戰爭起見，所以當初發起革命的時候，便主張共和，不要皇帝。」[45] 由此可見，中山先生主張「人民主權」的苦衷所在，而這可能是保皇黨人所不能領會得到的。

　　（二）**預防政府專制腐化**——中山先生演講三民主義時，雖然一再說明，他革命不用「爭自由」的口號，主要原因是中國人沒有「自由」的觀念，因為過去歷史上，人民生活，「日出而作，日入而息，鑿井而飲，耕田而食，帝力於我何有哉？」只要好好做順民，納糧繳稅，不要造反，不要參與政治，便沒有誰來剝奪你的自由。所以「近兩三百年，外國人說為自由去戰爭，我們中國普通人也總莫名其妙，……不能領會什麼叫做自由。」[46] 當然，在這種情況下「對中國人說要他去爭自由，他們便不明白，不情願來附和。」[47]

　　然則，這是否說明古代中國政府不專制呢？其實不然。秦朝政府的專制是最有名的，直接對付人民，「誹謗者族，

44.同上，頁 79。
45.同上。
46.同上，頁 81，民權主義第二講。
47.同上，頁 82。

偶語棄市」。以下各朝政府，除幾位明君比較勤政愛民之外，多屬行專制。而「歷代皇帝專制之目的，第一要保守他們自己的皇位永遠家天下，使他們子子孫孫可以萬世安享。所以對於人民的行動，於皇位有危險的，便用很大的力量去懲治，故中國一個人造反，便連誅九族。用這樣嚴厲的刑罰，去禁止人民造反，其中用意，就是專制皇帝要永遠保守皇位。反過來說，如果人民不侵犯皇位，無論他們是做什麼事，皇帝便不理會。所以中國自秦以後，歷代的皇帝都只顧皇位，並不理民事，說道人民的幸福，更是理不到。」[48]這個事實，以今日政治學眼光來透視，根本不能符合一個國家之所以組織政府的目的。政府沒有盡到為民造福的責任，反而為民帶來災禍。因為在這種高壓政策之下，中國人民的政治思想便很薄弱，人民不管誰來做皇帝，只要納糧，便和政府發生不了關係，而政府也聽人民自生自滅。結果呢？政府腐化，國家衰弱，受到外國政治經濟的壓迫，而沒有力量抵抗，弄到民窮財盡，人民便受貧窮的痛苦。

所以早在 1903 年，中山先生就說：「自秦皇滅六國、廢封建而為郡縣，焚書坑儒，務愚黔首，以行專制，歷代因之視國家為一人之產業，制度立法，多在防範人民，以保全此私產。而民生庶務，與一姓之存亡無關者，政府置而不問，人亦從無監督政府之措施。故國自為國，民自為民，國政庶事，儼分兩途，大有風馬牛不相及之別。」[49]專制政府為了保全其「私產」，當然最好的辦法是採取「愚民政策」，使人民懵懵懂懂，好為其順利搜刮和宰割了。

---

48. 同上，頁 83。
49. 《孫中山全集》第 2 冊，頁 58。1903 年 6 月 9 日作「支那保全分割論」。

　　到了清朝，「以異種入主中原，則政府與人民之隔膜尤甚。當入寇之初，屠戮動以全城，搜殺常稱旬日，漢族蒙禍之大，自古未有若斯之酷也。山澤遺民，仍有餘恨；復仇之念，至今未灰。而清廷常圖自保，以安反側，防民之法加密，滿漢之界尤嚴。其施政之策，務以滅絕漢種愛國之心，渙散漢種合群之志，以刀鋸繩忠義，以利祿誘奸邪。凡今漢人之所謂士大夫，甘為虜朝之臣妾者，大都入此利祿之牢中，蹈於奸邪而不自覺者也。間有聰明才智之士，其識未嘗不足以窺破之，而猶死心於清朝者，則其人必忘本性昧天良者也。」[50] 似此專制政府，演變結果，當然只有「上下相蒙相結，有利者各飽其私囊，有害則各委其責任。貪婪勒索之風，已成習慣，賣官鬻爵，賄賂公行。間有一二被政府懲治或斥革者，皆不善自謀者，然經一番懲治或斥革後，而其弊害乃尤甚。……且宦囊既飽，不數年又可斥其一分之資，以謀高位，為計之便，無過於此。此種民賊，即後日最高級上官，而一切社會政治、刑律事件，均彼等所取決。」[51] 至若人民政治自由一事，更被剝奪殆盡，蓋「無論為朝廷之事，為國民之事，甚至為地方之事，百姓均無發言或與聞之權。其身為官吏者，操有審判之全權，人民身受冤枉，無所籲訴，且官場一語，等於法律。……至其堵塞人民之耳目，錮蔽人民之聰明，尤可駭者，凡政治書多不得流覽，報紙尤懸為厲禁，是以除本國外，世界之大事若何？人民若何？均非所知。國家之法律，非人民所能與聞。兵書不特為禁品之一，有研究者，甚或不免於一死。……所以中國人民無一非被困於黑暗之中。」[52]

---

50. 同上。
51. 同上，頁 4-5，「倫敦被難記」。
52. 同上。

　　民國成立後的北洋政府時代，因為民權主義還沒有實行，人民不但享不到「主權在民」之果實，反且受專權腐化之毒害尤甚。中山先生說，「現在國內政治，比滿清的政治沒有兩樣……滿清政治猶稍愈於今日。一般人民在滿清政府下，比今日尚覺自由；如現政府的濫捕濫殺良民，在滿清專制時代，還沒有發現，如果在武人官僚的貪婪，亦較滿清時代為甚，兄弟記得清代某粵督於一年內，搜刮得一百多萬，人已詫為奇事。由今日看來，像督軍師長等，有一年發財到數百萬的，有數年發財到千餘萬的，方見貪婪的風氣比前清倍蓰了。……這個原因不是革命黨的罪，是前清遺毒，武人與官僚之罪。」[53]為什麼呢？因為人民管不了政府，人民掌握不住自己的命運之故。難怪中山先生要感嘆的說：「吾人所已破壞者一專制政治，而今有三專制政治起而作之又加惡焉，於是官僚、軍閥、陰謀政客，攬有民國之最高權矣。」[54]

　　國家腐敗到極點，這不是革命的罪惡，革命黨自審中華民國主權屬於國民全體，所以致此實因革命的破壞未徹底之故，而這也是中山先生主張「訓政」，以教導人民行使四權，實施「全民政治」的原因。中山先生為解民倒懸，為把中國人民從這黑暗而無奈的天地中解救出來，免除專制政府暴政的控制與壓迫，及其貪婪腐化引起的被剝削的苦痛，而享政治清明自由平等的幸福生活，當然，他主張革命成功後的中國，必須採用「人民主權」的民主制度。「人民主權」論，把國家主權交給國民全體，而政府官吏成為人民的奴僕，則監督政府之權操在人民手中，上述殘酷事實，自不可能再行

53.同上，頁 382，1919 年，「改造中國之第一步」。
54.同上，頁 385，1919 年，「救國之急務」。

發生了。

（三）**順應世界潮流**──中山先生認為採行「主權在民」的民主政體，是為了順乎世界潮流。他說：「就歷史上進化的道理說，民權不是天生出來的，是時勢和潮流所造就出來的。」[55]他說，法王路易十四把國家的什麼權都拿到自己手裏，專制到極點，好比中國秦始皇一樣，「皇帝和國家沒有分別，我是皇帝，所以我就是國家。」君主專制一天利害一天，弄到人民不能忍受。「到了這個時代，科學也一天發達一天，人類聰明也一天進步一天，於是出生了一種大覺悟，知道君主總攬大權，把國家和人民做他一個人的私產，供他一個人的快樂；人民受苦他總不理會，人民到不能忍受的時候，……便發生民權革命。」[56]而形成一般不可抑止的革命思潮。他說：「世界上自有歷史以來，政治上所用的權，因為各代時勢的潮流不同，便有不得不然的區別。比方在神權時代，非用神權不可；在君權時代，非用君權不可。像中國君權到了秦始皇的時候，可算是發達到了極點，現在世界潮流到了民權時代，我們應該要趕快去研究。

所以在三十年前，我們革命同志便下了這個決心，主張要中國強盛，實行革命，便非提倡民權不可。最有力的俄國、德國皇帝，現在都推翻了，俄德兩國都變成共和國家，可見世界潮流實在到了民權時代。

中國人從前反對民權，「常常問我們革命黨有什麼力量可以推翻滿清皇帝呢？但是滿清皇帝在辛亥年一推就倒了，這就是世界潮流的效果。所以世界潮流，由神權流到君權，

55.《孫中山全集》第 1 冊，頁 74，民權主義第 1 講。
56.同上，頁 70。

由君權流到民權；現在流到了民權，便沒有方法可以反抗。如果反抗潮流，就是有很大的力量像袁世凱，很蠻橫的軍隊像張勳，都是終歸失敗。現在北方武人專制，就是反抗世界的潮流。我們南方主張民權，就是順應世界的潮流。縱然一時失敗，將來一定成功，並且可以永遠成功。北方反抗世界潮流，倒行逆施，縱然一時僥倖成功，將來一定是失敗，並且永遠不能再圖恢復。現在歐洲的君權也逐漸減少，比如英國是用政黨治國，不是用皇帝治國，可以說是有皇帝的共和國。由此可見世界潮流，到了現在，不但是神權不能夠存在，就是君權也不能夠長久。」[57]以上這些話，都可以證明，中山先生主張「人民主權」論，除了要避免國內野心家爭做皇帝的戰爭，以及防止政府的專制及腐化之外，就是為了順應不可抵擋的民主政治之世界潮流。

「主權在民」的思想，可說源遠流長，事實上，早在中世紀已可看出端倪，那就是義大利學者馬栖略（Marshillio of padua, 1270～1340）的思想中，在其與巴黎大學教授約翰章當（John of Jandum）合著的《和平的維護者》（*Defensor Pacis*, 1324.）一書，即言：立法者，或法律的主要而正當的來源，是人民全體或其主要的部分，他們在大會中依照一定的規程，按著他們自己的意見或選擇，而斷定人類在社會中何者應行，或何者應避免，不從者受懲罰的痛苦。其所謂「主要部分」雖未下確定意義，但觀其文，絕不是指貴族或某一特殊階級而言，而是指人民的多數。他們主張民選的國王與民選的立法者。認為立法者必然是社會的全體或多數。因為

57.同上，頁 75-77。

法律的成立並非由於政府的命令，而是由於人民的服從，法律必是人民共同需要的表現，才能被社會承認和接受，完全違反共同需要的法律不能成立。他們認為擁護政府的最後權力還是人民，人民可以有權力收回他們授出的立法權[58]。

　　這種學說誠與近代的洛克、盧梭、傑佛遜等人之思想頗為接近，當亦可稱為「人民主權」論。這種思想經洛克的提倡，以及盧、傑二人之發揚光大，至今歷久不衰，而已成為民治理論的基礎。當今之世，各國憲法，對人民政治自由的保障，即根據這種「人民主權」論。認為主權既屬於全體國民，則為表示國民的意見起見，自必須使國民都有言論、出版、集會、結社的自由權，政府首長、民意代表自然非由國民參加自由選舉投票不可。誠如中山先生在 1919 年手著《三民主義》中所言：「民國之名有一日之存在，則顧名思義，自覺者必日多，而自由平等之思想亦必日進，則民權之發達，終不可抑遏，此蓋進化自然之天道也。」[59]

第四項　主權在民之方法

　　「主權在民」之必要性已分析如上，本項則繼之以探討「主權在民」的方法。誠如《大英百科全書》對「主權」一語之解釋謂：「主權是制定或修改法律的權力。」（Sovereignty is the power to make or Change the law.）[60]當然其中少不了「人」與「法」兩個條件。而如何始能制定或修改，使其成為最好最有利於人民的法律，則必須先有一批能制定或修

---

58. 國立編譯館：《西洋政治思想史》，臺北：正中書局，1962 年 6 月臺修訂二版，頁 100-101。
59. 《孫中山全集》第 2 冊，頁 158。
60. *The New Encyclopedia Britannica*, 15th ed. 1974, vol. 7. p. 309.

改法律的最好最有能力的代表。同時，人民又能掌握最後的決定權力。也就是如傅啟學教授在其所著：《中國政府》一書中所言：「民主政治是人民去管理政治，但人民不是個個都有時間和能力，去管理政治，應該選舉一部分有能力的人去組織政府，為人民謀幸福。……人民對於國家大事，有最後決定的權力。」[61]換言之，要使法律成為社會意志的表現，議會制定或修改的法律，不能與社會需要脫節。一切的權威，都要經由人民的自由同意而產生，人民是一切主權的淵源，所以人民是「政治主權」的最後掌握者。政府之行事當在法律規範的許可範圍當中。

然而，我們對任何政府都不能過於信任，因為誠如桂崇基教授所言：「自由的政府，僅能於溫和的政府見之。溫和政府的實現，就在於執政者之不越權，然而有權者必越權，證諸史乘未嘗或爽。欲救此弊，當以權制權。」[62]艾克頓（Lord Acton）亦言：「權力趨向於腐化，絕對之權力更絕對趨向於腐化。」（power tends to corrupt, absolute power corrupt absolutely）[63]這與中山先生的見解相似，也就是說我們要注意權力的平衡問題，注意人民是否有充分的參政權問題。1921年中山先生講「軍人精神教育」時說：「君權國者，為君主獨治之國家，故亦曰獨頭政治；民權國者，為人民共治之國家，故亦曰眾民政治。但如代議制之民權國，非由人民直接參與政權者，尚不得謂純粹之眾民政治。」[64] 1922 年在其所

61.傅啟學：《中國政府》，臺北，臺灣商務印書館，1973 年 5 月增訂初版，頁 31。
62.桂崇基：《孫中山政治思想與近代學術》，頁 108。
63.Finer Harman, *Government of Greater European powers*. (New York: Henry Holt and Company, 1956) p. 32.
64.《孫中山全集》第 2 冊，頁 493。

著：〈中華民國建設之基礎〉一文中亦曰：「夫主權在民之規定，決非空文而已，必如何而後可舉主權在民之實。代表制度，於事實於學理皆不足以當此，……然則果如何而能使主權在民為名稱其實乎？……欲知主權在民之實現與否？不當於權力之分配觀之，而當於權力之所在觀之。權在於官，不在於民，則為官治；權在於民，不在於官，則為民治。」[65]由此可見「主權在民」的思想為民權主義的重心所在。

　　至於，實現「主權在民」的方法，中山先生在〈中華民國建設之基礎〉一文，說明得很清楚。他說：「民治……，政治之權在於人民，或直接以行使之，或間接以行使之；其在間接行使之時，為人民之代表者，或受人民之委任者，只盡其能，不竊其權，予奪之自由仍在於人民，是以人民為主體，人民為自動者。此其所以與官治截然不同也。」[66]由這一段話，可以知道，中山先生關於「代表」之理論，主張代表只是人民的代理人，「只盡其能，不竊其權」，顯然他認為人民之代表是必須接受選民的訓令（instruction）的。即使是經人民委任的政府官吏，也只能在人民同意的範圍內執行政務，而不得有越權行為。

　　如果我們把這個觀念和第三章第二節「代議政治之理論」稍作對照，即可知道，中山先生之主張，與法國羅伯斯比（Robespierre）、美國建國諸元勳以及 1776 年「維基尼亞權利宣言」所揭示的原則是相同的。因為羅氏認為人民至高無上，政府是人民的工廠，公務員是人民的辦事員。而麥迪遜（Madison）等美國先賢，則認為代議士依附於人民，應作

65. 《孫中山全集》第 2 冊，頁 177-178。
66. 同上，頁 179。

定期選舉。維基尼亞宣言稱：「所有的官員都是人民的託付者及公僕，在任何時間都須服從人民。」這些觀念都與英國惠格黨（Whigs）人、及勃克（Edmund Burke）的見解不一樣。

然則，實行民治之方略如何？中山先生在〈中華民國建設之基礎〉一文中提到重要者有四，曰：（一）分縣自治，（二）全民政治，（三）五權分立，（四）國民大會[67]。茲簡述如下：

（一）**分縣自治**——在這一項，中山先生明白指出，要實行「直接民權」。這是與「聯省自治」不同的地方。或有人主張「聯省自治」（聯邦制度），但中山先生認為不妥，他認為美國最初固實行地方分權，然南北分馳，政令不一，深貽國民以痛苦。參加歐戰後，則中央政府權力愈以鞏固，且愈以擴充，舉人民之糧食，衣服，亦置於中央政府管理之下。他認為「主權在民」與否，與權力分配於中央或地方並沒有關係，而應看事務之性質來決定。事之非舉國一致不可者，以其權屬於中央；事之因地制宜者，以其權屬於地方。這是易地域的分類，而為科學的分類[68]。這個見解頗合行政管理的原則。以臺灣為例，郵政、電信、電力皆屬中央職權，蓋由地方經營，實感不便亦且不經濟也。

中山先生頗為重視地方自治，理由有四：「第一，以縣為自治單位，所以移官治於民治也，今既不行，則中央及省，乃保官治狀態，專制舊習，何由打破？第二，事之最切於人民者，莫如一縣以內之事，縣自治尚未經訓練，對於中央及

67.同上，頁179-180。
68.同上，頁178。

省，何怪其茫昧不知津涯。第三，人口清查、戶籍釐定，皆縣自治最先之務，此事既辦，然後可言選舉。第四，人民有縣自治以為憑藉，則進而參與國事，可以綽綽有餘裕。苟不如是，則人民失其參與國事之根據，無怪國事操縱於武人及官僚之手。」[69]至於地方（縣）自治的辦法，中山先生於 1916 年 7 月 17 日在上海尚賢堂有一篇：「自治制度為建設之礎石」的演講，及 1920 年的「地方自治開始實行法」，均可供參考。吾人認為民權主義的重心是「主權在民」思想，而實現「主權在民」的主要工作就是「地方自治」。

（二）**全民政治**──在這一項，中山先生明言，就是人民有選舉權、創制權、複決權、罷免權，並指示可詳見《建設雜誌》發表的〈全民政治論〉。原著書名為《Government by all the people》別名為《創制權、複決權、罷免權於民政之作用》（廖仲愷譯語）（"The Initiative, The Referendum and the Recall as Instrument of Democracy"），係威爾確斯（Delos F. Wilcox）所著，1912 年出版[70]。其理論提倡直接民權。中山先生說：「『分縣自治』與『全民政治』皆為直接民權，但『全民政治』的四權，行於國事。」這顯示中山先生之意思，是指全國人民對國事行使直接民權（四權），就叫做「全民政治」。人民有了四權以後，政府無論如何萬能，都可以控制。「人民有了大權，政府能不能夠做工夫，要做什麼樣的工夫，都要隨人民的志願。就是政府有了大權，一經發動做工夫之後，可以發生很大的力量。人民隨時要他停止，他便

69.同上，頁 188，1923 年著《中國革命史》。

70.參閱威爾確斯著，廖仲愷譯：《全民政治》，臺北：帕米爾書店，1957 年 11 月初版，譯序及原序。

要停止。總而言之，要人民真有直接管理政府之權，便要政府的動作隨時受人民的指揮。」[71]

（三）**五權分立**——中山先生說：「三權分立，為立憲政體之精義。蓋機關分立，相待而行，不致流於專制，一也。分立之中，仍相聯屬，不致孤立，無傷於統一，二也。凡立憲政體莫不由之。吾於立法、司法、行政三權之外，更令監察，考試二權亦得獨立，合為五權。」並指示詳見「五權憲法」之講演。這是中山先生「政府論」思想所在，作者亦將從事專題研究，在此不贅。但是，吾人須知，中山先生主張五權分立制度，使考試權與監察權獨立於行政及立法機關之外，其主要用意，實在於「矯選舉之弊」與「分國會之權」，而最終目標，仍在於達成「主權在民」之目的。1923年中山先生所著〈中國革命史〉之中，有一句話說：「臨時約法……以國家機關之規定論之，惟知襲取歐美三權分立制，且以為付重權於國會，即符主權在民之旨；曾不知國會與人民，實非同物。況無考試機關，則無以矯選舉之弊，無糾察機關，又無以分國會之權；馴致國會分子良莠不齊，薰蕕同器，政府患國會權重，非劫以暴力，視為魚肉，即濟以詐術，弄為傀儡。政治無清明之望，國家無鞏固之時，且大亂易作，不可收拾。」[72]可見要達成「主權在民」之旨，國會專權不可，無能亦不可也。而考試與監察制度，正所以調濟之。為此，吾人認為考監二院雖可廢除，但考監二權之獨立行使絕不可廢。文官考銓制度、監察審計制度的超然中立必須尊重。

（四）**國民大會**——由國民代表組織之。根據建國大綱

71. 《孫中山全集》第 1 冊，頁 152，民權主義第 6 講。
72. 《孫中山全集》第 2 冊，頁 188，〈中國革命史〉。

第十四條規定，每縣地方自治政府成立之後，得選國民代表一員，以組織代表會，參預中央政事。又據第二十四條規定，憲法頒布之後，中央統治權則歸於國民大會行使之，即國民大會對於中央政府官員有選舉權，有罷免權；對於中央法律有創制權，有複決權。1923 年〈中國革命史〉一文中亦言，在實施憲政時，「一縣之自治團體，當實行直接民權。人民對於本縣之政治，當有普通選舉之權、創制之權、複決之權、罷官之權。而對於一國政治，除選舉權之外，其餘之同等權，則付託於國民大會之代表以行之。」[73] 則國民大會既與立法院同屬法律主權之機關，也因他能代表人民行使政權，而成為政治主權者（人民）的代理人，擁有國家的最高統治權。

不過，在此有一個比較深奧的問題，那就是國民大會代表與人民之間是什麼關係？國大代表是否有接受選民訓令之義務？抑或依其智慧和良知自行行使職權？易言之，國大代表究竟是代表全國，還是代表其選舉區？在前面吾人曾討論過「代表」問題，知道中山先生對代議士（國大代表當然也是代議士的一種）的角色功能，是主張應「只盡其能，不竊其權」的，國大代表也是人民公僕，當也須聽人民的指揮。然則，國大代表如何「只盡其能，不竊其權」呢？選民能否控制或支配國大代表在大會的言行呢？萬一國大代表之言論與行為，根本不合於選民意志時，怎麼辦？這個問題顯然不同於立法委員與選民的關係。蓋立法委員所立之法，如不合民意，依中山先生之思想，國民大會有代表人民行使複決權之權。而國大代表如沒有接受選民訓令的義務，則安知國民

73.同上，頁 184，〈中國革命史〉。

大會與立法院，誰人才代表真正的民意呢？反之，如國大代表有接受選民訓令的義務，則這種訓令如何形成？如何表示和傳達？因此，國民大會的角色功能是值得研究的問題。

關於這個問題，學者間亦有不同的看法，謝瀛洲先生在其所著：《中華民國憲法論》一書中說：「一般之所謂代表，係以代表之意見，視為民眾之意見，而遺教之所謂代表，則以民眾之意見視為代表之意見。代表之意見，不受選民意見之約束者為代議政治；代表之意見，仍受選民之指揮者，為直接民權，此二者之分野也。一般人徒以國民大會為代表所組成，遂認為國民大會所行使者，係屬間接民權，此實未能瞭解遺教之真義也。且學者間因欲防止議員之違反民意，有主張採用『授權命令』（Mandat Imperatif）制度者，其內容係使選民得以其所希冀之事項，以命令式授權於其所選出之議員，使於議會提出之，於此場合，受命之議員，在議會中，其言論與主張，應絕對遵守選民之意旨──授權命令。中國之國民大會，若能本於遺教之見解，採用『授權命令』制度，則各縣人民於縣民大會開會時，即可以其所希冀之事項，經多數議決後，製成『授權命令』使各該縣所選出之國民大會代表於國民大會提出。代表即等於人民，而國民大會所行使者，在精神上為直接民權矣。」[74] 他對國大代表的這種見解顯然是一種「委任代表制概念」（Concept of delegated representation），而非如伯齊教授（A. H. Birch）稱英國惠格黨代表理論的「選任代表制概念」（concept of elective representation）。因為前者指代表為選民所委任，應代表地方利益或

---

74. 謝瀛洲：《中華民國憲法論》，臺北：1976 年 10 月十五版，頁 122。

意見；而後者則以代表為國家的委託者，並無意義接受選民的訓令。若以中山先生之思想觀之，國大代表應屬「委任代表」，其言行應以選區民意為依歸，亦即應接受選民的指揮，此一觀點並無錯誤。但是，謝氏之看法，也有幾點值得商榷。如：

（一）縣雖得開縣民大會，公民皆可參加。但實際上，縣之人口仍然過多（如今日臺灣有數十萬至一兩百萬者），絕無法以出席開會方式來舉行縣民大會，而匯集全縣多數民意。

（二）縣民對中央人事與政務每多隔閡，不易進入情況。

（三）如國大代表只能等其選民傳達命令（亦即接受其命令）方能行事，則中山先生何必構思此一「國民大會」之機關，以代表人民行使「政權」？

（四）國大代表在中央行使四權，而必須等待選民之「授權命令」，事實上有緩不濟急之遺憾。

（五）謝氏沒有考慮到政黨政治之作用。蓋國大代表之選舉，亦必須經政黨提名及競選，（當然也可自由競選）無法忽略政黨在地方選舉之競爭。其當選即證實已贏得民意授權。而且代表有一定任期，在任期中，國大代表亦須考慮政黨政策之指示，欲其隨時等待縣民命令，實不可能。

（六）經常召集縣民大會，或辦理縣民投票，以探問民意，既不方便也不經濟，縣民亦不一定有興趣。

傅啟學教授的見解即與謝氏不同，傅教授在其所著：《中山思想本義》一書中表示，謝氏「認為國民大會之代表，只要遵守授權命令，即為行使直接民權，實不易自圓其說。」

他說：「若中國任何重大問題，國大代表不能決定，要等候各縣之授權命令，時間上必致拖延。各縣人民對整個國家大政，不易完全了解，且各縣人民如何決定意見，發出授權命令，更屬難題。所以授權命令之說，僅是一種理想，較舉行公民投票，更加煩難。謝氏之說，實非正確解釋。」而且，英、法、德、義等國，對「授權命令」辦法，均加否定。法國第五共和憲法第二十條規定：「一切命令之委任為無效，國會議員之投票權屬於本人。」1948 年義大利憲法第六十七條規定：「一切國會議員代表國民行使職權，不受委任之拘束。」1949 年西德聯邦基本法第三十八條規定：「議員為全體人民之代表，不受委任或指令之拘束，而僅服從其自己良心。」所以，傅啟學教授認為：「授權命令之說僅係學者之意見，事實上未被採用。」[75] 由此可知「授權命令」說，恐非中山先生設計國民大會之本意。即使國民大會之性質與立法院不同，立法院職司立法，國民大會職司制憲修憲及代表人民擁有四個政權以監督中央政府，但同為代表機關則一。中山先生所說：「只盡其能，不竊其權，予奪之自由仍在於人民。」如對國大代表而言，似不能解釋為國大代表在國民大會，須事事接受選民命令方能說話和行動。而應解釋為，國大代表應盡其才能，代表人民看好中央政府，使其成為萬能而不越權和腐化，更不能背著選民而與中央政府同流合污，侵犯「人民主權」，否則即可予以罷免之。

是以，吾人認為，欲符中山先生「主權在民」之意旨，復能事實可行，則吾人必須從實質上來探討中山先生政權思

75.傅啟學：《中山思想本義》，前揭，頁 177。

想的真精神。誠如崔書琴先生所言：「中山先生對於五權憲法為根據的中央政府如何組織，並未作詳盡的說明，因此我們實行五權憲法時，應該特別注意其精神，而不必拘泥形式。國民大會在五權憲法上所占的地位，相當重要，但我們必須認清它能行使的權利，不是直接民權，而是間接民權。」[76]

至於，如何達成中山先生設計「國民大會」之目的呢？是則必須拿他的「政黨思想」來併合研究才行。依作者研究結論，中山先生是主張行憲後實施兩黨制政黨政治的[77]。明乎此，則上述爭論容易解決矣！蓋依據建國大綱第二十四條規定：「憲法頒布之後，中央統治權則歸於國民大會行使之。」由此觀之，吾人可知中山先生設計國民大會之用意，是要使它成為國家的最高統治機關，中央政府各部門「機器」的操作，皆在其「管理」之下而運行（因為人民並無閒暇親自管理，也不可能親自管理）。所以，國民大會乃是管理「政府的力量」的力量，它的地位優越於中央政府五院，既是「法律主權」所在，也是代表人民行使「政治主權」的機關，只是「予奪之自由仍在於人民」而已（因為「主權在民」）。

至若中央政府，則只能有「做工」的「能」而不能有「權」的。人民而欲成為國家的「統治者」，則可組織政黨，參與定期的「自由選舉」，大選獲勝的政黨，掌握國民大會多數席位，當然可以順利的選出總統、副總統，並組織中央政府。這恰與英國議會多數黨領袖自然被英王授命組織內閣一樣，是則中國人民乃形同「皇帝」。中國政府組織不同英

---

76. 崔書琴：《三民主義新論》，臺北：臺灣商務印書館，1972 年 10 月修訂十版，頁 204。

77. 參閱陳春生：《孫中山政黨思想研究》，第四章第四節，「孫中山政黨思想之真義」，臺北：再與出版社，1978 年 4 月出版，頁 42。

國之處，只在國民大會與中央政府因權能區分而相離而已。同時，由於國大代表可以罷免總統、副總統，這正可促進「黨內民主」的實現，黨內國大代表不必惟黨魁臉色是看，而擔心下屆提名問題，故必能奉勇從公，執行監督中央政府的大任務。另一方面，為了使選民「考核」國大代表，並使新的民意隨時輸入國民大會起見，勢必須使國大代表每年定期向選民做「管理報告」，讓選民得知中央政情及國大代表工作成績，以作為「予奪」之準據。在這種設計之下，政黨而想贏得下屆大選，則不能不依據多數民意認真「做工」及「管理」政府；而中山先生之理想於焉達成。至於，國民大會與政府五院的關係（當然包括立法院）則為「政府論」之問題，將另作專題研究。

　　總之，中山先生是主張「主權在民」的政治思想家，而其目的，在於避免過去發生在中國歷史上的皇帝之爭，他要為中國人民消除內戰的禍害和痛苦，建立政權和平轉移的政治生活方式，這不只是為了防止政府的專制和腐化，也為了順應世界民主潮流。至於其方法，則重視人民對直接民權的行使，尤其要辦好地方「分縣自治」。人民對中央政府也要能行使四個政權，但因中國廣土眾民，這個工作要委託國民大會來做。政府則五權分立，其中考試與監察權的獨立，也有促進「主權在民」的作用。所必須提醒者，在媒體資訊發達及言論充分自由的社會，代表人民行使政權的「國民大會」，事實上已無存在價值，可以廢棄，將直接民權交由人民以「公民投票」方式直接行使。

第二節　萬能政府之理論

萬能政府之研究，原為「政府論」的範圍，但本節所討論的不是中山先生對政府組織的設計問題，而是在說明中山先生何以重視政府的萬能，以及構成萬能政府的條件，目的乃是用來探討中山先生政權思想真精神。當然，在研究他的萬能政府理論前，我們必須先對一般問題，如政府之目的及政府之類型有個起碼的認識才行。是以，本節將分別論述下列幾個問題：①政府之目的，②政府之類型，③萬能政府之必要，④萬能政府之條件等。茲分項討論之：

第一項　政府之目的

本項討論政府之目的，事實上，也就是討論人類組成國家的目的。從國家發生的觀點來看，人類既然群居於同一地區之內，則彼此之間不免有往來交際之事，何以故呢？蓋人類要維持其生存，就有兩件重大的事，第一件是覓食，第二件是自衛。古代人類以狩獵為生，所用工具簡單，技術也幼稚，人類只能由自然界採取果實，撈取魚蝦，獵取鳥獸，以維持自己的生活。一切生活資料取於自然界，而毒蛇猛獸復充斥於森林原野之中，所以覓食之時，同群的人必須合作。各社群均有一定的狩獵區域，近鄰的群體應互相尊重彼此的地區，未得對方同意，而乃侵入其地，則該社群之人必為自衛起見，協力抵抗。因此，人類不但自始就有群居之習慣，而且自始就有連帶關係。人類為了維持各自的生存而發生連帶關係時，就構成了社會。

此外，人類不但有生存慾望，而且有生殖慾望，因婚姻關係，而繁殖人口，慢慢地形成部落。為鞏固本部落的生存，抵抗其他部落的侵略，而有戰爭，因之須選舉智勇雙全的人為部落的領袖，以指揮群眾抗敵，這是酋長產生之原因。同時，為了共同行動，以保障群體的安全，安排各自的生活，於是不得不做有組織的分工，終於形成一個大團體——國家[78]。

從現代國際社會來看，每個國家的組織經過，實際上也就是部落的擴大和聯合，這是無法否認的。因此，今日各國政府之目的，無非為其國民解決生活問題，這是一句簡單的話，可是其內容實相當的複雜。過去的採取果實，撈取魚蝦、獵取鳥獸的求生行為，演變為今日的農業、漁業及牧業等等經濟活動。隨著謀生技術的發展，生產工具的改進，而有了工商業的行為，這乃是「經濟目的」之範圍。至於防止內部的紛爭，維持社會的秩序，抵抗外來的侵略，保障國家的生存等等行為，都可說是一種「安全目的」。此外，還有教育民眾，提高知識及精神生活水準，促進生活的舒適與幸福等等行為，則可說是一種「文化目的」。是以，吾人認為，一個國家的政府而不能為其國民作好應做的工作，那就失去了建立國家組織政府的正常目的。蔣中正先生有一句名言：「生命的意義在創造宇宙繼起的生命；生活的目的在增進人類全體的生活。」實含至理。人生的意義本來就是為了求生存的快樂，求生命的延續，人類的歷史是一部求生的奮鬥史，任何人也不能否認的。

對於政府目的研究，行為科學派政治學家以「結構功能

78.參閱薩孟武：《政治學》，前揭，頁 12-18。

論」（Structural-Functional Theory）從事分析研究的工作，對人類的政治活動──如競選，則以「博奕競技論」（Game Theory）從事研究，當然也有其意義，因為社會科學研究的範圍本來就無法離開人類的心理活動之分析。張金鑑教授在其所著：《動態政治學》一書裏說：「較合理的政治行為分類，應就政治行為的功能或目的作綜合和通盤的觀察，從國家在培育維持人民安定繁榮社會生活進程中所負的責任，所處的地位，以為區分。」[79] 依此，則國家的政治行為應有下列五種：

（一）**保衛功能**（Protection）──國家社會乃是生生不息、新陳代謝的有機體，在發展過程中，一定會遭遇若干困難、阻力、侵害和打擊，國家對這些的不幸和危險，必須能做有效的反擊，以保衛國家的獨立，安定社會的秩序，和保障人民的生命財產安全。政府中的國防部門、情報部門、警察部門、消防救災部門、衛生醫療部門，即為此目的而設立。

（二）**扶助功能**（Assistance）──依照「主權在民」的民主政治理論，人民是主人，公務員是僕人，個人是目的，國家是手段。政府成立目的，即在為人民提供服務和造福。因之政府心以技術、輔導、財政支援、宣傳示範、工作獎進等方式扶助人民從事農工、商礦及文教事業之發展，此外並應普設學校，提供人民受教育求知識的環境和機會，以增進其謀生知能。

（三）**管制功能**（Regulation）──在國家社會之中，私人利益可能與公共利益發生衝突，政府為了維護公共利益，

79.參閱張金鑑：《動態政治學》，臺北：七友出版傳播事業股份有限公司，1977 年 9 月初版，頁 38-42。

保障社會安全，維護善良風俗與道德，對涉及社會生活的人民活動須採取管制措施，庶幾不致以私利妨害公益。如囤積居奇、操縱壟斷、哄抬物價、逃稅、倒會、資金外移，均足以造成市場金融之紊亂及經濟之失調，政府必須加以必要管制。還有如食品衛生、工廠安全、交通工具之檢查、走私、販毒之稽查、建築執照、汽車駕駛執照、營業執照……之核發，無一不是為社會公益而必須採取之措施。

（四）**開發功能**（Development）──為了改進生活品質，無論個人、企業或機關都須力求研究發展。為求國家的堅實壯盛，政府務必鼓勵創造發明、資源開發、潛能發揮等等人民之智性及科技活動，如石油探勘、太陽能發電、專利之申請、學術及文學藝術作品之獎勵、體育文康活動之舉辦，無一不在增進人民之物質及精神生活品質。

（五）**服務功能**（Derect Service）──政府尚須為國民提供各種服務，興辦公共服務事業，如郵電、公車、、捷運、鐵路、公路、航空、電話、路燈、自來水、公園、國民住宅、健康檢查及保險、就業輔導及銀行融資以至垃圾處理、環境衛生等等都是對國民必需的服務，非僅關涉人民經濟活動、社會往來、身心健康，而且對國家之發展都極重要。

十八世紀有一位法國革命時代的自由思想家與哲學家──孔道西（Marguis de condorect, 1734～1794）就指出「治權者的責任有四：①為私人契約的保障與執行，②為安全的設立、暴行的制止，③為秩序的維持，④為物質與精神文化的發達。」[80]《新大英百科全書》中對政府功能之解析至為詳盡，

---

80. Irving Babbit, *Democracy and Leadership*, (Boston and New York: Houghton Mifflin Company, 1924) 鍾樾賽譯：《民主與領導》，臺北：協志工業叢書，1977 年 8 月四版，頁 131，見註 27。

共分為四點：

（一）**必要的功能**（indispensable functions）──個人和國家第一個權利就是自保（self-preservation），當然國家的自保比個人的自保複雜。霍布士（Thomas Hobbes）強調，內戰對政府構成最大的威脅，因為它表示主權力量的瓦解（civil war constitutes the greatest threat to government, for it represents the dissolution of the "Sovereign power"）。用現代的話來說，內戰象徵著政府已經喪失了一個政治權威的基本特性；也就是失去了武力的獨占和暴力運用的控制。所以，政府對國民進行公民教育（civic education），就成為國家的主要功能，因為經過教育系統，公民乃能知道他們的責任所在。誠如許多近代社會學研究所顯示，政治社會化的過程，使「人」（men）變成了「公民」（citizens），是由幼稚園及中小學開始[81]。此外，政府須在全國各地建立司法及警察系統。為對付外來的侵略野心，也須維持適當的軍事力量，平時尤須與外國建立良好外交關係，進行文化交流及各種活動，以贏取友誼[82]。

（二）**監督的功能**（supervisory functions）──私人利益的衝突，是憲政民主政體政治過程的主要特徵，因此，監督及仲裁這些衝突，乃成為政府的主要功能之一。選舉提供大眾參與公開辯論和公共決策過程的機會，議會應提供聽證會以了解不同階層的不同意見，俾便有利於立法。此外，在政

---

81. *The New Encyclopedia Britannica*, 15th ed. vol, 14. 1974. p. 723, III. The functions of government. "the process of political socialization that transforms men into citizens begins in kindergarten and grade school."
82. Ibid. pp. 723-724.

治上對少數民族也應有所保障，司法程序則可提供依法解決衝突的途徑[83]。

（三）**管制的功能**（regulatory functions）——這大抵係指對經濟生活上的管制而言，第二次大戰以後，政府對人民經濟活動的管制能力，成為其成敗的試金石，管制機構被稱為「政府的第四分支」（the fourth branch of government）。共黨國家的生產工具由國家擁有和控制，但在 1960～1970 年代，他們已用各種方式減輕中央集權的份量。英國勞工黨政府把煤、鋼及鐵路國家化。法國政府進一步從事與私人企業組織合作的國家經濟計劃。管制工廠條件及勞工管理已成為西方各國政府主要的關心課題。在多數歐洲國家，電報、電話、無線電及電視等大眾傳播工具多由政府經營[84]。但對人民自由與人權的保障則多已加強。

（四）**企業的功能**（enterprising functions）——目前所有的現代政府幾乎都直接參與經濟活動，如採購貨品、操作工廠、提供服務，有些政府進一步建立自己的軍品工廠。即使非社會主義國家，幾乎所有政治系統也都被組織起來而隸屬於政府。除國防之外，國內安寧、公共教育、防火、交通管制、自然資源的保護及郵政服務、電力、水力等都由政府負起責任[85]。

然則，中山先生之看法如何？在民權主義第一講，他說：「環觀近世，追溯往古，權的作用，簡單的說，就是要求維持人類的生存。人類要能夠生存，就須有兩件最大的事：

---

83. Ibid, p. 724.
84. Ibid, pp. 724-725.
85. Ibid, p. 725.

第一件是保；第二件是養。保和養兩件大事，是人類天天要做的。保就是自衛，無論是個人或團體或國家，要有自衛的能力，才能夠生存。養就是覓食。這自衛和覓食，便是人類維持生存的兩件大事。人類要在競爭中求生存，便要奮鬥，所以奮鬥這一件事，是自有人類以來天天不息的。由此便知權是人類用來奮鬥的，人類由初生以至於現在，天天都是在奮鬥之中。」[86]權就是「力量」，政府的權，中山先生稱為「治權」，也就是管理或工作的力量。人類組織這個力量，目的即在「保」和「養」，──也就是為了求生存。

1916 年 7 月 15 日，他在駐滬粵籍議員歡迎會演講「中華民國之意義」時說：「國家如商業公司，然股東贏利，必有向隅之夥友。若夥友僅謀贏其私利，則股東蹶而夥友無立足地矣。故謀國者，無論英、美、德、法必有四大主旨：一為國民謀吃飯，二為國民謀穿衣，三為國民謀居屋，四為國民謀走路。衣食住為生活之根本，走路則且影響至國家經濟與社會經濟矣。」[87]所謂「謀國」者就是政府官吏，人民公僕，而其所謀不為己身著想，是為國民謀食、衣、住、行四大問題之解決，這四個問題，在今天來說就是農林漁牧業、紡織工業、國民住宅之興建、公共交通工具之提供。

又 1923 年 12 月 9 日他在廣州大本營演講「黨員應協同軍隊來奮鬥」時說：「我國荒地礦山甚多，乃竟地利不闢，其原因則由無良好政府，不能有所為。今革命方法，乃救全體人民，組織良好政府。」[88]又說：「彼英、法、美等國人民

86.《孫中山全集》第 1 冊，頁 65-66。
87.同上，第 2 冊，頁 351。
88.同上，頁 581。

之生活程度，優於吾人者，則以有良好政府之故。彼政府常為人民謀幸福，有災害則為之防，有利益則為之圖，故人民能家給人足。」[89]由此可知，在中山先生心目中，除了衣、食、住、行之外，荒地的開闢，礦山的開採也都是「良好政府」的責任。而且應為人民防止災害，圖謀利益和幸福，使家給人足，無生活之憂。同年 10 月 11 日，他在廣州講「過去黨務失敗之原因」時說：「若實行三民主義五權憲法，可使世世食利無窮，人人飲食居處，均極豐贍，無貧困轉徙之慮，昔文王以百里而王天下，即以其能施行仁政，使萬民皆蒙樂利也，故吾國人追思往古，動稱唐虞三代之治，其時確為太平盛世，人人安居樂業，為後世所不可企及。本黨目的，即在達到此種境地也。」[90]足見中山先生革命之目的，在使中國能達成如堯舜夏商周時代的太平盛世，使人人能夠安居樂業。在他的政治思想之中，認為組織政府之目的，端在為民服務，造就福祉，這個觀念是百分之百的民主政治思想，與上述中外學者對政府目的之看法不但毫無二致，而且脈絡相通！

在政府職務的分配方面，他認為「一國之外交，當操持於中央，無分於各省之理。其餘如海陸軍、郵電事業等，亦不能分其權於地方。（至於）地方財政完全由地方處理，而分任中央之政費。其餘各種實業，則懲美國托拉斯之弊，而歸諸中央。」[91]由這一段話，可知中山先生的主張與今日各國政府職能的分配，至為相符，外交、國防、郵電及大實業須

89.同上，頁 582-583。
90.同上，頁 536。
91.同上，頁 352。

由國家中央政府掌理和經營。但地方則須有地方自治必需的財政經費，地方稅收只分任中央行政經費，其餘應留供地方建設之用，不應使地方財政拮据困難，而事事難辦或事事請求中央補助。

要之，誠如林德賽（A. D. Lindsay）所言：「民主政府的目的，在奉獻社會的公共生活，（及）解除困擾它的不和諧事象。」（"the end of democratic government is to minister to the common life of society (and) to remove the disharmonies that trouble it"）[92]中山先生的政治思想與此目標無異。

第二項　政府之類型

本項目的在討論有關政體的問題，並藉中山先生對政治結構的看法，來瞭解其政權思想之精義。在本章第一節，吾人討論主權問題，這是在說明中山先生關於國體的主張，所謂「國體」就是指國家的形態（form of state）而言，由普通常識判斷，國家有君主與共和兩種形態，君主國其元首是世襲的，共和國其元首是選舉產生的。從上一節之討論，吾人認為中山先生在國體上主張建立共和國，而反對君主國。但是，共和國的政治不一定就是民主政治，君主國的政治不一定就是獨裁政治，如美國與蘇俄都是共和國（republic），但美國的政治是民主政治（democracy），蘇俄的政治則為獨裁政治（dictatorship），但英國王朝的政治是民主政治，義大利王朝的政治則為獨裁政治。所以，我們觀察一國政治，不能單看表面的國體，又須注意它的「政體」，政體就是政體的

92. A. D. Lindsay, *The Modern Democratic State*, (New York: Oxford University Press, 1947) vol I. p. 269.

形態（form of government）。由於中山先生主張「人民主權」論，所以他在政體上是主張民主政體的。換句話說，中山先生是主張建立既是共和國又是民主的國家，而不是既是君主國又是專制的國家。

在古代，國體與政體沒有區別，君主國不會有民主政治，共和國不會有獨裁政治。所以當時學者把國體與政體混為一談，而以統治者人數多寡為分類的標準。即一人統治（government by one man）之時，稱為君主政治（monarchy）；少數人統治（government by the few）之時，稱為貴族政治或寡頭政治（aristocracy or oligarchy）；多數人統治（government by the many）之時，稱為民主政治（democracy）。這種分類法為古希臘學者希羅托圖斯（Herodotus, 484～426 B.C.）所創。其後亞里斯多德（Aristotle, 384～322 B.C.）改為六分法，將以上三種政體各分為好的與壞的兩種類型（濫用權力就是壞的），其中壞的一邊是暴君政治（tyranny）、寡頭政治（oligarchy）及暴民政治（ochlocracy）[93]，好的一邊是君主政治（monarchy）、貴族政治（aristocracy）及民主政治（democracy），好壞的區分是以人民有無參政機會為標準。

君主國、貴族國、民主國的三分法，主宰了西洋政治思想兩千年之久，直到孟德斯鳩以後，才有改變。布丹（J. Bodin, 1530～1596）是第一位把國體和政體分開來的人，他認為國王擁有主權的君主國，如所有公民皆可參政，則其政府便是民主政府；但如只有貴族或富有者才可參政的，則其政府便是貴族政府。古羅馬王國（西元前六～四世紀）就是一個

93. *The New Encyclopedia Britannica*, 15th ed. vol. 14, 1974, p. 173. Ochlocracy ie. "the mob rule of lawless democracy."

具有君主式政府的民主國家，因為羅馬雖由君主執政，主權卻屬全民所有。布丹的分類法，指出一個事實，即一國的權力機構形態，可能與背後的價值系統互相矛盾[94]。

關於國體政體本身的區別，薩孟武教授在其所著《政治學》中，有客觀的分類。他認為，國家元首──共和國的總統與君主國的君主，其主要區別不在於權限的大小，而在於特權的有無。國家元首而有①君位繼承權，②榮譽權（如日本君主稱天皇、英王稱伊莉莎白第二），③神聖不可侵權，④不負責任權，⑤皇室費請求權，等五種特權者叫做君主，沒有上述五種特權者叫做總統。而國家以君主為元首的叫做君主國；以總統為元首的叫做共和國。這是國體區別的標準。什麼叫做政體呢？政體的區別乃以行政的形式為標準，凡行政一方須關顧人民的意思，同時又須服從法律的規定，一旦蔑視民意或違犯法律，又須負責的，則這種政體叫做民主政體。反之，行政既不受民意的拘束，又不受法律的束縛，而蔑視民意或違犯法律之時，也不須負責的，叫做獨裁政體。君主國有民主政體和獨裁政體，共和國也有民主政體和獨裁政體。這就是說，民主政體或獨裁政體可與任何國體結合[95]。

孟德斯鳩把政府分為三類：①共和政府，②君主政府，③獨裁政府。但在共和政府之下又分為民主式與貴族式兩種，而獨裁政府則為君主政府的墮落形態。事實上，民主與貴族政體不容易區分，因為一個國家即使實行普選，而仍須由少數人員負責實際行政工作。法學家們借重孟氏的理論，導引

94. Maurice Duverger, *The Idea of Politics* (Chicago: Henry Regney Co. 1970.) p. 88f.
95. 薩孟武：《政治學》，前揭，頁 159-160。

出三種政府類型：①混權制（Confusion of powers），②分權制（separation of powers），③議會制（parliamentary regime or parliamentarism）。集權制政體可以是一人專政，也可以是議會專權，一人專政者，若以繼承取得政權的叫絕對君主制，以武力奪取政權的叫獨裁制。分權制及議會制皆可各分為君主式、共和式兩種。君主式分權制就是有限君主制，因為有一個議會掌握立法及財政權，用以限制王權。共和式分權制就是總統制（Presidentialism），以美國政體為代表。議會制的特色則是國家元首與政府首長分屬兩人，前者有榮譽地位而無實際權力，後者則全權負責國家行政，並有一政府內閣與他共同對議會負責，因此也可叫做內閣制（Cabinet government），以英國政體為代表。上述比較複雜的制度，是從絕對君主制演進到民主制過程中的最後一個階段，傳統制度的外形不須改變，卻翻新了政府制度的內涵[96]。

不過，今天以一個國家有無君主或實行什麼政府制度來分類，已無多少意義。因為這樣的分類法，已不能適用現代的政治社會。新的分類法，開始注重社會、文化、經濟及心理因素。而影響最大的是馬克斯分類法（Marxist typology），他以經濟階級為基礎，認為控制國家生產工具的人就是統治階級。二十世紀初期的義大利理論家摩斯卡（Gaetano Mosca），認為所有政府形式表現出來的都是寡頭政治，政治權力在少數政治菁英的手中。另一種分類法是用社會心理學的研究法來研究統治者與被治者的關係，把政府分為合法政府（legitimate government）與革命政府（revolutionary

---

96. Maurice Duverger, op. cit., p. 88.

government）。與 mosca 同年的 Guglielmo Ferrero 認為凡是公民自動接受其統治，並自願給予效忠的政府就是「合法政府」；凡是畏懼人民也被人民所畏懼的政府，就是「革命政府」[97]。

德國社會學家馬斯偉伯（Marx weber）也用「合法」與「領導」作為分類的基礎。他認為有三種基本的統治形式：

（一）**推戴的**（Charismatic）──統治者的權威或法權，乃是基於隨從者由衷的召喚，而他們的順服乃是由於對統治者模範品格的信任和欽仰。

（二）**傳統的**（traditional）──如世襲的君主政體，其領袖的權威乃是得自歷史性或傳統性的繼受。

（三）**合理合法的**（rational-Legal）──領袖權威乃是有效的合理化法律秩序的產物，而且在標準規則或命令的法理中，有一種流行的信念。

偉伯分類法（Weberian typology）被許多新作家所探究，他們已發覺這種分類法對比較及區別非西方世界突現的政治秩序特別有用。所以，吾人認為對一個國家的政府類型之研究，必須包含許多不同的分析，但必須從權力的取得、轉移、操作及控制等等方式開始[98]。

明乎此，吾人乃知一個國家的政府是否民主，斷無法從表面觀察出來。誠如賀凌虛教授所言：「二次大戰後，各國制定的新憲法，表面上均經由民主憲政的通常程序，內容方

---

97. *The New Encyclopedia Britannica*, vol. 14, op. cit., p. 713. "A legitimate government is one whose citizens voluntarily accept its rule and freely give it their loyalty, in revolutionary systems, the government fears the people and is feared by them."

98. Ibid. p. 714.

面亦無不標榜維護人民的基本自由、權利及實施法治政治。然而二十多年來，實際施行的結果都充分的顯示：成文憲法的存在，除純粹形式的意義外，絕不表示一國真正施行憲政。憲法的規定，不論如何縝密周詳，均不足以自動使主權真正在民，亦不足以使人民實際享受到任何社會正義及經濟安全。現代的專制主義者，利用巧妙的方法，已輕易地把憲法從自由的保證書一變而成壓制的工具。目前，世界上有四分之一以上的地區和三分之一以上的人民淪於並非沒有憲法的極權統治之下。即在進步的民主憲政國家，憲法的規定，或憲法法院的判決，為各級政府或機關故意或公然蔑視的，亦不乏其例。因而，一般人民對憲法的熱情乃日漸冷淡，對憲政的責任心亦日形低落。」[99] 由此可見，漂亮的民主憲法並不是民主政治的「保證書」。

事實上，今日世界各國政體可分為兩大類，即多元或民主政體（pluralist or democracy）及一元或專制政體（Monolithic or autocratic）。在多元或民主政體中，政治競爭是在光天化日之下公開而自由的進行的。必須有兩個以上政黨，定期而平等公開的參與政治競爭，而且人民有言論、出版、集會、結社及其他傳播消息及意見的自由。所以多元政體也就是自由政體，每個人都可自由表達意見，不論是用口頭或文字，也不論是組織社團或參加和平遊行。反之，在一元或專制政體中，除了私人間爭取統治者歡心的活動之外，沒有官方承認的權力競爭。而且統治者一如整個政體，任何人無權推翻之，其權威也不受人民的牽制。不像在多元民主政體中，

99.賀凌虛：〈福利政治〉，載《憲政思潮季刊》第 5 期，「憲政筆談——當前各國憲政的新趨勢」，頁 165。

即使是最高權位，也必須定期經由大選方式公開讓人民自由角逐，而獲得權位的人，又得俯仰隨人，一旦任期屆滿，須重新參加競選，否則權力便告喪失。因此，在專制政體中，就像一池不流動的水，必然腐臭，原因是：即使最專制最跋扈的君主，也很難跳出其親信、幕僚或一國傳統習俗的影響。是以，在一元專制政體中，許多可以分享到最高權力的職位，便成為激烈競逐的對象，有時君主反成為其周圍手下的傀儡。

但是，不論多元民主政體或一元專制政體，又可細分為幾類，如在一元專制政體之下，可分為繼承式專制政體及暴力征服式專制政體。也可分為溫和式及極權式（totalitarian），前者多少容許反對勢力存在，後者則必須消滅所有反對勢力或將之逐入地下。而這正是以暴易暴的由來。在多元民主政體之下，其細分方法則應考慮政體的法律形式及內部黨派對立的性質。就黨派言，多元民主政體可分為兩黨制及多黨制，前者有緩和衝突的優點，而後者則有惡化政爭的傾向。就政體結構言，兩黨制其議會多數黨永遠只有一個，故容易團結穩定；多黨制其議會並無一黨居優勢，故只能組聯合內閣（Colition Cabinet），政府內部不易團結穩定。

然則，兩黨制國家，其政府是否穩定尚有一個要素，那就是看執政黨內部紀律如何而定，如英國黨紀較嚴明，故政府較扎實；如美國黨紀較鬆散，故政府便像多黨制政府，既不易穩定，也難推動政策，所以法國巴黎大學教授 Maurice Duverger 稱美國是「假兩黨制」，因其實質作用與多黨制無異也。

據此，吾人認為多元民主政體可分為三種類型：①總統制：如美國為假兩黨制的總統制，拉丁美洲為多黨制的總統

制。②英國式兩黨議會（或內閣）制。③歐陸式多黨議會（或內閣）制。英美在政府制度上有別，然則他們的選民都可決定政府領袖則是相同的；而多黨制之政府領袖，只好以政黨妥協方式決定之。由此，Maurice Duverger 教授又把多元民主政體區分為「直接式」與「間接式」，前者由選民直接選擇政府；後者由選民推舉代表，再由代表決定政府人選。在西方這已漸成為區分政體的基本標準，因為在現代化國家，行政首長是真正的權力中心，立法機關只有監督、限制及預防作用。人民直接推選政府領袖，可使選民與政府間建立互信心理；間接式的選舉，則增加幕後活動的機會，使選民自覺並無參與機會[100]。

在一元專制政體的國家，與一黨政治不可分。1933 年 7 月 14 日，納粹德國禁止任何其他政黨的存在，數月後（1933 年 12 月 1 日）宣布黨國合一。1935 年 9 月，將黨旗的卍字旗做為正式國旗。興登堡逝世後，希特勒接任總統兼總理之職。各國政黨並無自己的法院，而納粹黨獨有，他們在慕尼黑設最高法院，並於各行政區各縣設立次級法院，其目的在維持高度的黨紀律；而且以特務人員周遊各地，調查各黨員活動情形，以防陰謀及不忠。各種政策由黨草擬和決定，然後移付各政府機關執行之。與政府平行設置的黨精密組織，有權決定政府所應做的是什麼，並從而監督其執行責任。選舉照樣辦理，但已失去意義，因為只有納粹黨才能提出公職候選人，投票人並無選擇餘地，各種選舉於希特勒興致來時方才舉行。僅存的眾議院（Reichstag）已成為軀殼，除希特勒認

100.關於政體類型問題，參閱 Maurice Duverger, *The Idea of politics*, op. cit., pp. 88-104.

為有召開眾議院會必要，以作他演說的聽眾之外，即使予以取消也無損於政府的實際運行。司法則統一於黨代理人司法部長指揮之下，而成為納粹的統治工具。1936 年司法部長Frank向集會的法官宣稱：黨的政綱是德國人民生活發展的路線，法律專門人員必須將其思想行動，恪遵此一路線，當你作判決時要想一想，當領袖處於我的地位時將如何判決？（How would the Führer decide in my place? Führer 是希特勒的稱號）在每件你所負責的判決，應問問你自己，這種判決是適合德國人民國家社會主義者的良心嗎？此外，還把保安警察（security police, Sicherheitspolizei）合併於黨衛軍（Elite Guards）而結合於黨的制度中。祕密警察（secret police, Geheims Staatspolizei）通稱為蓋世太保（Gestapo）者，成為探搜德國及外國被疑為不忠於納粹的人們之主要工具之一，並設有集中營以收容被逮捕的人而置於黨衛軍的監督下。這些集中營的殘酷是著名於世的，多少人喪失其生命在此等監獄中，實無以計數[101]。

納粹的辯護者，在納粹黨掌政以前，有充分的時間去發展一套合理化的巧妙而令人信服的制度，他們的發言人──E. R. Huber, F. A. Beck, & A. Rosenberg 從十九世紀的一群作家，包括 Herder, Hegel, Von Humbolt, List, Gobineau, H.S. Chamberlain, Darwin, Marx,……等人的著作中，抽取靈感。這假冒的科學教條背後的真正目的，是要建立德國人自己的主

---

101. Harold Zink, *Modern governments*, (Taiwan press, 1961) pp. 425-434. Chp. III. Germany, No. 3. *The Nazi dictatorship*. 關於納粹的司法制度，可參閱：J. B. Mason, "*The Judicial System of the Nazi party*". *American political Science Review* XXXVIII (Feb. 1944), pp. 96-103. & W. E. Rappard, *Source Book on European governments*, (New York: Van Nostrand, 1937) IV pp. 67-69.

義，為德國的擴張計劃辯白，提供一個政府的有效率的政治組織，並獲得廣泛群眾的支持。希特勒是依法取得政權，但到後來，事實上他的意志成為法律權威的來源，所有政治權力乃集於希特勒一身。他是國家政治意識的唯一解釋者，在「領袖有辦法」（"the leader knows the way"）的教條下，全國必須絕對服從他的指揮。Der Führer（ie. Hitler）也是黨的絕對領袖，對他，所有黨員必須宣誓堅定不移的效忠[102]。

納粹法西斯主義的政治如上所述，而共產主義政治又如何？共黨國家的一元專制政體，與納粹獨裁政體實有異曲同工之妙。根據共黨理論，國家是階級鬥爭的產物（The State is the product of the class struggle），列寧說：「勞動者需要一個國家，其目的僅為著鎮壓剝削者的反抗。」（"the toilers need a state merely for the suppression of the resistance of the exploiters"）[103]然則，無產階級革命已經成功，「剝削者」已被鎮壓淨盡，何以還需要「國家」呢？共黨國家組織何以還存在呢？對這個問題，史達林有他的說法，他說：「國家的萎謝須拖延到遙遠而不確定的未來；同時，官僚政治、軍隊及警察接受了愉快的擔保，只要資本主義環境存在，他們的服務是必要的。」[104]這是史達林對列寧的《國家與革命》（State and Revolution）一書補充的要點。史達林在〈列寧主義的基

---

102. Joseph S. Rouceck, ed., *Government and Politics Abroad.* (New York: Funck & Wagnalls Company, 1948.) pp. 160-163.

103. Michael T. Flormisky, *Towards an understanding of the U.S.S.R. -- A study in Government, Politics, and economic planning.* Revised edition. (New York: The Macmillan Company, 1953) pp. 10-11.

104. Ibid p. 20, "The withering away of the state was relegated to a distant and uncertain future. In the meantime the bureaucracy, the army, and the police received the pleasing assurance that their services will be required so long as the capitalist environment exists."

礎〉（Fundations of Leninism）一文中又說：「黨是無產階級的最高組織形式，黨是無產階級及其組織中的主導力量，……同時，黨也是無產階級手中為著達到那未完成的獨裁，以及鞏固和擴張那已完成的獨裁之工具。……但是，無產階級需要黨，不僅為達成獨裁，而且為了達成社會主義的完全勝利，更需要黨來維持獨裁，來鞏固和擴張獨裁。」[105]「當階級消失，無產階級獨裁衰退時，黨也就萎謝了。」[106]可是今天蘇聯已經沒有階級（都是無產階級，當然等於沒有階級）了，為什麼「獨裁」還不「衰退」？共產黨還不「萎謝」呢？是否因為世界上還有資本主義存在呢？其實，這些話也像納粹黨獨裁理論一樣，只是共黨獨裁的巧妙說詞而已。

在共黨統治下的蘇聯，一如納粹德國，是黨制定政策，發布命令，並監督政府機關執行政策和命令，政府機關只是共產黨利用來達成某種目的之工具。而共產黨的政策就是共產黨政治局少數人的意志，事實上也是共產黨總書記個人獨裁者的意志[107]。但他們黨政兩方面的官僚體系通常是協調一致的，各級官員常在黨政職位間來回調動[108]。他們也有一套很美觀的憲法，但是，其中規定，有利於共黨政權者則運用之，不利者則冰凍之。特別是軍隊和祕密警察，被視為恐怖統治的特徵，蘇聯政府運用它來做為控制社會的主要力量[109]。蘇聯

105. Randolph L. Brahan, *Soviet Politics and Government, A Reader*. ed. (New York: Alfred. A. Knoph, Inc. 1965) p. 213. cited from "Fundations of Leninism" by Joseph Stalin -- The Party.

106. Ibid. p. 214.

107. Harold Zink, op. cit., pp. 585-587.

108. Robert G. Kaiser, *Russia - The People and the power*.靈犀譯：《蘇俄—這個國家》。臺北：開源出版事業有限公司，1976 年 11 月 5 日三版，頁 111。

109. 參閱 Bouer, Raymond A., Alex Inkeles & Clyde Kluckhohn, *How the Soviet System Works*. (New York: Vinlage Book, A Division of Random House Press, 1961.) pp. 23-26.

人民的日常生活受到嚴重壓迫，旅行受到嚴格限制，被認為不可靠的人，必被放逐到遠方，祕密警察的力量，幾如水銀洩地，無孔不入[110]。人民沒有言論、出版、集會、結社的自由。列寧對共黨的「民主集中制」（democratic centralism）曾解釋說：「民主集中包含有批評的自由，但是這種批評的自由，只限於使某一特殊的統一行動不被破壞，而不許可有任何對黨的決定行動的統一性作破壞或增加困難的批評。」[111]基里遜（Jerome M. Gilison）在其所著：《英國與蘇聯政治》（*British and Soviet Politics*）一書中說，蘇聯政府企圖塑造（mold）人民，而英國政府謀求滿足和感動（please and impress）人民。蘇聯人民是政府政策的臣民，而英國人民是政府政策的主人。兩個政府皆以「服務」人民為觀念基礎，但英國政府試圖為人民盡力做事，而蘇聯政府則試圖改變人民，使他們適應於共產主義政策[112]。誠為精當之論。

蘇聯的一元專制政體，是一個標準中央集權的極權體系。1977 年新憲法第六條規定共黨的特殊地位，不許人民組織其他政黨，因此也沒有政黨間的選舉競爭，選舉都是唱「獨腳戲」。大眾傳播工具完全受黨及政府的控制，人民與政府之間無法溝通。共黨使用勸誘、政治說教的方式，要求人民

---

110. Merle Fainsod, *How Russia is Ruled* (Combridge: Harvard University Press, 1963) p. 478.

111. Carter, Gwendolen M, and Herz John H. *Major Foreign powers*, 4th ed. (New York and Burlingame: Harcourt, Brace & world Inc., 1962) p. 265. 「民主集中制」之原理是他們自稱的「黨內民主」（Inner-Party democracy）規定於黨章第 19 條，可參閱：Randolph L. Braham, op. cit, p. 588.

112. Jerome M. Gilison, *British and Soviet Politics -- A Study of Legitimacy and convergence*. (Baltimore and London, The Johns Hopkin University Press, 1972.) p. 174.

順從，如不能以和平手段達到目的，即不惜使用強制手段，施暴於民，威脅壓制可能的反對力量。並經常利用各種心理恐怖，造成人與人之間的猜忌。經常以內在或外在的敵人，真正的或想像的敵人，製造緊張。經常發動對「反革命分子」或「反動分子」的鬥爭。經常好大喜功，自誇成就，發動人民從事各項運動，以保持其機動及擴張性，而證明其統治的合理和正確[113]。1977 年 10 月 7 日蘇聯最高蘇維埃通過的新憲法，內容固然詳實，而大有可觀，可是蘇聯人民並無法真正參與政治，無法課政府以政治責任，無法掌握自己的命運。這是極權專制統治的共同標幟。

當時的蘇聯最高蘇維埃議員有 1,500 人，五年選舉一次，一年開會兩次。其中民族院（The Soviet of Nationalities）及聯邦院（The Soviet of Union）各 750 人，主席團 39 人。政府中，除了少數科學管理人員之外，所有重要職位皆為共產黨員所占據。共產黨中央委員會有 287 人，政治局（politburo）有 14 人，總書記（General Secretary）由中央委員會選舉，這是蘇聯最有權力的職位。1979 年 3 月，最高蘇維埃改選議員，選民投票率高達 99.9%[114]。其實，蘇聯公民只能選舉共黨提出的候選名單，別無其他選擇機會，這種選舉實已喪失選民自由表達意願的正常選舉功能，唯一的作用是好讓他們作為對國際宣傳其「社會主義民主」比西方民主國家更為民主的虛偽事實而已。

以上，以較大篇幅討論各種政體的內容，旨在說明：一

113.John S. Reshetar, Jr., *The Soviet Polity*, 2nd, ed., (New York: Harper & Row, 1978, pp. 336-339.)
114.see: TIME, June 23, 1980, p. 19.

國政治的民主與專制，絕不可單從外表的法律條文及靜態的政府制度作觀察，而必須從其內部的實質動態來從事研究，庶幾知曉其政治底蘊，否則，是毫無意義的。同時，這個討論，也可以用來檢視中山先生的政治思想，進而認識其理論特色所在。這是至為重要的！

中山先生在政府制度方面，是主張內閣制呢？還是總統制呢？在民國初年，他曾主張採用責任內閣制，但在 1918 年《孫文學說》第六章又說「以五院制為中央政府」，可見他並沒有具體肯定的主張。但是他在民族主義第五講曾說：「中國幾千年以來，社會上的民情風土習慣，和歐美的大不相同。中國的社會既然是和歐美的不同，所以管理社會的政治，自然也和歐美不同，不能完全傲效歐美，照樣去做，像傲效歐美的機器一樣。……如果不管中國自己的風土人情是怎麼樣，便像學外國的機器一樣，把外國管理社會的政治硬搬進來，那便是大錯。雖然管理人類之政治法律條理，也是一種無形的機器，但是有形的機器，是本於物理而成的，而無形的機器之政治是本於心理而成的。是以管理物的方法，可以學歐美；管理人的方法，當然不能完全學歐美。中國今日要實行民權，改革政治，便要重新想出一個方法。」[115]由這一大段話，給我們一種印象，那就是中山先生所要建立的中國政府並不在乎是「內閣制」、還是「總統制」。而且強調不能完全傲效歐美。當然這是指政府結構而言，至於民主精神及主權在民之原則，那是他的民權主義之根本主張，也是傳自歐美，自然必須「堅守民主陣容」，不採「一元專制」主義。

115.《孫中山全集》第 1 冊，頁 124，民權主義第五講。

英國的內閣制有一個虛位元首，政治責任在內閣，但是決策大權則在議會。不過，由於英國實行政黨政治，占有議會多數議席的政黨，順理成章的組織政府，因之，在國會至上主義的傳統下，英國乃成為「以黨治國」國家，實際上就是「一權政治」。誠如中山先生所言：「憲法是從英國創始的，英國自經過了革命之後，把皇帝的權力漸漸分開，成了一種政治的習慣，好像三權分立一樣。法國學者孟德斯鳩著了一本書叫做《法意》……這本書是根據英國政治的習慣，發明三權獨立的學說，主張把國家的政權分開，成立法、司法和行政三權。當時英國雖然是把政權分開了，好像三權分立一樣，但是後來因為政黨發達，漸漸變化，到了現在並不是三權政治，實在是一權政治。」[116]這種一權政治的政體並不是中山先生所認為妥當的，主要原因是權能不分，而且議會權力太大的緣故。

至於美國的總統制呢？中山先生說：「當美國革命，脫離英國，成立共和之後，便創立一種三權憲法，世人都叫它做成文憲法，把各種國利民福的條文，在憲法之內訂得非常嚴密。美國的人民自從憲法頒行之後，幾乎眾口一詞說美國的憲法是世界中最好的。就是英國政治家也說：自有世界以來，只有美國的三權憲法是一種很完全的憲法。但是依兄弟詳細研究，和從憲法史乘及政治學理種種方面比較起來，美國的三權憲法到底是怎麼樣呢？由兄弟研究底結果，覺得美國憲法裏頭，不完備的地方還是很多，而且流弊也不少。世人也是漸漸的知道了。兄弟研究美國憲法之後，便想要補救

116.《孫中山全集》第 2 冊，頁 418-419，「五權憲法」演講。

他的缺點。」[117]

　　然則，美國憲法有哪些不完備的地方呢？有什麼流弊或缺點呢？主要的是因為美國國會兼有彈劾權及人民選舉權的不平等。他曾提到美國哥倫比亞大學有位教授叫做喜斯羅，主張四權，就是要把國會的「彈劾權」拿出來獨立，這就是成了「四權分立」。因為喜斯羅認為「國會有了彈劾權，那些狡猾的議員，往往利用這個權來壓制政府，弄到政府一舉一動都不自由，所謂『動輒得咎』。」[118]對於這個「四權分立」的辦法，中山先生認為還是不完備。「因為在美國各州之內，有許多官吏都是民選出來的。至於選舉是一件事繁難的事，流弊很多，因為要防範那些流弊，便想出限制人民選舉的方法，定了選舉權的資格，要若干財產才有選舉權，沒有財產的就沒有選舉權。這種限制選舉和現代平等自由的潮流是相反的。而且這種選舉更是容易作弊，對於被選的人民，也沒有方法可以知道誰是適當。所以單是限制選舉人，也不是一種補救的好方法。最好的補救方法，只有限制被選舉人，（而）要人民個個都有選舉權。」[119]至於，如何限制被選舉人呢？中山先生認為最好的辦法是「考試」。換句話說，凡是想充任一般公務員或從事公職人員（包括行政首長及立法人員）競選的人，皆須經過國家的考試，以銓定資格才行。這個辦法和彈劾權一樣，都是得自中國文化的傳統，這就成為「五權憲法」了。

　　1921 年 7 月，中山先生講「五權憲法」時，就認為中國

---

117. 同上，頁 412-413。
118. 同上，頁 413。
119. 同上，頁 413-414。

要除去政府的腐敗，「重新來革命，一定是要用五權憲法來做建設國家的基礎。」[120]這個「五權憲法」就是西洋三權分立制度加上中國考試、監察制度的混合物。而「五權憲法」的政府也就是「萬能政府」。

不過，在此可能發生一個令人疑惑的問題：五權憲法的萬能政府是否會走向「極權之路」呢？因為中山先生於1922年1月4日，在桂林廣東同鄉歡迎會演講「欲改造新國家當實行三民主義」時說：「法美共和國皆舊式的，今日惟俄國為新式的。吾人今日要造成最新式的共和國。」[121]又在民權主義第四講說：「近來俄國新發生一種政體，這種政體，不是『代議政體』，是『人民獨裁』的政體。這種『人民獨裁』的政體究竟是怎麼樣呢？我們得到的材料很少，不能判斷其究竟；惟想這種『人民獨裁』的政體，當然比較『代議政體』改良很多。」[122]看到這些遺言，又翻閱1920年5月16日，他在上海國民黨本部考績訓詞講「要造成真中華民國」時，所說的一句話：「現在的中華民國，只有一塊假招牌。以後應再有一番大革命，才能夠做成一個真正中華民國。但是我以為無論何時，革命軍起了，革命黨總萬不可消，必將反對黨完全消滅，使全國的人都化為革命黨，然後始有真中華民國。」[123]這難免使人發生錯覺，以為中山先生的「萬能政府」之設計，是要步俄共「一黨專政」的後塵的！其實是絕對的錯誤。而其誤解，可說是未曾留意時間因素使然，而且也忽

120.同上，頁415。
121.同上，頁508。
122.《孫中山全集》第1冊，頁118。
123.《孫中山全集》第2冊，頁387。

略中山先生不只是一位政治思想家，也是一位革命家的身分，更未瞭解他的政權思想之精義。茲論列如下：

（一）上述所謂「必將反對黨完全消滅」係指當時反對建立民主共和政體的一派人，如主張復辟以恢復君主政體的軍閥、官僚、政客等，這些人正是革命的對象，也是建國的障礙，當然要消滅。而絕不是指建國成功憲法頒布後的「反對黨」（Loyal opposition）[124]

（二）上述所謂「最新式」共和國，「新式者何？即化國為家是也。」「人人當去其自私自利之心，同心協力，共同締造。」「當鏟鋤舊思想，發達新思想。新思想者何？即公共心（現代語言即是「公民意識」）。吾人今日欲改造新國家，當實行三民主義。」[125]顯然由中山先生自己說的話，即可證明「最新式」並不等於蘇俄的「無產階級專政」制度或「共黨獨裁」。

（三）何況，中山先生也自己承認，對俄共「人民獨裁」的政體，「得到的材料很少，不能判斷其究竟」！他於1925年逝世，不會知道史達林到底如何「專政」的！如果他知道俄共的統治方式（如前論述）竟是那般恐怖，我相信他不會說要學俄國那種「新式」的政體，因為極權政治絕非中山先生政治思想的本義。是以，吾人認為他的那些話，僅是一種「惟想」、「當然」的想像而已。

（四）即使以「訓政」理論來說，事實上，中山先生「以黨治國」的訓政時期，也只是一個過渡階段，而其本質

124.參閱陳春生：《孫中山政黨思想研究》，前揭，頁222。
125.同註121。

尤與共黨「無產階級獨裁」相異其趣[126]，也和「開明專制」不同，他說：「開明專制者即以專制為目的，而訓政者乃以共和為目的，此所以有天壤之別也。」[127]

（五）1924 年，他還說：「凡百皆以人民主權定之，既不主狄克推多（按即 dictator）之恒制，亦不尚開明專制之偽說。文愛自由若命者，耿耿此心，當與國人共見之也。」[128]

由此可知，中山先生是為實行「民主政治」而革命建國，並無意採「專制獨裁」之體制，此為吾人不可不察者也。

總之，對於如何建立政府體制的看法，中山先生研究歐美各國憲法所得結論是：不能完全抄襲外國的憲法。「當此新舊潮流相衝之日，為調和計，當平心靜氣，並取兼收，以使國家發達，今以外國輸入之三權與本國固有之二權，一同採用，乃可與世競爭，不致追隨人後，庶幾民國駕於外國之上也。」[129]是以，吾人乃知五權憲法之政府體制是中西政治制度的結晶品，要建立萬能政府，只有採用「五權分立」的憲法制度。「英是不能學的，美是不必學的」[130]尤其更不可學俄共的一黨獨裁政體！

第三項　萬能政府之必要

然則，何以需要建立萬能政府呢？關於這個問題，我們

126.參閱崔書琴：《三民主義新論》，前揭，第十章「訓政與無產階級獨裁的比較」。

陳春生，前揭書，頁 202-223。

127.《孫中山全集》第 1 冊，頁 469，見〈孫文學說〉第六章。

128.《孫中山全集》第 1 冊，頁 926，見〈孫文學說〉第六章。

129.《孫中山全集》第 2 冊，頁 360，見 1916 年 7 月 20 日「憲法之基礎」演講。

130.《孫中山全集》第 2 冊，頁 205，見 1906 年 10 月 17 日「三民主義與中國民族之前途」演講。

應對世界政治趨勢及中外學者之看法稍作瞭解。《聯邦論》（*The Federalist*）作者認為：「若是人都是天使，根本就不需要政府，若由天使來管理人，政府也不需要內在或外在的控制，設計一個由人來管理人的政府，最大的困難是：第一，你必須使政府有力量，能夠控制被統治者（在中山先生的理論，則此處應修正為能夠服務人民），其次，使它能夠控制自己。」[131]這也就是說，政府不但要有效能，而且要自制，不可濫用權力，這確實是麻煩的問題。

迦納（Garner）在其所著《政治科學與政府》（*Political Science and Government*）一書說，現代文明國家都有擴張政府權力的趨勢，因為現代政府已不是獨裁的政府，而是人民控制的政府[132]。今天自由主義者限制政府權力的態度，已漸改變，而希望人民控制下的政府，能多為人民服務，也就是希望政府有能。因為「今日的時代，是速度的時代，是緊急的時代，是高壓的時代，政府的行政職權，必須以高速度付之實施，政府不能再以悠閒的態度從容周折，以符三權分立的立國精神。」[133]

翁岳生教授亦言：「自威瑪憲法以後，各國頒布的憲法均富有福利國家之色彩，福利國家之實現，有待行政權之加強。因此，經三〇年代專制時期痛苦教訓後產生的戰後新憲法，不但不削弱行政權……反而賦與行政機關更龐大的權限；即使對極權統治最具戒心之德意志聯邦共和國，……亦又修

---

131. *The Federalist* p. 337.

132. J. M. Garner, *Political Science and Government*, 1928, Chp. 17. p. 496. 當然極權國家的政府，不算是「現代政府」。

133. C. B. Gosnell, L. W. Lancaster, R. S. Rankin, *Fundamentals of American Government*, p. 46.

改基本法，給與聯邦政府緊急命令權。由此可見，萬能政府是社會主義思想與福利國家理念之必然要求。」[134]日本學者蘆部信喜也認為二次之世界大戰、經濟危機、集權或社會主義或福利政策之採用，以及不斷的國際緊張，皆為執行權大大擴展之主要原因，亦為本世紀政治制度發展之特色[135]。他指出執行權強化之原因是，由於經濟與社會的基礎結構之變化，國家之任務不得不自維持法律秩序等消極機能，改為對社會與經濟的積極參與。為此，須有「巨大與積極的政府」之形式，因而必然發生權力之集中。此外，在福利國家中，政策之形成也需要特殊專門技術知識，但對議員則甚難期待其有此種知識，且為迅速機敏之活動[136]。

　　事實上的發展乃表現在「委任立法」（delegated legislation）上面，在第二次世界大戰之後，這種委任立法，已被視為「立法常態」，而其主要理由乃起因於促成立法機關衰退之各種情事，亦即由於國家性質從自由國家而銳變為社會國家，以及與此附帶出現的國家任務之飛躍增大與複雜化使然[137]。法國第五共和國憲法第十六條即規定：「在共和制度、國家獨立、領土完整、或國際義務的履行，遭受嚴重而且危急的威脅，而憲法上公權之正當行使，受到阻礙時，共和國總統，於正式諮詢內閣總理，國會兩院議長及憲法委員會後，得採取情勢所必要的措施。」法國第五共和國憲法是世界上最新

134.翁岳生：〈法治國家對人民權利之保障〉，見《憲政思潮季刊》第5期，頁158，「憲政筆談──當前各國憲政的新趨勢」。
135.蘆部信喜著，蔡墩銘譯：〈現代之立法〉，載《憲政思潮季刊》第7期，頁34。
136.同上，頁35。
137.同上，頁39。

的大國憲法，其規定如此，誠已可見行政權的擴大乃是今日各國政治趨勢。——換言之，也是中山先生萬能政府理念的實現。而這個理念，在第一次大戰的末期，德國社會學家馬斯偉伯（Max Weber）也已經看出國家權力之官僚化與專業化的傾向是時代的特徵[138]。

中山先生之所以要建立萬能政府，乃因見於政府職責的重大。他希望能「建設一政治最修明，人民最安樂之國家」，以使「為民所有，為民所治，為民所享。」[139]欲使政治修明，當然必須要有一個廉潔的政府；欲使人民安樂，依他之意，只有實行民生主義，那就不能不有一個極有效率的政府，來為人民服務。這可以說是他主張中國需要有萬能政府的理由。

他在民權主義第五講裏頭說：「現在歐美民權發達的國家，不能利用有本領的人去管理政府。因為這個原因，所以弄到政府之中的人物都是無能，所以弄到民權政治的發達反是很遲，民主國家的進步反是很慢，反不及專制國家的進步，像日本和德國那一樣的迅速。從前日本維新，只有幾十年，便富強起來。從前德國也是很貧弱的國家，到了威廉第一和俾士麥執政，結合聯邦，勵精圖治，不到幾十年，便雄霸歐洲。其他實行民權的國家，都不能像日本和德國的進步，一日千里。推究此中原因，就是由於民權問題的根本辦法沒有解決，如果要解決這個問題，便要把國家的大事付託到有本領的人。」[140]由此可見，中山先生儘管反對專制國家的妨害人

---

138. Karl Dietrich Bracher, *Gegenwart und Fuhunft der Parlamentodemokratie in Eiropa*.葉愷譯：〈歐洲「議會民主」之現在與將來〉，載《憲政思潮季刊》創刊號，頁 136。

139. 《孫中山全集》第 1 冊，頁 421，孫文學說自序。

140. 同上，頁 133-134。

民正當權利，可是他卻不否認專制國家在行政上的效率。吾人認為他的萬能政府之主張，是想把政府的效能從專制政體中分離出來。也就是說，他希望建立一個既民主而又有效能的政府。這個工作，誠如前面所提的《聯邦論》作者所說，是一件「最大的困難」事。但他有辦法──那就是「權能區分」，將在下一節論述之。

如何才是一個萬能政府呢？他曾舉過兩個例子：他說近幾十年來歐洲最有能的政府就是德國俾士麥當權的政府，在那個時候的德國政府的確是萬能政府[141]。然則，中國有沒有過萬能政府呢？有，那是中國古代的皇帝。「中國幾千年的皇帝，只有堯、舜、禹、湯、文、武能夠負政治責任，上無愧於天，下無怍於民。他們所以能夠達到這種目的，令我們在幾千年之後都來歌功頌德的原因，是因為他們有兩種特別的長處：第一種長處是他們的本領很好，能夠造成一個良政府，為人民謀幸福。第二種長處是他們道德很好，所謂『仁民愛物』、『視民如傷』、『愛民若子』，有這種仁慈的好道德。因為他們有這兩種長處，所以對於政治能夠完全負責，完全達到目的。」[142]

由上引述中山先生之言論，乃知他是渴望著一個有本領的政府，但這個政府不是獨斷獨行、殘民以逞的專制政府，而是「視民如傷」、「愛民若子」的賢能政府。事實上，二十世紀後半年代以來，多數國家已成為福利國家（Welfare State）或稱為「社會國家」（Social State），所以，政治也成為「服務政治」（politics of service），亦稱「民主效能的政

141.同上，頁 125。
142.同上，頁 129。

治」（democratic and efficient politics）。政府目的，不僅在消極的減除國民最大多數人的最大痛苦，而且在積極的增進國民最大多數人的最大幸福[143]。是以，政府之工作，不只在救濟貧弱孤寡、救助失業殘障及意外災難，有如佛陀「大慈大悲救苦救難」普渡眾生，抑且要能進一步解決人民基本生活——如衣、食、住、行、育、樂、保健等問題，並提高其生活品質，務使國民人人能有快樂幸福日子好過。所以今日政治亦即「福利政治」（Welfare politics）[144]。為此，政府工作負擔當然加重不少，由於工作負擔的加重，政府職能的擴大乃是必然的趨勢——這就需要一個具備「賢德而大有為」特質的「萬能政府」了。

第四項　萬能政府之條件

從上項之論述，我們可以推知中山先生心目中關於萬能政府之條件，有下列兩個：

（一）**政府必須有大權**——中山先生在民權主義第六講裏有言：「如果在國家之內所建設的政府，只要他發生很小的力量，是沒有力的政體，那麼這個政府，所做的事業當然是很小，所成就的功效當然是很微。若是要他發生很大的力量，是強有力的政府，那麼這個政府，所做的事當然是很大，所成就的功效也當然是極大。假設在世界上的最大國家之內，建設一個極強有力的政府，那麼這個國家，豈不是駕乎各國之上的國家？這個政府豈不是無敵於天下的政府？」[145]由這一

---

143. 參閱張劍寒：〈民主效能的服務政治〉，載《憲政思潮季刊》第五期，頁 162。
144. 賀凌虛：〈福利政治〉，見同上，頁 165。
145. 《孫中山全集》第 1 冊，頁 148。

段話，可知中山先生主張國家必須要有強力的政府，才能建設強大的國家。而俾士麥（Bismarck）執政時代的德國，其所以被稱道為有能政府，實因它具有很大的權力之故。他也認為中國衰弱是因為沒有好的政府，他說：「說到我們中國人口，有了四萬萬，是世界上人口最多的國家，領土寬闊，物產豐富，都要在美國之上。美國成了現在世界上最富最強的國家，沒有哪一國可以和他並駕齊驅，就天然的富源來比較，中國還應該要駕乎美國之上。但是現在的實情，不但是不能駕乎美國之上，並不能夠和美國相提並論。此中原因，就是我們中國，只有天然的資料，缺少人為的工夫，從來沒有很好的政府。如果用這種天然的資料，再加以人為的工夫，建設一個很完全很有力的政府，發生大力量，運動全國，中國便可以和美國馬上並駕齊驅。」[146]這就是說明有力量的好政府對國家的重要性。

法國第五共和憲法加強了總統職權，得以自由任命閣揆，並有緊急命令權、解散國會權，這些權力之行使，均不須內閣總理之副署，而得由總統單獨為之。此外，如將法案提付人民複決，向國會致送咨文、咨請憲法委員會審查條約，任命憲法委員三人，提請憲法委員會審查法律等，均得由總統自由行使。其權力之大，絕非一般內閣制國家元首之可比[147]。這是政府權擴張的一個明顯例子。而各國也多盛行委任立法（delegated legislation），以加強政府應付複雜及緊急情況之能力。如 1932 年英國有名的道納格莫亞委員會（Donough-

146.同上。
147.參閱《世界各國憲法大全》，第 2 冊，臺北：國民大會憲政研討委員會編印，頁 155-157。

more Committee）之報告書，即曾以委任立法為不可避免之現象，而說明其下列之理由，其要點是：

1. 受議會時間之壓迫——此種壓迫至為嚴重。議會勢必集中其注意力於高度政策與基本的立法問題，因此，不能不放棄次要問題。

2. 主題之技術——近代立法每每具有複雜技術的性格，故不適於在政府廣場（議會）有效討論。

3. 不可預測之偶發事件——大規模且複雜之改革計劃，縱且有技術之性格，但仍不可能預測全部之偶發事件與地方情事，故由行政機關預先為徹底且詳細之計劃，殆屬不可能之事。

4. 柔軟性——委任之方法可不使立法機關繼續活動，而依新狀況與新技術之進步，快速為柔軟之適應（按：柔軟性即彈性）。

5. 實驗之機會——委任之方法，可對立法可能遭遇之困難，作為實驗之機會而親身予以體驗。

6. 緊急權——為國民的利益要求，迅速有效行動之緊急狀態，使政府具備非常的權利，至為重要[148]。

時代趨勢如此，由是亦可見中山先生的高瞻遠矚。

（二）**公務員必須有才德**——中山先生喜歡把政府機關比做機器，他認為製造機器要用好材料，行政機器是用人組織而成的，當然更需用具有才能和道德的人。怎麼樣才算是有才能呢？依他的解釋，就是專家。在民權主義第五講他說：「講到國家的政治，根本上要人民有權，至於管政府的人，

---

148. 蘆部信喜著，蔡墩銘譯：〈現代之立法〉，載《憲政思潮季刊》第7期，頁39。

便要付之於有能的專門家。」[149] 又說：「現在歐美人無論做什麼事，都是用專門家，譬如練兵打仗便要用軍事家，開辦工廠便要用工程師，對於政治也知道要用專門家。至於現在之所以不能實行用政治專家的原因，就是由於人民的舊習慣還不能改變。但是到了現在的新時代，權和能是不能不分開的。許多事情一定是要靠專門家的，是不能限制專門家的。」[150] 由這些話可知中山先生認為構成良好政府──萬能政府的必需條件，尚需一批有專門能力的人。這個看法，與今天的世界政治思潮完全符合。法國巴黎大學杜佛傑（Maurice Duverger）教授且認為只有行政機關的專家們，才是政府的安定力量。這主要原因是由於現代社會日益複雜，分工日細，各項組織與計劃，都需要不斷求改進不斷求合理化，所以必須仰賴專家。沒有政治色彩的專家與行政人員，在處理問題時所要求的是效率──正確、迅速及合理。所以已經出現了「技術人員政治」（technokratic），經理人員及幹部成為實際的統治者[151]。

公務員除要有才能之外，還須有道德、有品格，否則政治就可能腐化了。中國古代皇帝──堯、舜、禹、湯、文、武等人，就是既有才能、又有道德的政治家，所以才被歌頌。像夏桀、商紂等人，那只是「獨夫」，袁世凱及其死後割地自雄的軍閥，各霸一方，也只是想當土皇帝的個人英雄主義

149.《孫中山全集》第 1 冊，頁 136。
150.同上，頁 134。
151.Karl Dietrich Bracher, *Gegenwart und Fuhunft der Parlamentodemokratie in Eiropa*.
　　葉愷譯：〈歐洲「議會民主」之現在與將來〉，載《憲政思潮季刊》創刊號，頁 136-137。

者，在這些人的威力之下，人民只有倒楣地遭受搜括和壓迫，不會有好日子過的。在現代社會，如有貪贓枉法、營私舞弊的人，那也正是腐蝕政府的毒菌，這些自私自利的人，如果不清除，便不可能造成大有為的政府。在古代，政治道德是「視民如子」，在今日，政治道德是「大公無私」、「為民服務」。1924 年 5 月 1 日，中山先生在廣州嶺南大學黃花崗紀念會演講「世界道德之新潮流」時說：「現在文明進化的人類，覺悟起來，發生一種新道德。這種新道德，就是有聰明能力的人，應該要替眾人來服務。這種替眾人來服務的新道德，就是世界上道德的新潮流。」[152]公務員而竭智盡忠、公正無私地為民服務，就是中山先生心目中有道德的人。政府中的公務員而人人如此，就構成了一個良好的政府。

　　上述①政府必須有大權，②公務員必須有才德，是萬能政府缺一不可的條件。因為政府如無很大的權力，儘管組成政府的公務員再有才德，也不容易做出偉大事業，而使人民安樂。反之，如果公務員沒有才德，則儘管憲法與法律賦予政府再大的權力，這個政府，也不可能有什麼大的作為。無論缺少那一個條件，當然，都不可能構成「萬能政府」。萬一公務員而無政治道德，則必結黨營私，濫用權力，或者官商勾結，貪贓枉法，魚肉人民，造成政治的腐敗，民心的不安，這可能就是社會動亂的根源。是以，吾人認為，人民如欲使其政府有能力來為人民服務，則必須給予很大的行政權力，並且把這個行政權力付託給有才能、有政治道德的人。至於，如何達成此一目的呢？那是政府組織及政治運作的問

---

[152]《孫中山全集》第 2 冊，頁 687。

題，在此不贅。

第三節　權能區分之理論

　　中山先生的「權能區分」和「五權憲法」理論，他自稱是政治學上的新發明。在民權主義第五講裏頭，他說：「這個權能分別的道理，從前歐洲的學者都沒有發明過。」他認為這種理論是「世界上學理中第一次的發明。」[153] 1906 年 10 月 17 日講「三民主義與中國民族之前途」時說：「五權分立不但是各國制度上所未有，便是學說上也不多見，可謂破天荒的政體。」[154] 1921 年 7 月講「五權憲法」第一句話就說：「五權憲法是兄弟所獨創，古今中外各國從來沒有講過的。」[155] 可知這是中山先生政治思想的重要部分。關於「權能區分」的理論，連外國學者也承認是他對政治學的一種新貢獻。如哈佛大學何爾康教授說：「孫逸仙對民主理論的貢獻是他對權能區分的重視。」林百克氏也說，權能區分即在不關心中國的人士看來，也是對政治學的一種貢獻[156]。不過，英人約翰・密勒（John stuart Mill, 1806～1873）於 1861 年出版的《論代議政治》（*Consideration on Representative government*）一書之中，似曾有過「權能區分」的意思，但沒有說出「權能區分」這個名詞。他說：「以一般控制權授與代表人民的團體，同時利用那些在教養上，一直以從政為職業的熟練人員，

---

153. 《孫中山全集》第 1 冊，頁 126。
154. 《孫中山全集》第 2 冊，頁 207。
155. 同上，頁 412。
156. 參閱崔書琴：《三民主義新論》，前揭，頁 173，註 7。

去處理政務。所有該被稱為管理的工作，只有讓受過專門教育的人擔任才能做好，以及所有選擇、監督與在需要時控制統治者的權力，都應該屬於人民而不是屬於執行這些權利的人。」[157]這顯然就是「權能區分」的道理。不過，吾人未見中山先生提過密勒這本書，因之不知道他是否看過？也許可能正是巧合。但無論如何，「權能區分」的政府設計，確實是中山先生政治思想的要點。其意義如何？必要性如何？制度如何？這是本節所要討論的。

第一項　權能區分之意義

中山先生在 1922 年為《上海新聞報》三十週年紀念而作的：〈中華民國建設之基礎〉一文，有一句話：「政治之權在於人民，或直接以行使之，或間接以行使之。其在間接行使之時，為人民之代表者或受人民之委任者，只盡其『能』，不竊其『權』，予奪之自由仍在於人民。」[158]從這一句話可看出來，中山先生希望把政治之權歸於人民掌握，而行政權（受人民之委任者行使）及立法權（為人民之代表者行使）則交給有「能」的人去執行，但是對於這些「委任者」或「代表者」之人員的委任與否，或其代表權的給予與否，完全是屬主權者（人民）的自由。由是可知，人民乃國家的主人，公務員及民意代表（當然包括國大代表）均屬人民之公僕。是以吾人從上面這一句引言，實已隱約可見及中山先生「權能區分」的主張。

---

[157].John Stuart Mill, *Consideration on Representative Government*, 1861.
　　郭志嵩譯：《論自由及論代議政治》，臺北：協志工業叢書，1974 年 5 月三版，頁 176。
[158].《孫中山全集》第 2 冊，頁 179。

在民權主義第五講，他說：「有一位美國學者說：『現在講民權的國家最怕的是得到了一個萬能政府，人民沒有方法去節制他；最好的是得一個萬能政府，完全歸人民使用，為人民謀幸福。』這一說是最新發明的民權學理。」[159]這位美國學者的話，似曾觸動中山先生的靈感，使他想解決這個困擾的問題。所以他說：「但所怕、所欲都是在一個萬能政府。第一說是人民怕不能管理的萬能政府，第二說是為人民謀幸福的萬能政府。」這不是矛盾嗎？至於「要怎麼樣才能夠把政府成為萬能呢？變成了萬能政府，要怎麼樣才聽人民的話呢？」確實令人傷神。在中山先生之意，他認為「民權發達的國家，多數的政府都是弄到無能的；民權不發達的國家，政府多是有能的。」哪些國家的政府有能呢？中山先生指出「近幾十年來歐洲最有能的政府，就是德國俾士麥當權的政府。」可是「那個政府本是不主張民權的。」不主張民權的政府可以成為最有能的政府，而「其他各國主張民權的政府」反而「沒有哪一國可以叫做萬能政府。」所以看起來民權與萬能政府似乎是不能並存的。

關於這個問題，中山先生還指出一位瑞士學者所說的話：「各國自實行了民權以後，政府的能力便行退化。」[160]來印證美國學者的同一看法。而以我們今日的目光來看，這可以說是「民主」與「效能」的調和問題，也是人民與政府的關係問題。這個問題，即使於今天，在政治學上仍是最為棘手的。

中山先生對這個問題當然動過腦筋，才發明「權能區

159.《孫中山全集》第 1 冊，頁 125。
160.同上。

分」的理論。他同意瑞士學者所言：實行民權以後，政府的能力會退化，主要原因是由於「人民恐怕政府有了能力，人民不能管理。所以人民總是防範政府，不許政府有能力，不許政府是萬能。」[161]人民既然不使政府有能力，當然政府就沒有能力來為人民服務，為人民造福。那麼設立政府之意義又是什麼？當然沒有意義可言。因此，「實行民治的國家，對於這個問題便應該想方法去解決。想解決這個問題，人民對政府的態度，就應該改變。」[162]否則，「到了政府不能做事，國家雖然是有政府，便和無政府一樣。」[163]那就失去了設立政府的目的了。

然則，對上述矛盾的根本解決辦法如何？歐美學者只想到「人民對政府的態度，應要改變，至於怎麼改變的辦法，至今還沒有想出。」[164]

事實上，人民與政府之間的關係，並非人民單方面對政府改變態度就能改善的，在自由國家，政府公務員對人民提供服務，站在平行的地位，則彼此之良好關係比較容易建立；可是，在專制國家，政府公務員對人民實施統治，站在上級的地位，則人民自然感覺自己是被統治者、被壓迫者，如何叫他對耀武揚威或搜括壓迫、限制自由或干涉生活的政府代理人——官吏產生好感呢？這就難怪歐美國家的人民一旦民權發達乃就想要反過來限制政府的權威了。所以，人民與政府關係的問題，根本上，就是政治制度的問題。如果政府權力的來源真正是得自人民的同意，則這種政府權力便是合法

161.同上。
162.同上。
163.同上，頁126。
164.同上。

的權力，人民因而有守法之義務，人民守法等於履行自己授出的承諾，政府執行法律乃成為公眾利益的維護者，則人民對政府是絕對無敵視之理的。如果政府權力的來源，只得自一個人或少數人集團的同意或指揮，這便不是民主國家所認可的合法權力，多數人民可能不會認同政府執行的政策和法律，結果要不是發生反抗行動，便可能發生像印度甘地發起的「不合作主義」。這就難怪「民權發達了以後，人民便有反抗政府的態度，無論如何良善、皆不滿意了。」所以要改變人民對政府的態度，基本上必須改變政治制度，否則政治上是很難望進步的。

中山先生是民主政治思想家和革命家，「愛自由若命」，反對極權主義，厭惡獨裁政治；主張主權在民，贊成民主政府，但為使政府擔當建設性角色，所以他認為政府必須有能，必須擁有必要的行政權力。因此他說：「我們革命，主張實行民權，對於這種問題，我想到了一個解決的方法。我想到的方法，就是『權與能要分別』的道理。」[165] 也就是說，不但要使政府有能，而且也要使人民有權來管理這個政府。這個道理，建立在「自由與專制」、「民主與效能」兩種力量調和的基礎上。1921 年 7 月中山先生講「五權憲法」時說：「兄弟所講的自由同專制這兩個力量，是主張雙方平衡，不要各走極端，像物體的離心力和向心力互相保持平衡一樣。如果物體是單有離心力或者是單有向心力，都是不能保持常態的。總要兩力相等，兩方調和才能夠令萬物均得其平，成現在宇宙的安全現象。」[166] 是以，吾人可以說，「權能

---

165. 同上。
166. 《孫中山全集》第 2 冊，頁 420。

區分」是一種「政治主權」與「法律主權」的權力平衡（balance of power）。建立了「權能區分」的權力平衡，即可改善人民與政府的關係，人民不必害怕政府有大權力，政府也不致於無能辦事。所以在民權主義第六講，中山先生又說：「政治之中包括有兩個力量，一個是政權，一個是治權，這兩個力量，一個是管理政府的力量，一個是政府自身的力量。」[167]他主張將政權「完全交到人民的手內，要人民有充分的政權，可以直接去管理國事。」將治權「完全交到政府的機關之內，要政府有很大的力量，治理全國事務。」[168]人民有充分的政權，就是有「權」；政府有很大的力量，就是有「能」。把「權」與「能」分開，人民才不致反對政府，政府才可能有發展；而政府也不致濫用權力，壓迫人民。在這種情況之下，「人民有了很充分的政權，管理政府的方法很完全，便不怕政府的力量太大，不能夠管理。」[169]這就是中山先生「權能區分」理論的主要意義。

第二項　權能區分之必要

上項談到「權能區分」之意義，乃在調和人民與政府之關係，也就是希望建立一個既民主又有效能的政府，使政府有權力為人民服務，為人民造福，而不致於濫用權力，為禍人民，壓迫人民，同時，「權能區分」也具有權力平衡的意義，使「自由」的力量與「專制」的力量不要各走極端，而能夠得到和諧。使人民的「政治主權」與政府的「法律主權」

167.《孫中山全集》第 1 冊，頁 147，民權主義第 1 講。
168.同上，頁 149。
169.同上。

得到平衡，也就是使人民的「政權」與政府的「治權」各守界限。

然則，政治組織何以必須如此設計呢？中山先生把政府結構比做機器，政府要像是一架「有大能的新機器，用人去管理，要開動就開動，要停止就停止。」[170]這樣才能建立民主社會秩序。可是對這個問題歐美人還沒有想出好辦法，如法國曾有暴民政治的發生，1789 年 6 月 20 日的「網球場宣誓」，雖然等於宣布法國神權君主專制政治的告終，但也同時陷入無政府狀態。隨著在 1793 年就發生紅色的恐怖（The Red Terror），1795 年發生白色恐怖（The White Terror）[171]。德國希特勒雖依法取得政權，但卻變為一代大獨裁者。這都是由於政府機器未受到科學管理，以及政治權力未得平衡的緣故。政治權力未得平衡、政治就不能穩定，乃勢之必然。

要使政府結構，發揮其正常功能，必須採取「權能區分」方法，而後民主與效能方可兼顧並容。人民有權，則民主的精神得以充分發揮；政府有能，則行政的效能得以圓滿達成。

可是，代議民主的制衡原理發生流弊，實為「權」、「能」混合不清的結果。內閣制國家議會的倒閣權，即為「權」的一種，而許多國家的議會預算控制權，也在向「權」的途徑發展。以「權」的機關兼行治「能」（行政立法合一），如尊重「權」的地位，往往以「權」害「能」；如尊重「能」的作用，又往往以「能」害「權」；以至權與能都

170.同上，頁 144。
171.法國大革命發展中，左派急進分子的殘酷恐怖行動，史稱「紅色恐怖」；保皇黨員對革命派實行猛烈的報復，史稱「白色恐怖」。

不能表現其成績。以「權」害「能」，會減少制度的效能，第三、四共和法國的弊病在此。法國議會經常行使不信任權，致使內閣總是在風雨飄搖的險境之中，這是直接以議會的「政權」去破壞行政的「治能」。美國國會雖然無不信任投票權，但以不通過政府提案為挾制，使總統不能貫徹其政策。國會的立法權是「治能」，惟以立法為手段，來實行控制行政機關，未免跡近「政權」。這種間接的方式，亦與內閣制議會的不信任投票一樣，影響政府的效率。以「能」害「權」，則破壞民主精神，英國的內閣制，可能就有這樣的缺點。英國首相利用多數黨領袖地位，以政黨的成敗為要挾，來迫使議會服從其意旨，難免有形成如俄共一樣的一人專制之可能。這也許就是中山先生指英國為「一權政治」的道理。但英國之所以未走向極權之路，實與英國保有若干優良政治傳統有關；而且首相自議會中產生，他在長時間的政治訓練中，早已確知他權力的限度，才不致向專制途徑發展。不然，英國制度與希特勒德國的統治也可說是一丘之貉了[172]。

以上所論，代議制度發生之流弊，權能不分，實為最大原因。以民意機關監督政府，這是代議政治的理想之一。但現在的各國民意機關又兼有立法的治能，這在理論與實際上都要發生很多困難。

自理論上說，立法亦為政府治能之一，當然也在民意機關監督之範圍中，但民意機關就是立法機關，因之立法的治能就缺乏監督，頗有引起立法專制的危險。這在法國的實際政治可得到很好的證據。美國雖然以司法審查權（Judicial Re-

---

172. 鄒文海，《代議政治》，前揭，頁 178-179。

view）加以節制立法機關，而形成循環式的互相牽制作用，但是以司法的「治能」監督民意機關，似又極不合理。

就實際上言，政府治能必須互相合作，不然治能即無法表現其效能。因之，英國以首相來綜合領導政府各部門（包括立法、行政），這是現實政治的必然趨勢。總統制的美國亦有走向此一途徑發展的跡象。不過，如此一來，政府的治能實際上已毫無牽制。所謂以民意機關監督政府，未免只是一個虛偽公式[173]。可是，歐美近代的政治改革運動中，都沒有注意到這個基本的缺點，所以也不能達到理想的功效。

明乎此，吾人乃知權能不分，則民主與效能必然無法兼顧，而必發生矛盾。要想改革此一矛盾，自非從「權能區分」著手不可。由上述觀點，可知中山先生政治思想中的「權能區分」理論，對近代政治學說實有其偉大貢獻。

關於「權能區分」的理論，中山先生曾舉四個例子來證明其必要性。茲簡介如下：

（一）**阿斗與諸葛亮**——阿斗是有權的人，諸葛亮是有能的人。「在君權時代，君主雖然沒有能幹，但是很有權力。像三國的阿斗和諸葛亮，便可以明白，諸葛亮是有能沒有權的，阿斗是有權沒有能的。阿斗雖然沒有能，但是把什麼政事都付託到諸葛亮去做；諸葛亮很有能，所以在西蜀能夠成立很好的政府，並且能夠七出祈山去北伐，和吳、魏鼎足而立。用諸葛亮和阿斗兩個人比較，我們知道權和能的分別。」[174]「當時阿斗知道自己無能，把國家全權託到諸葛亮，要諸葛亮替他去治理，所以諸葛亮上出師表，便獻議到阿斗，把宮

173.同上，頁179。
174.《孫中山全集》第1冊，頁129，民權主義第五講。

中和府中的事要分開清楚；宮中的事，阿斗可以去做，府中的事，阿斗自己不能去做。府中的事，是什麼事呢？就是政府的事。諸葛亮把宮中和府中的事分開，就是把權和能分開。」[175]

（二）**股東與經理**——公司的股東是有權的人，經理是有能的人。「現在有錢的那些人，組織公司，開辦工廠，一定要請一位有本領的人來做總辦，去管理工廠。此總辦是專門家，就是有能的人；股東就是有權的人。工廠內的事，只有總辦能講話，股東不過監督總辦而已。」[176]

（三）**汽車主人與司機**——汽車的主人是有權的人，司機是有能的人。「駕駛汽車的車夫是有能而無權的，汽車的主人是無能而有權的。這個有權的主人便應該靠有能的專門家，去代他駕駛汽車。」[177]

（四）**工程師與機器**——工程師有權，機器有能。「用機器來比喻，什麼是有能力的東西呢？機器的本體就是有能力的東西。什麼是有權的人呢？管理機器的工程師就是有權的人。無論機器是有多少馬力，只要工程師一動手，要機器開動便立刻開動；要機器停止，便立刻停止。」[178]

以上四個例子，同時也說明了「權能區分」的必要。因為：①阿斗無能，不能治理國事，如沒有諸葛亮貢獻他的才德，西蜀怎能與吳、魏鼎足而三呢？

②公司的股東人數必多，也非人人有能力來管理公司，如不請有能的總經理來經營，怎能使公司業務逐日發展呢？

---

175. 同上，頁 130。
176. 同上，頁 133。
177. 同上，頁 134。
178. 同上，頁 142，民權主義第 6 講。

③汽車主人可能不會開車，即使會開車也必浪費其精神體力，馴致減損其辦事效能，何不請優秀司機代勞呢？

④一個工廠，徒有性能好的新機器，而沒有第一流的工程師，亦必無法開動和作工；既已開廠，而無工程師全權負責管制，則機器必不能有效操作，而造成損失。

這些例子，如拿來與政治結構比較，則人民便是阿斗、公司的股東、汽車的主人或工程師；政府便是諸葛亮、公司經理、汽車司機或一架機器。是以，必使權能既分開又配合得宜，乃能有所成事。中山先生以這樣通俗的例子，講述其「權能區分」理論，誠亦用心良苦。

今天已經是民權時代，應賦予人民以適當的權力，用來管理政府，否則，人民一定不能信任政府。何以故？「因為政府的力量過大，人民便不能管理政府，要被政府來壓迫。從前被政府的壓迫太過，所受的痛苦太多，現在要免去那種壓迫的痛苦，所以不能不防止政府的能力。」[179] 人民而處處防止政府的能力，必不願賦予政府以大的權力，政府自不能做好為民服務的工作。所以，「人民管理政府，如把權和能分開了，人民只要把自己的意見在「國民大會」上去發展，對於政府加以攻擊、便可以推翻；對於政府加以頌揚，便可以鞏固。但是現在的權與能不分，政府過於專橫，人民沒有方法來管理，不管人民是怎麼樣攻擊，怎麼樣頌揚，政府總是不理，總是不能發生效力。」[180] 那麼，人民冤屈必無所籲訴，民意也不能伸張，社會就不容易維持安定，這是至為顯明的道理。

179.同上，頁 141-142。
180.同上，頁 142-143。

第三項　權能區分之制度

對政府制度而言，我們並沒有倣效外國的理由，「歐美的物質文明，我們可以完全倣效，可以盲從，搬進中國來也可以行得通。至於歐美的政治道理，至今還沒有想通，一切辦法在根本上還沒有解釋，所以中國今日要實行民權，改革政治，便不能完全倣效歐美，便要重新想出一個方法。如果一味的盲從附和，對於國計民生是很有大害的。」[181]而中山先生想出的一個方法，就是「權能區分」。其理論既如前兩項所述，則其制度如何呢？

民權主義第六講說：「說到我們中國，關於民權的機器，從前沒有舊東西，現在很可以採用最近最好的新發明。」關於這個新發明的方法，中山先生分為兩方面說明：

（一）**民權方面**——「關於民權一方面的方法，第一個是選舉權。現在世界上所謂先進的民權國家，普遍的只實行這一個民權，專行這一個民權，好比是最初次的舊機器，只有把機器推到前進的力，沒有拉回來的力。第二個就是罷免權，人民有了這個權便有拉回來的力。這兩個權是管理官吏的，人民有了這兩個權，對於政府之中的一切官吏，一面可以放出去，又一面可以調回來，來去都可以從人民的自由。這好比是新式的機器，一推一拉，都可以由機器的自動。國家除了官吏之外其次的就是法律，所謂有了治人，還要有治法。如果大家看到了一種法律，以為是很有利於人民的，便要有一種權，自己決定出來，交到政府去執行，關於這種權，

181.同上，頁 124，民權主義第五講。

叫做創制權。若是大家看到了從前的舊法，以為是很不利於
人民的，便要有一種權，自己去修改，修改好了之後，便要
政府執行修改的新法律，廢止從前的舊法律，關於這種權，
叫做複決權。人民有了這四個權，才算是充分的民權，能夠
實行這四個權，才算是徹底的直接民權。」[182]以上四個權即是
中山先生所稱的「政權」，屬於人民所有，所以政權就可以
說是「民權」。

以上四個民權「就是四個放水制，或者是四個按電鈕，
我們有了放水制，便可以直接管理自來水；有了按電鈕，便
可以直接管理電燈；有了四個民權，便可以直接管理國家的
政治。」[183]易言之，人民透過選舉、罷免、創制、複決四個參
政權的行使，來確保屬於人民的「政治主權」，不被橫暴的
政府所剝奪。

（二）**政府方面**──「政府之中要用什麼方法呢？要政
府有很完全的機關，去做很好的工夫，便要用五權憲法。用
五權憲法所組織的政府才是完全政府，才是完全的政府機關。
有了這種的政府機關，去替人民做工夫，才可以做很好很完
全的工夫。在政府一方面的，是要有五個治權，這五個治權
是行政權、立法權、司法權、考試權、監察權。」[184]這五個治
權，也可以說是「政府自己辦事的權，又可以說是做工權，
就是政府來替人民做工夫的權。」[185]

用人民的四個政權，來管理政府的五個治權，那才算是
一個完全的「民權政治」機關。有了這樣的政治機關，人民

182.同上，頁 151，民權主義第 6 講。
183.同上，頁 152。
184.同上，頁 152-153。
185.同註 183。

和政府的力量，才可以彼此平衡[186]。人民有了大權以後，政府能不能夠做工夫，要做什麼樣的工夫，都要隨人民的意願。就是政府有了大權，一經發動做工夫之後，可以發生很大的力量，人民隨時要他停止，他便要停止。總而言之，要人民真有直接管理政府之權，便要政府的動作，隨時受人民的指揮。……並不是要管理的人，自己都來做工夫，不要自己來做工夫的機器，才叫做靈便機器[187]。

　　在權能區分的「民權政治」機關之中，政權與治權的關係，中山先生用下面一個圖來表示：

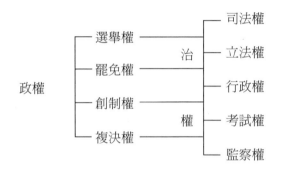

　　就這個圖看，在上面的政權，就是「人民權」；在下面的治權，就是「政府權」。人民要怎麼樣管理政府，就是行使選舉權、罷免權、創制權和複決權。政府要怎麼樣替人民做工夫，就是執行行政權、立法權、司法權、考試權和監察權。有了這幾個權，彼此保持平衡，民權問題才算是真解決，政治才算是有軌道[188]。

　　對於中山先生的「權能區分」理論，事實上也可運用行

---

[186].同上，頁153。
[187].同註183。
[188].同註186。

為科學的系統理論（System theory）加以解釋。系統論的基本模型，乃假定系統是在特定的時間與空間之中，有其內在的功能關係及外在的環境關係；而且系統的內在與外在之間，且有輸入與輸出的互動作用。則就一個政治系統而言，在其系統之內，有三個主要的構成部分，那就是①政治社會的成員，②制度化的統治機構，③政治權力的執行者。政治系統的輸入方面有①需求，②支持。政治系統的輸出方面有①決策，②行動。輸入與輸出就是系統內在執行者與系統外在環境之間的關係。輸出在環境中發生影響之後，亦可反饋而成為新的輸入成分，使需求與支持對於決策與行動的關係，構成一個交互影響的狀態[189]。美國學者政治系統的理論家伊斯頓（D. Easton）提出一個政治系統模型，如圖（一）[190]。吾人從這個政治系統來看中山先生的「權能區分」理論，則人民行使四個政權，就是人民對政府公職人員（包括政府中央和地方的民選首長及民意代表）及法律表示其民意，這可以說是一種「輸入」；政府行使五個治權，必須依人民的要求及支持而制定政策並執行之，其目的在為人民謀幸福，這可以說是一種「輸出」。政府施政是否合乎人民的需要，人民是感覺幸福還是痛苦，只有人民最為清楚，政府機關的人員不一定知道，因為當局者迷。所以民主政府有才德的公務員必樂於聽到人民對政府施政的感受，乃特別注意「政治溝通」（Political Communication），並引進優秀人才參與服務工作，促進人事的新陳代謝作用，這就是所謂「政治流動」

189.易君博：〈政治社會化的分析〉，載《憲政思潮季刊》第 12 期，頁 11。
190.D. Easton, *A Systems Analysis of Political life*, (New York: Wiley pree, 1967) p. 32.

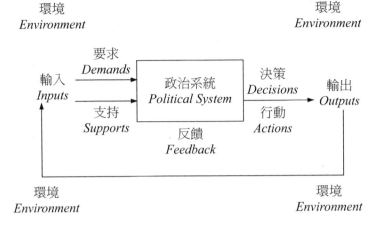

環境　　　　　　　　　　　　　　　　　　環境
Environment　　　　　　　　　　　　　*Environment*

要求
Demands

輸入　　政治系統　　決策
Inputs　　*Political System*　　*Decisions*　　輸出
　　　　　　　　　　　　　　　　　　Outputs

支持　　　　　　　行動
Supports　　反饋　　*Actions*
　　　　　　Feedback

環境　　　　　　　　　　　　　　　　　　環境
Environment　　　　　　　　　　　　　*Environment*

圖（一）：政治系統模型圖

（Political Mobility），目的在為人民做更好的服務，造更大
的幸福。施政的得失由人民的反應顯現出來，人民的反應再
引起新的要求及支持，這就是所謂「反饋」（feedback）。政
府由這種「反饋」的作用得到的新要求，可以適當地改變政
策及修正法律。

　　以上的解析，可用圖（二）表示之[191]。政治系統為了應付
環境的衝擊，以求自身的存在，必須有適應環境的能力。為
此，它可以節制自身的行為，改造內部結構，甚至再塑造基本
目標[192]。

191. 參閱馬起華：〈三民主義系統的闡述〉，載《中華學報》第 1 卷第 2 期
　　（1975 年 7 月），頁 65-69。
192. D. Easton, *A Systems Analysis of Political life*, op. cit., p. 19.

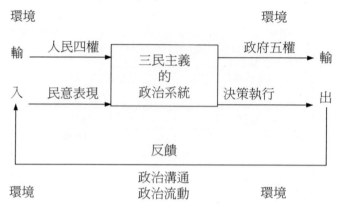

圖（二）：民權主義政治系統模型圖

第四節　結論

　　權能區分是中山先生所設計用以調和「人民和政府的關係」的根本辦法。也可說是建立一個既民主又有效能的民權政府之方法。在民權主義第六講的後段，中山先生對「權能區分」的制度，曾做詳實的說明。他說：「我們在政權一方面，主張四權：在治權一方面，主張五權。這四權和五權，各有各的統屬，各有各的作用，要分別清楚，不可紊亂。現在許多人都不能分別，殊不知五權是屬於政府的權，就它的作用說，就是機器權。民權就是人民用來直接管理這架大馬力的機器之權。政府替人民做事要有五個權，就是要有五種工作，要分成五個門徑去做工。人民管理政府的動靜要有四個權，就是要有四個節制，要分成四方面來管理政府。政府有了這樣的能力，有了這些做工的門徑，才可以發出無限的

威力，才是萬能政府。人民有了這樣大的權力，有了這樣多的節制，便不怕政府到了萬能，沒有力量來管理。政府的一動一靜，人民隨時都是可以指揮的。像這種情形，政府的威力便可以發展，人民的權力也可以擴充。有了這種政權和治權，才可以達到政治思想家的目的，造成萬能政府，為人民謀幸福。中國能夠實行這種政權和治權，便可以破天荒在地球上造成一個新世界。」[193]這是一個多麼美麗的政治藍圖！

在這個理想成為事實之後，國家重要公務員由人民直接或間接選舉產生，這些公務員都是有才德的人，他們發出「無限的威力」，是「為人民謀幸福」，而不是為人民造痛苦的！如果他們為人民造痛苦，而不為人民謀幸福，人民也有「大的權力」可以「節制」他們。但是，「只要他們（大總統、內閣總理、各部總長）是有本領，忠心為國家做事，我們應該把國家的大權付託於他們，不限制他的行動，事事由他們自己去做，然後國家才可以進步，進步才是很快，如果不然，事事都是要自己去做，或者是請了專門家，（而）一舉一動都要牽制他們，不許他們自由行動，國家還是難望進步。」[194]人民把大權付託給這些專門家以後，不必把他們看做高高在上的統治者，而可視之為公僕。「把那些專門家不要看做是很榮耀很尊貴的總統、總長，只要把他們當作趕汽車的車夫，或者是當作看門的巡捕，或者是弄飯的廚子，或者是診病的醫生，或者是做屋的木匠，或者是做衣的裁縫。無論把他們看作是哪一種的工人，都是可以的。人民要有這樣

193.同上，頁 154-155。
194.同上，頁 134-135，民權主義第 5 講。

的態度，國家才有辦法，才能夠進步。」[195]同時，人民對這些專門家也不必恐懼，因為他們既有四種民權，仍能控制政府。所以，人民與政府的關係可改善，政府也能成為既民主又有效能的政府。

不過，誠如崔書琴教授在其所著《三民主義新論》一書所言：「這裏所說的『權』與『能』不能字面上的解釋，因為如果說，『權就是力量，就是威勢』，則不只人民有權，政府也有權。如果說『能』就是才幹，則不只政府有能，人民也有能。假使政府沒有力量，便不能做我們期待它做的事。假使人民一點也沒有才幹，便很難行使我們期待其能行使的民權。權能區分的『權』，所指實係主權，這種主權係屬人民所有。政權是由主權推演而來，政權表現的方法是選舉、罷免、創制與複決，這幾種方法也可以說是人民的權利（Rights）。有這幾種權利，政府無論如何萬能，人民也可以控制。權能區分的『能』，其實質是權力與才幹以及政治道德的混合，這種混合係屬政府所有。換言之，政府要有極大的權力，而且要由具有才能和政治道德的人組織。以五權憲法為根據的政府，可以成為有能的政府。行政、立法與司法可以盡量發揮政府的功能；考試與監察多少可以保證組成政府的人員，必須具有才能與政治道德。這五種權就是政府所有的權力（Powers）。在這種理論之下，國家興衰與政治良窳的關鍵仍在人民。他們必須善用民權，始能產生有能的政府；他們必須不濫用民權，有能的政府始能發揮其能。所以人民對有能政府應該持完全信任的態度。只有在政府濫用其

---

[195] 同上，頁136。

權力或已非由具有才能和政治道德的人組成時，始可用民權予以制裁或糾正。」[196]吾人認為崔氏這些看法，至為精當！

中山先生「權能區分」之理論，在今日各國政府實驗過程中，已發現其珍貴的價值，從二次大戰後的法國和德國政情，可看出：行政機關及利益團體中的優秀專家，由於地位之持久及本身地位日形重要，已經使國會之活動相形失色。法國學者如杜佛傑（Maurica Duverger）等曾一再指出，只有行政機關專家們，才是政府的安定力量。法國第五共和有見及此，乃發起國會嚴格自律，休息時間政府與國會間有長期密切結合。這種「立法的政府」（Gouvernement de legislature），自然不是「議會制」與「總統制」二者之配合而已。它將可能導致「議會制」之沒落，使一種由「全民選舉」而來的「行政委任國」（Verwaltung-und Verordnuingestaat）得到最後勝利[197]。這也應該是中山先生權能區分原理的最後勝利。

---

196. 崔書琴：《三民主義新論》，前揭，頁 172。
197. Karl Dietrich Bracher, *Gegenwart und, Fuhunft der Parlamento demokratie in Eiropa*。葉愷譯：〈歐洲「議會民主」之現在與將來〉，載《憲政思潮季刊》創刊號，頁 137。

第五章　孫中山政權思想之精義

　　討論過中山先生政權思想的理論之後，我們必須研究其政權思想的精義所在，庶能對其全部政權思想有個概括性的認識。依作者之見，認為中山先生政權思想之中，至少有三個最重要的觀念，那就是：①全民政治的觀念；②平等政治的觀念；③賢能政治的觀念。本章之目的，即在分別檢討中山先生的這三個基本觀念。

第一節　全民政治

　　毫無疑問的，在他的三個基本政治觀念之中，全民政治的觀念是最為突出的，也是他的政權思想中最重要的部分。在 1916 年 7 月 15 日演講「中華民國之意義」時，就顯露出來他對「民」這個字的特別重視。他說：「顧僕尚有一重大意志，欲白於今日者，諸君知中華民國之意義乎？何以不曰『中華共和國』，而必曰『中華民國』？此『民』字之意義，為僕研究十餘年之結果而得之者。」[1]可見中山先生定中國國號為「中華民國」實寓有嚴正而特殊的重要意義在焉。我們從其講詞中推論得知，他之所以號國家之名為「民」國者，實即為了表示以實行「全民政治」作建國理想。蓋誠如

―――――――――――
1.《孫中山全集》第 2 冊，頁 352。

前面我們曾討論過的，「共和國」不一定就是「民主國」，因為共和國也可能成為專制國，這從政治學理論與各國政治現實來看，都是完全正確的。譬如號稱民主政治發源地的希臘，在中山先生心目中，也並不是一個「全民政治」的國家，而是「專制共和」國家，因為他們的政治參與是把奴隸排除在外的。這在事實上是一種「階級政治」而不是真正的「民主政治」。所以他說：「共和政體為代表政體，世界各國，隸於此旗幟之下者，如希臘，則有貴族奴隸之階級，直可稱之曰『專制共和』。」[2] 而中山先生根本是反對「專制政治」的，不論是「君主專制」還是「共和專制」。是以，雖號稱共和，而實質上不民主，未能達到全民參政之境界者，就不是他奮鬥建國的目標，故特別把國號定為「中華民國」，而不叫「中華共和國」。由此可見中山先生對「全民政治」的執著之一斑！

此外，在民權主義第六講，最後一句話他說：「至於民權之實情與民權之行使，……欲知此中詳細情形，可參考廖仲愷君所譯之《全民政治》。」[3] 廖仲愷氏所譯的這本書，原名是《Government by all the people》，別名叫《創制權、複決權、罷免權於民政之作用》（The Initiative, The Referendum and The Recall as Instrument of Democracy），作者為威爾確斯（Delos F. Wilcox），全文曾於 1919 年國民黨各領袖所辦的《建設雜誌》發表過。中山先生對此文至為稱許，在 1922 年所作〈中華民國建設之基礎〉一文中，就介紹給大家[4]。其實

2.同上。
3.《孫中山全集》第 1 冊，頁 155。
4.《孫中山全集》第 2 冊，頁 179，「詳見建設雜誌全民政治論」。

《全民政治》之譯名即由此而來。下面各項將分別討論「全民政治」之意義、目的及方法。

第一項　全民政治之意義

「全民政治」一詞固然是採自「Government by all the people」之譯名，然則，中山先生何以重視「全民政治」呢？其實質意義為何？1923 年 10 月 20 日，中山先生在廣州全國青年聯合會演講「國民以人格救國」時說：「中華民國這個名詞，是兄弟從前創稱的，這個名詞到底是什麼東西呢？諸君自然知道中華民國和『中華帝國』不同。帝國是以皇帝一個人為主，民國是以四萬萬人為主。我們要想是真正以人民為主，造成一個駕乎萬國之上的國家，必須要國家的政治，做成一個『全民政治』。世界上把『全民政治』說到最完全最簡單的，莫過於美國大總統林肯所說的"of the people, by the people, and for the people"。這個意思譯成中文，便是『民有』、『民治』、『民享』。真正的『全民政治』，必須先有『民治』，然後才能夠說真是『民有』，真是『民享』。」[5]由此可見，中山先生所稱的「全民政治」，不僅是行使「直接民權」，實含蓋著三民主義的全部民主精神，只是以「民治」為先而已。

然則，什麼是「民治」呢？他說：「真正民治，是要兄弟所主張的民權主義，能夠極端做到，可以讓人民在本地方自治，那才完事。不能實行民權主義，便不能說是『民治』。不是『民治』，怎麼可以說是民國呢？」[6]由這一句話，可知

5.同上，頁 551-552。
6.同上，頁 552。

全民政治之實現，必須達到各地方人民都能夠自治。在地方上的人民能夠自治，則自己就是主人，而不是奴隸。因此，我們也可以說，全民政治要能成功，必須從地方自治做起。什麼是地方自治呢？那就是「將地方上的事情，讓本地方人民自己去治，政府毫無干涉。」[7]當然，此處所指謂的「政府」是縣以上的各級政府，包括中央政府及省政府，因為中山先生是主張以「縣」為自治單位的。

不過，1922 年為上海《新聞報》三十週年紀念而作的〈中華民國建設之基礎〉一文之中，提到實行民治的方略，則包括四項，即：①分縣自治、②全民政治、③五權分立、④國民大會。並在「全民政治」項下寫明：「人民有選舉權、創制權、複決權、罷官權。」他說這是「行於國事」[8]的。依此看來，則全民政治似為專指人民對國事行使四權之謂。在這裏顯示出來，「全民政治」包括在「民治」之中；可是在上一段之論述，則「民治」包括在「全民政治」之中。

再看民權主義第六講，他說：「從前沒有充分民權的時候，人民選舉了官吏議員之後，便不能夠再問，這種民權是間接民權。間接民權就是代議政體，用代議士去管理政府，人民不能直接去管理政府。要人民能夠直接管理政府，便要人民能夠實行這四個民權。人民能夠實行四個民權，才叫做全民政治。」又說：「全民政治是什麼意思呢？就是從前講過了的，用四萬萬人來做皇帝。四萬萬人要怎麼樣才可以做皇帝呢？就是要有這四個民權來管理國家的大事。」[9]在此，

7.同上。

8.同上，頁 179。

9.《孫中山全集》第 1 冊，頁 151-152。

全民政治又多出了一個意義，那就是指謂「主權在民」。

　　由以上之分析看來，「全民政治」之意義，頗不明確，但並不矛盾。吾人既以「全民政治」觀念為中山先生政權思想之精義所在，自須對這個名詞加以界定。首先，我們似有必要把他運用的幾個相關名詞，拿來做比較說明。如①民治、②眾民政治、③全民政治、④直接民權。由於這四個名詞，中山先生常混同使用，故在他來說，有相近的意義，而頗不容易區別。茲分別說明之：

　　①民治──就是民主政治。但是中山先生所稱之「民治」，是人民得以行使直接民權（四權──充分的民權）者，始可謂之行「民治」[10]。

　　②眾民政治──也是民主政治。他說：「民權國者，為人民共治之國家，故亦曰眾民政治。但如代議制之民權國，非由人民直接參與政權者，尚不得謂純粹之眾民政治。」[11]可見，中山先生所稱之「眾民政治」與「民治」一樣，須人民行使直接民權（四權──充分的民權），才是純粹的「眾民政治」。

　　③全民政治──基於「主權在民」之原則，人民對中央及地方事務，都能行使直接民權（四權──充分的民權），以達成民有、民治、民享為目的之民主政治形態。所以也可稱「眾民政治」或「民治」，但絕不是等於「直接民權」。

　　④直接民權──包括選舉、罷免、創制、複決四權在內

10.《孫中山全集》第 2 冊，頁 493，「有此直接民權者，始可謂之行民治。」

11.同上。

的公民權利。如只有選舉權，就叫間接民權。「直接民權」是達成「民治」、「眾民政治」、「全民政治」的方法。

　　結論——直接民權並不等於全民政治，而只是實行全民政治的必需手段，人民未能行使直接民權，就不是全民政治，所以狹義的全民政治，也可以指行使直接民權。全民政治特別著重地方自治，地方（縣）上的人民以行使直接民權的方法來管理本地方（縣）的事務；也以行使直接民權的方法，來參與國家的公共事務。總而言之，全民政治的方法是自由參與、地方自治與直接民權；全民政治的目的是落實主權在民、革除代議制流弊，實現民有、民治、民享的理想。

　　所以，全民政治的定義是：一個國家的人民，基於「主權在民」之原則，行使直接民權，以管理本地方事務及參與國家重大公共事務之決策，用以達成民有、民治、民享之目標的一種政治生活方式。

第二項　全民政治之目的

　　全民政治以行使直接民權之方式在瑞士及美國盛行，雖然由於時代的演變，而使其重要性減低，可是這種以公民投票來表達全民政治之理想的方法，對於一位尋求中國政治解放的思想家和革命家而言，在當時毋寧是一線耀眼的光芒。是以，在中山先生探索到直接民權之政治方式時，在學術思想上甚受影響，殆為不可避免之事。事實上，在今日，全民政治仍有其存在的價值。所以，我們仍須對其主要作用或目的，有個概括的認識。

　　誠如薩孟武教授在其所著《政治學》一書所言：「一種

制度的價值往往不在於制度本身，而在於制度所造成的一種威脅。罷免權的作用不在於罷免官員，而在於官員畏懼罷免，不能不謹慎其行為。創制權的作用不在於創制法律，乃在於議會畏懼人民創制，而即制定人民需要的法律。複決權的作用不在於廢除法律，乃在於議會畏懼人民複決，不敢制定人民反對的法律。」[12]所以，他認為公民投票的制度，兼具有矯正的作用和預防的作用。此外，他並認為尚有①解決國家機關的衝突，②防邊政黨的專橫，③增加政府的權力，④緩和議會政治的過激作風等作用[13]。

然則，中山先生對於公民投票的全民政治之目的，見解如何？茲分別論述之：

（一）**充分表現「主權在民」**──中山先生在 1916 年演講：「自治制度為建設之礎石」時就說：「民權特別之點，則以前人民僅有選舉權，今並有罷免權。以前議會立法，雖違反人民意志，人民無法取消；今則可開國民大會（公民投票）來取消。議會所定法律有疑點，可以複決之。必如是，而後可言『主權在民』也。」[14]1919 年，中山先生在其所著《三民主義》中又言：「瑞士之憲法，則直接以行民政，國民有選舉之權，有複決之權，有創制之權，有罷官之權（其要領原理，當另著專書詳之），此所謂四大民權也。人民而有此四大權也，乃能任用官吏、役使官吏、駕馭官吏、防範官吏，然後始得稱為一國之主而無愧色也。」[15]在此，所謂「一國之主」，當然是指人民是國家的主人，亦即國家之政

12. 薩孟武：《政治學》，前揭，頁 212。
13. 薩孟武：前揭書，頁 212-214。
14. 《孫中山全集》第 2 冊，頁 356。
15. 同上，頁 157。

治主權在於人民。中山先生重視全民政治，故在文中括號裏特別註明，「其要領原理，當另著專書詳之」惜未如願以償，誠為憾事。1922 年，中山先生又在其所著：〈中華民國建設之基礎〉一文裏說：「其與官治不同者，有分縣自治，全民政治，以行主權在民之實。」又說：「無全民政治，則雖有五權分立、國民大會，亦終未由舉主權在民之實也。」[16] 1923 年 1 月 29 日發表〈中國革命史〉，其中第一節談「革命之主義」，其中又有一句話說：「更採直接民權之制，以現主權在民之實，如是余之民權主義，遂圓滿而無憾。」[17] 同年 10 月 20 日演講「國民以人格救國」時說：「我們要想是真正以人民為主，造成一個駕乎萬國之上的國家，必須要國家的政治做成一個『全民政治』。」[18] 由此可知，中山先生的民權主義部分，用行使直接民權之方法，來達成全民政治之目標，以實現其「主權在民」的一貫主張，這是絕頂重要的特點，吾人允宜記取。

（二）**革除代議制度流弊**——浦萊斯（James Bryce）在其所著《現代民主政體》（*Modern Democracies*）第二冊，把「人民直接立法」（Direct Legislation by the People）列為美國近代的四大改革運動之一[19]。這個改革運動之發生，與代議制度之流弊最具關聯。因為美國「各邦議會賄賂公行（Corruption）、狼狽為奸（Log rolling），依照有勢力的大公司意向制定法律，並為酒業與其他自私自利的人，阻礙（Side track-

---

16. 同上，頁 180。
17. 同上，頁 182。
18. 同上，頁 551。
19. James Bryce, *Modern Democracies* op. cit, vol. II. p. 129，其餘三項改革是：①政黨組織運用方面，②任命官吏方法方面，③城市政府組織方面。

ing）一切關於社會與道德改革的議案，早已人民所不滿。」[20]
這個現象可以說是代議制度之最大缺陷，也是中山先生力主
在中國實行全民政治的重要原因。他批評代議制度說：「彼
踞國家機關者，其始藉人民之選舉，以獲此資格，其繼則悍
然違反人民之意思以行事，而人民亦莫之如何。此今日政治
現象所可為痛心疾首者，必如吾之說（按：即採行直接民權
的全民政治），乃得救此失也。」[21]顯然，中山先生之感慨，
與近代美國社會之政治現實，是可以互相印證的！而這種代
議制度之弊端，在中國民初政治社會即已發生。

　　是以，中山先生的民權主義不得不以全民政治為要義，
以救代議制度之流弊。1923 年 1 月 1 日，「中國國民黨宣言」
中說：「現行代議制度已成民權之弩末，階級選舉易為少數
人所操縱。欲踐民權之真義，爰為下列之主張：⋯⋯乙、以
人民集會或總投票之方式，直接行使創制、複決、罷免各
種。」[22]又同年 10 月 7 日，「中國國民黨為曹錕賄選竊位宣
言」中又說：「本黨主張之民權主義，為直接民權，國民除
選舉權外，並有創制權、複決權及罷免權，應足以制裁議會
之專恣，即於現行代議制之流弊，亦能為根本之制新。」[23]
1924 年在民權主義第四講也說：「大家都知道現在的代議
士，都變成了『豬仔議員』，有錢就賣身，分贓貪利，為全
國人民所不齒。各國實行這種『代議政體』，都免不了流弊，
不過傳到中國，流弊更是不堪問罷了。」[24]據崔書琴氏在其所

20. Ibid., p. 140.
21. 《孫中山全集》第 2 冊，頁 180。
22. 《孫中山全集》第 1 冊，頁 859-860。
23. 同上，頁 871。
24. 同上，頁 188。

著《三民主義新論》中言：「在說這話的前一年，曹錕以重賄當選為總統。據當時傳說，投贊成票的議員每人曾受賄五千元。」[25]

　　過去代議制度的流弊，主要是議會的專權，議員的立法議事，未必合於民意，而且可能自謀私利，形成腐化，這是中外皆然的。邵元冲先生在廖仲愷先生所譯《全民政治》一書的序言裏，有一些話，亦可引用來說明全民政治的目的。他說：「一切立法和監督政府的大權，統統歸到議會裏邊。議員所發表的主張和意見，大多數是代表其本身或其黨派的利益，而不是代表民眾的利益。所以往往有許多人民所希望的法律，而議會並不提出或通過。有許多人民所不願意要的法律，議會偏要提出通過。有許多人民所希望廢止或修改的法律，議會偏不肯修改或廢止。要救濟這種弊病，只有使人民能行使創制權和複決權。否則議會自議會，人民自人民，民主政治其名，議會專制其實。而許多不肖議員的藉公營私，賄賂公行，就更不必言了。」又說：「假使人民只有選舉官吏議員權而沒有罷免官吏議員權，那麼許多官吏及議員候選人，在候選的時候，儘可以作種種迎合人民心理的言論和運動，一到了當官吏或議員以後，如果人民沒有罷免權來制裁他們，他們就覺得人民已直接管不到他們，就儘可以將面目一變，作種種違反民意的舉動。所以人民如有選舉，同時也應該有罷免權以救濟其弊。」[26]

　　廖仲愷先生在其《全民政治》譯序中，曾提及 1832 年以

25.見崔書琴：《三民主義新論》，前揭，頁 190 頁，註 47。（當年議員受賄 5,000 元，不是今日新台幣 5,000 元）
26.威爾確斯著，廖仲愷譯：《全民政治》邵元冲序，臺北：帕米爾書店，1957 年 11 月初版。頁 3-4。

後，英國政黨政治發達，黨弊亦因而滋生之情形。他描述英國代議制度下政黨競爭之動態說：「政黨為得選民同情起見，乃揭其對於政治上之宗旨主義，草為黨綱政綱，以資號召。於演壇報紙及著述上，力為鼓吹。每當普通或特別選舉期前，以黨所指定之候補者（按：即候選人），強加於民意之上。而其方法，有用金錢或禮物購買者，至國家以法律嚴禁之後，則以利益或地位為酬報。各選舉區中之演說場內，唯恐聽眾之不為己黨所吸集也，則於期前以提燈會景等，布為行列，巡遊街市，以敵黨所揭主張之不當，所定候補者之不德不材諸點，編成歌謠，沿途高唱。而場內演說後之餘興，則有名姝之音樂會、舞蹈會、影畫戲（按即電影）、白話劇等。而其演說，固無不以地方選民之利益為前提。其所以諂媚愉悅之者，無微不至。及夫選舉揭曉之後，除少數奔走運動之政客獲利而外，則選民自選民，政客自政客。昨之所謂人民之友者，今則傲然國會議員。前之以選民之利益為詞者，茲則以代表者非為一部而為全體之辯。於是國會諸法案，凡有利於民而不利於黨，或有利公眾而不利私人者，皆難通過。」[27]此情此景，為英國政黨政治發展過程之現象。廖氏之言，必有其根據，而為中山先生見解之發揮。

然則，誠如本書前面所曾討論者，英國議員有其自知節制之政治傳統，加以人民享有充分的言論自由，是以，早期議會固屬萬能，而諒必不致為禍百姓太多，此乃英國政治之特色。不過，正如羅威爾（A. Lawrance Lowell）所言，英國代議政治並非社會弊病之萬靈藥，亦不足以滿足人民之希望[28]，

27.同上，廖仲愷譯序，頁 13-14。
28.同上，頁 14。

則為事實。是以，吾人認為全民政治固亦有其本身之困難，而因能補救代議政治之流弊故，實仍有其值得吾人研究參酌備用之價值在焉。

第三項　全民政治之方法

在第一項討論全民政治之意義時，曾說到「全民政治」係威爾確斯所著《*Government by all the People*》一書之譯語，中山先生用來做為他的政治主張之一。這本書中的內容在探討創制、複決、罷免三權在民主政治上的作用，而未說明選舉權。所以，事實上，威爾確斯是以「全民政治」來代表以這三權為內容的「直接民權」（Direct Democracy），但「直接民權」才是今日各國學者對這三權的通行用語。然則，從中山先生的著作及演講中，吾人領會到中山先生之意，其所指謂的「全民政治」乃是包括選舉權及三個「直接民權」在內的「充分民權」。如他在民權主義第六講說：「人民有了這四個權，才算是充分的民主，能夠實行這四個權，才算是徹底的直接民權。要人民能夠直接管理政府，才叫做全民政治。」[29]可見，中山先生是以人民行使四權，才叫全民政治。這是他與威爾確斯及一般政治學者不同的看法。所以他所指謂的「直接民權」也是包含選舉權在內的，如果人民只有選舉權便不能稱為「直接民權」，只能叫做「間接民權」。如「中國國民黨第一次全國代表大會宣言」中說：「國民黨之民權主義，於間接民權之外，復行直接民權。即為國民者，不但有選舉權，且兼有創制、複決、罷官諸權也。」[30]但是事

29.《孫中山全集》第 1 冊，頁 151。
30.同上，頁 882。

實上，罷免、創制、複決之意義，如無選舉權之存在便不能成立。所以直接民權與間接民權是相需相成的。

不過，「選舉」本身也可以是「直接民權」，那是由人民直接選舉時之謂；若是由人民的代表或選舉人代為選舉時，那就是「間接民權」了。但光有選舉權，而沒有其他三權，即使是直接選舉也不能算是「真正的」直接民權。所以吾人很同意傅啟學教授的話，他說中山先生認為：「過去的民主國家，人民行使主權，僅有一個選舉權，是不充分的民權。人民一定要行使選舉權、罷免權、創制權、複決權，才算是充分的民權。」[31]這就不會在研究中山先生的全民政治理論時，被「直接民權」、「間接民權」兩個名詞搞昏了頭了。

此外，在此仍須提及的，在本節第一項吾人曾言，在中山先生之意，全民政治實也就是「主權在民」的民主政治，是則，在邏輯上其範圍又不是「直接民權」一詞所能概括的。因此，「全民政治」等於「民治」、「眾民政治」，但不等於「直接民權」。「直接民權」只是「全民政治」的必需手段，只是方法之一。本項探討的是「全民政治之方法」而不是「直接民權之方法」這兩者是有範圍上不同之差別的。

然則，全民政治之方法如何？

（一）**自由參與**──如以行為科學來說明，我們可以說，中山先生的「全民政治」之方法是，要全國人民為國家的主人，人人參與政治，但不是人人參加統治工作，所以「全民政治」是一種參與的政治文化（Participant Political Culture）[32]。

31.傅啟學：《中山思想本義》，前揭，頁 169。

32.Gabriel A. Almond and G. B. Powell, Jr., Comparative Politics: A Developmental Approach (Boston: little, Brown and Company, 1966) pp. 50-72。作者將政治文化分為三種：①偏狹的（Parochial）的政治文化，②臣屬的（Subject）的政治文化，③參與的（Participant）政治文化。

國家是大家的國家，政府是大家的政府。政府的決策須合乎人民的需要，故政策過程（Policy Process）須充分接納民意的表現。同時應讓人民有充分表示意見的機會。

人民有言論、出版的自由，有集會、結社的自由，人民可以組織團體，進而影響政府決策，人民也可以組織政黨，進而參與政治競爭，而政府的公共政策則由人民所控制。如果不許人民有言論出版自由，人民就不可能有發表意見的機會，政府決策就不可能合乎人民需要，政策不合乎人民需要，政治系統也就得不到人民的支持，這是勢所必然的。而沒有政治上和平的競爭，這就形成一種「臣屬的」的政治文化（Subject Political Culture），不是以人民為主人，而是以少數統治者為主人了。

全民政治的方法，乃以「民主」制度為「政策制定」（Policy-making）的過程。是以，吾人認為，欲實行全民政治，則政治系統之「決策制定」（Decision-making）過程，須以「公意」（Public Opinion）為基礎。全民政治包含著民有、民治、民享的理想，這些理想的實現，必須經過「民主」的程序。政治系統所決定的政策內容，以人民的需要為根據；制定政策的過程以人民的共同參與為條件，這才是「全民政治」之真精神。否則，就違背了「全民政治」的原理。

由上面之論述，可知「全民政治」的方法，並不單是四個「直接民權」的行使所可能含蓋的。如果一個社會而沒有民主的氣息，就不會有自由的選舉，則其他的三個「直接民權」即使叫人民行使，也絕對無法表現真正的民意，亦即無法表現人民的「自願同意」（Freely giuen Consent）。此時，「直接民權」就無法達到「全民政治」的結果。這個理論的

基礎，吾人在第二章〈政權與民主政治〉裏頭，已經討論過了。

　　然則，中山先生在「自由參與」方面有無指示呢？曰有，1923 年 1 月 1 日「中國國民黨宣言」所提對國家建設計劃及所採用之政策，特別聲明「確定人民有集會、結社、言論、出版、居住、信仰之絕對自由權。」1924 年「第一次全國代表大會宣言」對內政策第六條仍宣示：「確定人民有集會、結社、言論、出版、居住、信仰之完全自由權。」這不但保障人民之宗教及生活自由，還保障對全民政治最具重要性的意見自由（集會、結社、言論、出版均為意見自由之表現方法）。這種自由的基本人權是「絕對」的、「完全的」，不能以任何法律或行政命令限制的[33]。誠如翁岳生教授所言：「實質意義之民主法治國家，應絕對尊重人類之尊嚴，對個人基本權利之保障，即使以民主之方式亦不得加以廢止。」[34]這也正是中山先生所謂「完全」「絕對」之意。

　　又在 1913 年「黨爭乃代流血之爭」的演講裏頭也說：「民主之國有政黨，則能保持民權自由，若無政黨，則民權不能發達，不能維持國家，亦不能謀人民之幸福；是故無政黨之國，國家有腐敗，民權有失敗之患。」[35]這表示中山先生在建立民國之後，是主張實行政黨政治的，但是如果政黨只有一個，可能成為一黨專政局面而發生變亂。所以，他又說：「天下事非以競爭不能進步。」「各政黨之中若逢政策與自己黨見不合之事，可以質問，可以發揮黨見。逐日改革，則

---

33. 陳春生：《孫中山政黨思想研究》，前揭，頁 228。
34. 翁岳生：〈法治國家對人民權利之保障〉，載《憲政思潮季刊》第五期，頁 158。
35. 《孫中山全集》第 2 冊，頁 340。

無積滯，無積滯即無變亂之禍患。」[36]由此可知他是主張有競爭的政黨政治的，人民是可以組織政黨參與國事的。故吾人認為全民政治之第一個方法是「自由參與」，這也是達成「全民政治」的基本條件。

（二）**地方自治**——在 1922 年〈中華民國建設之基礎〉一文中，中山先生說：「實行民治（即全民政治）必由之道，則莫先於分縣自治。蓋無分縣自治，則人民無所憑藉，所謂全民政治，必末由實現。」[37]這一句話說明了全民政治實現的起步在於地方自治。1916 年，中山先生在上海演講「自治制度為建設之礎石」，其中亦有言曰：「自治者，民國之礎也。礎堅而國固，國固則子子孫孫同享福利，無國則無身無家。」[38]又說：「吾人作事，當向最上處立志，但必以最低處為基礎。最低之處，即所謂根本也。國之本何在乎？古語曰：『民為邦本』，故建設必自人民始。」[39]足見中山先生對地方自治的重視。

　　良以，國者人之積，國家富強之道，應首重基礎，基礎即在地方，各地方能把自治工作辦好，全民政治之理想必可實現。這是中山先生認為「地方自治為建國基礎」之原因。但是，地方自治之實施，必須以當地人民具有思想知識為條件，所以他認為「吾人當為人民之叔孫通，使其皆知民權之可貴。」[40]開導人民實行地方自治，並訓練其行使四權。當自治之思想知識已普遍，即試辦下列六事，即：①清戶口，②

36.同上，頁 342。
37.同上，頁 180。
38.同上，頁 358。
39.同上，頁 353-354。
40.同上，頁 357。

立機關，③定地價，④修道路，⑤墾荒地，⑥設學校。這些工作辦理完成，即可正式選舉縣官，以執行一縣之事，選舉議員以議立一縣之法律，始完成自治之縣。完成自治之縣，其國民即有直接行使四權之權利[41]。

中山先生在 1920 年 3 月 1 日即發表〈地方自治開始實行法〉一文，來說明其辦法。並說：「民國人民當為自計，速從地方自治，以立民國萬年有道之基，宜取法乎上，順應世界之潮流，採擇最新之理想，以成一高尚進化之自治團體，以謀全數人民之幸福。若一縣辦有成效，他縣必爭先倣行；如是由一縣而推之各縣，以至一省一國。而民國之基於是乎立。」[42]由此可知，中山先生全民政治的方法，是想從「縣」開始奠定基礎的！

關於地方自治六件事，以今日臺灣來說，已不適用，蓋臺灣早有地方自治的基礎。是以，吾人認為，今日臺灣自治應推展各種合作事業，這在〈地方自治開始實行法〉，中山先生亦已計劃及之，他認為「自治開始之六事，如辦有成效，當逐漸推廣，及於他事，此後之要事，為地方自治團體所應辦者，則農業合作、工業合作、交易合作、銀行合作、保險合作等事。此外，更有對於自治區域以外之運輸、交易，當由自治機關設專局以經營之。」良以，「地方自治團體，不止為一政治組織，亦並為一經濟組織」[43]故也，而這些事務的進行，都是達成中華民國建國目標──民有、民治、民享之基本方法，也是達成「全民政治」的起點。

41.《孫中山全集》第 1 冊，751-752，參閱建國大綱第 8、9 兩條。
42.《孫中山全集》第 2 冊，頁 174。
43.同上，頁 173-174。

　　（三）**直接民權**——在中山先生之意，直接民權包括選舉、罷免、創制、複決四個民權。這四個民權，無論是地方自治或參與國政，均屬必需，為人民管理政府之力量，在〈中華民國建設之基礎〉一文裏，他說明實行「民治」之方略有四，其前二項是：①分縣自治（即地方自治），②全民政治。吾人認為此處所謂全民政治是狹義的，只指四個民權而言。因為在「全民政治」項下，他明白的寫出四權，並指示「詳見《建設雜誌》〈全民政治論〉」（即廖仲愷譯本），而在①項「分縣自治」之下，也明白指示「行直接民權」。但是，直接民權的實施，必須有幾個先決條件，即須「首立地方自治學校，各縣皆選人入學，一、二年學成後，歸為地方任事。次定自治制度：（一）調查人口，（二）清理地畝，（三）平治道路，（四）廣興學校。而他諸政，以次舉行。至自治已有成績，乃可行直接民權之制矣。」[44]所以四權之行使並不是馬上可行的。但若以今日的臺灣而言，則地方自治條件早已成熟。

　　在中央政事的參與方面，人民「直接民權」（四權）之行使，則委由每縣選出的國大代表行使，國大代表「即用以開國民大會，得選舉大總統。其對於中央之立法，亦得行使其修改之權，即為全國之直接民權。」[45]此處所指「直接民權」實為由國大代表間接行使。是以，吾人認為，在中山先生之意，此處之「直接民權」實指民權之內容——即四權，而非指行使之方式。

　　關於國民大會代表人民行使政權之問題，在前面已有申

44.同上，頁 357-358。
45.同上，頁 357。

論，在此不贅。但國大代表與選民之關係則為頗深奧的問題。吾人僅提兩個初步的構想：①關於憲法的修正案雖經國民大會通過，仍應交公民複決，以取得「政治主權」者之最後認可。因為國大代表亦僅是人民的政治代表之一種而已。②國大代表應定期（一年二次）回其選區，向選民做「中央政情」及其「服務成果」之報告。選民可藉以考核其代表，用為改選時取捨之根據；而國大代表亦可在「定期報告」之後接受新的付託，並蒐集新的民意，反映給中央政府。易言之，國大代表須依附於選民。至於其在國民大會之職權，仍可憑其良知判斷與對國家忠誠並參酌民意而獨立行使。

　　不過，國民大會代表行使之職權，無論如何絕非「直接民權」。在媒體資訊發達的現代國家，「國民大會」已無存在價值，人民對中央的「直接民權」，可收回自己行使。

第二節　平等政治

　　洛克說，在自然狀態之下，也存在著一個自然法，這個自然法可約束每一個人。理性使自然法告訴人們，一切人類都是平等和獨立的，任誰都不得傷害別人的生命、健康、自由或財產[46]。基於這種人類平等的思想，而發展出來中山先生的「平等政治」觀念。中山先生在 1919 年手著《三民主義》中說：「美國獨立之後，旋而為法國大革命，旋而有歐洲之大革命，此皆人類智識日開，覺悟漸發，而乃知人者皆同類也；既為同類，則人人皆當得平等自由也。其特出之聰明才

46.John Lock. *Two Treatises on government* Book II, Chap. 6.

智者，不得以詐以力，以奪他人應有之自由權利而獨享之也。其占據人類之優等地位而號為君主王侯與及一切貴族，奪民以自享，皆為不平等者也，故當推覆之，而平人類之不平。」[47]所以，民權主義要打破君權，使人人在政治上的地位都平等。在歐洲爭取政治平等的歷史是漫長的，為了獲得普選制度，英國一共奮鬥了二百四十年，美國則一共奮鬥了一百三十一年[48]。中國的革命思潮，發源於歐美，平等自由之學說，也由歐美傳進來。但中山先生不主張爭平等自由，而主張爭三民主義，因為「三民主義能夠實行，便有自由平等。」[49]可見平等政治的觀念亦為中山先生政權思想之要點。

　　浦萊斯在其所著《*Modern Democracies*》一書中說：「主張民主政治的人，所抱持的理想並不完全相同。有的側重在自由，有的側重在平等，但多數都是二者並重。」[50]吾人認為中山先生即是二者並重的人。在上一節討論全民政治的方法時，吾人把「自由參與」列為首要，蓋良有以也。1905年同盟會革命方略軍政府宣言即主張「凡為國民皆平等以有參政權。」[51]民國成立後，他仍繼續宣傳平等觀念，認為「人為萬物之靈，知識之高下，身體之強弱，雖有不同，原無階級之不平等，何容他人不平等之待遇！」[52]由此可見，在他的心目中，沒有政治上的特權階級。

　　1912 年 9 月 1 日，中山先生在北京演講「共和國家於專

47.《孫中山全集》第 2 冊，頁 157。
48.傅啟學：《中國政府》，前揭，頁 114-116。
49.《孫中山全集》第 1 冊，頁 99，民權主義第三講。
50.James Bryce, *Modern Democracies* (New York: The Macmillan Company, 1921) vol, I. p. 68.
51.《孫中山全集》第 1 冊，頁 286。
52.《孫中山全集》第 2 冊，頁 457。

制國家之要點」時說：「今我共和成立，凡屬蒙、藏、青海、回疆同胞，在昔之受壓制於一部者，今皆得為國家主體，皆得為共和國之主人翁，即皆能取得國家參政權。」[53]由此可知，中山先生的政權思想中，不分種族，皆平等享受參政權。同年 9 月 7 日在張家口演講「合五族為一體，建設共和」時說：「共和國以人民為主體，政府為公僕，無貴族平民之階級，無主國藩屬之制度，界無分乎軍學農工商，族無分漢滿蒙回藏，皆得享共和之權利，亦當盡共和之義務。」[54]由此可知，中山先生政權思想中，沒有種族、階級、職業及教育程度的差別。

1920 年 3 月 1 日發表「地方自治開始實行法」，其中有「凡成年之男女，悉有選舉權、創制權、複決權、罷官權。」[55] 1923年中國國民黨宣言中有「確認婦女與男子地位之平等，並扶助其均等的發展。」[56]之宣示。由此可知，中山先生政權思想中，不分性別男女政治地位平等。

1923 年 2 月在廣東軍政人民歡迎會講「欲救廣東宜從裁兵禁賭及改良吏治著手」時說：「任命官吏，尤不可不循資格。大局稍定，余決意考驗官吏，無論本省、外省，不分畛域，考驗則真才出，真才出則政治良，政治良則國可得而治也。」[57]由此可知，中山先生政權思想中，不分畛域，亦無籍貫的歧視。

1924 年，中國國民黨「第一次全國代表大會宣言」所發

53.同上，頁 254。
54.同上，頁 265。
55.同上，頁 170。
56.《孫中山全集》第 1 冊，頁 860。
57.《孫中山全集》第 2 冊，頁 520。

表的「國民黨之政綱」，其對內政策第四條便明白規定「實行普通選舉制，廢除以資產為標準之階級選舉。」[58]由此可知，中山先生政權思想中沒有貧富階級差別。

建國大綱第十五條規定：「凡候選及任命官員，無論中央與地方，皆須經中央考試，詮定資格者乃可。」[59]這個規定，旨在建立超黨派之獨立的文官制度，即使是執政黨員而未經考試及格均不得任用。由此可知，中山先生政權思想中，沒有黨派的特權，而以建立優質的文官制度為目的。

從上面之引述，可見中山先生政權思想之中，「平等政治」為其一大精義所在。亦即在中華民國之國民無分種族、宗教、語言、風俗習慣、職業、性別、籍貫、財產、黨派，在政治上一律平等。

不過，在此有一問題，值得探討，「第一次全國代表大會宣言」之中有言：「民國之民權，唯民國之國民乃能享之；必不輕授此權於反對民國之人，使得藉以破壞民國。」此為何意義？是否指「反對黨」（Loyal Opposition）？非也。當時所謂「反對民國之人」實係指軍閥官僚。故其下隨著即說明：「詳言之，則凡真正反對帝國主義之個人及團體，均得享有一切自由及權利。凡賣國罔民以效忠於帝國主義及軍閥者，無論其為團體或個人，皆不得享有此等自由及權利。」[60]是以，吾人認為中山先生的政權思想之中，不輕授民權於軍閥官僚等「反對民國之人」，是因為此等人是國家的罪人，是建立民主社會的障礙。但並不阻止民國之國民享受言論、出

---

58. 《孫中山全集》第 1 冊，頁 886。
59. 同上，頁 752。
60. 同上，頁 882-883。

版、集會、結社、組黨等自由權利。

但是「政治平等」，在共黨國家是一個空洞的名詞[61]，事實上，社會主義統治者，黨政高級官員、國家企業經理和藝術及體育界的超級明星，都已成為享受特權的新階級[62]。

第三節　賢能政治

賢能政治觀念，在中國古代早已有之。如孔子曰：「為政以德，譬如北辰，居其所，而眾星拱之。」「政者正也，子帥以正，孰敢不正？」孟子曰：「見賢焉，然後用之。」「尊賢使能，俊傑在位。」荀子亦曰：「賢能不待次而舉，罷不能不待須而廢，雖王公大夫之子孫，不能屬於禮義，則歸之庶人；雖庶人之子孫，積文學、正身行，能屬於禮義，則歸之卿士大夫。」[63]這些話，都可以證明儒家主張任用賢才，能者在位。他們絕不重視所用之人為「誰人之後」，凡是有賢德者，即使出身茅廬的子弟，亦應重用之。

墨子的政治立場與儒家不同，而主張賢能政治則一。蓋他觀察當時「王公大人不能尚賢使能，親戚則使之，面目佼好則使之。」[64]這種只重關係親疏及外表的作法，似有所不滿。所以，反對貴族政治與引用私人，主張任用賢能之人。也就是我們今日所稱的「唯才是用」。然則，何謂「賢人」？

---

61. see. TIME, March 13, 1978, A Special Report *"Scocialism: Trials and Errors."*
62. Ibid。
63. 孫廣德：《墨子政治思想之研究》，臺北：中華書局，1971 年 5 月初版，頁 108-109。
64. 蔡明田：〈析論墨子的賢治思想〉，載《國立政治大學學報》第 37、38 期，1978 年 12 月，頁 29。

依墨子思想觀之，「當是能敬事天鬼、有兼愛、貴義、節約、非攻等思想言論，且能自身實踐而宣傳推廣之者。此種人為政，必誠懇勤勉，公正廉明。」[65]誠所謂「賢者治國，則國家治而刑法正，官府實而萬民富。」[66]也就是可使政治安定、經濟繁榮，而人民生活富足幸福！蓋墨子之意，以為治國乃一至艱至鉅之事業。若非賢能之士，必不能勝此重任。故居上位者必有出眾之才，而「尚賢」乃「為政之本」。由之者治、背之者亂，古今一理，天人同道，未有或舛者也。至於用人之術，墨子亦有其極簡明妥當之原則。〈尚賢上篇〉曰：「故古者聖王之為政，列德而尚賢，雖在農與工肆之人，有能則舉之。高予之爵，重予之祿，任之以事，斷之以令。」[67]對於這種「官無常貴，民無終賤」之思想，誠如曾繁康教授所言：「此不啻予封建時期之世卿世大夫制度以一致命之打擊，而下開庶人參政之新局。」[68]

中山先生的賢能政治觀念與無我無私之精神，可說與中國古代儒家的「尊賢使能」主張及墨子的「尚賢」思想，都有其一脈相通之處。是以，吾人認為中山先生的「賢能政治」觀念，即是中國先秦儒墨「任賢使能」思想的延續，為中國政治哲學的一大光輝。

第一項　賢能政治之意義

中山先生認為「推到堯舜以前，都是奉有能的人做皇

65. 孫廣德：前揭書，頁104。
66. 蔡明田：前揭書，頁30。
67. 蕭公權：《中國政治思想史》，臺北：華岡出版有限公司，1971年3月再版，頁140。
68. 曾繁康：《中國政治思想史》，臺北：大中國圖書公司，1959年10月初版，頁175。

帝，能夠替大家謀幸福的人，才可以組織政府。」[69]他並且舉例說明：「譬如燧人氏鑽木取火，教人火食，既可避去生食動植物的危險，復可製出種種美味，適於口腹之欲，所以世人便奉他做皇帝。鑽木取火，教人火食，是什麼人的事？就是廚子的事，所以燧人氏鑽木取火，教人火食便做皇帝，就可以說廚子做皇帝。神農嘗百草，發明了許多藥性，可以治疾病，可以起死回生，便是一件很奇怪、很有功勞的事，所以世人便奉他做皇帝。嘗百草是什麼人的事呢？就是醫生的事，所以神農由於嘗百草便做皇帝，就可以說醫生做皇帝。更推到軒轅氏做衣服也是做皇帝，那就是裁縫做皇帝。有巢氏教民營宮室，也做皇帝，那就是木匠做皇帝。所以由中國幾千年以前的歷史看起來，都不是專以能夠打得的人才做皇帝，凡是有大能幹，有新發明，在人類立了功勞的人，都可以做皇帝，都可以組織政府。」[70]中山先生這種「能者在位」的思想，與今日世界各國政治趨向於「專家政治」的事實，若合符節。這段話裏面，他所說的「都不是專以能夠打得的人才做皇帝」，就是說都不是「武人當政」。毛澤東說：「槍桿子出政權」，這正與中山先生的「賢能政治」觀念相反。不過，所應注意的是，他在這裏所說的「皇帝」是指組織政府的成員而言，他們是人民的公僕，是有能力為人民謀幸福的人。而不是他在說明「人民主權」時，所提到的以四萬萬人來做皇帝的「皇帝」，這「皇帝」在他來說是「主權者」，而不是上面譬喻的「服務者」。

　　中山先生主張「賢能政治」，尚有一種理論根據，那就

69. 《孫中山全集》第 1 冊，頁 131，民權主義第 5 講。
70. 同上。

是他對於人類天賦不平等的看法。在民權主義第三講裏頭，他說：「世界人類其得之天賦者，約分三種：有先知先覺者、有後知後覺者、有不知不覺者。先知先覺者為發明家，後知後覺者為宣傳家，不知不覺者為實行家。」由於人類有先天上的這種個別差異，「此三種人互相為用，協力進行，則人類之文明進步，必能一日千里。」然則，如何使他們「互相為用」呢？他認為必須使有能力的人多替他人服務，這就是他心目中的「新道德」。所以他說：「要調和三種人使之平等，則人人當以服務為目的，而不以奪取為目的。聰明才力愈大者，當盡其能力而服千萬人之務，造千萬人之福。聰明才力略小者，當盡其能力以服千百人之務，造千百人之福。所謂巧者拙之奴，就是這個道理。」[71]中山先生這種「巧者拙之奴」的見解，就是他的「賢能政治」觀念的哲學基礎。是以吾人可以說他的「賢能政治」觀念，也就是今日福利國家盛行的「服務政治」觀念。

第二項　賢能政治之方法

　　人類天賦才能既各有不同，然則，如何去甄別呢？中山先生主張採行考試制度。再者公務員任職後，非但不為人民謀幸福，反而濫權失職，則又如何是好呢？中山先生主張採用監察制度。是以，實施考試與監察制度，「既有以杜倖進於前，復有以懲溺職於後」。茲分別論述之：

（一）考試以杜倖進於前──

　　考試制度是中國固有文化中最優越的一部分。早在 1836

71.同上，頁 104-105。

年英人穆雷（Hugh Murray）即曾在其所著《中國歷史論述》（*An Historical and Descriptive Account of China*）一書中提出：「中國政治之特長主要者在其能使行政各部門發揮賢能的功效。」[72] 1847 年英人麥杜思（Meadows）在其《留華箚記》中說：「中國的國脈所以能歷久不墜，純粹而完全是由於政治修明，政治所以修明，則在於能起用賢能與有功績之士。」[73] 1853 年英國伯爵格蘭維爾在上議院宣稱：「韃靼人的一個小朝廷能夠統治中國這個大帝國達二百餘年之久，其主要原因就是由於他們能利用文官競爭考試的制度來網羅全中國的才智之士。」[74] 1868 年 5 月，美國波士頓市政府盛宴款待中國大使館外交官員的時候，愛默生（Emerson）也曾讚揚中國的考試制度[75]。1883 年美國公布《文官法》（the Civil Servic Act of 1883）採用考試制度，才消滅為人詬病的分贓制度（Spoils System）。吾人不敢確信，全世界各國文官考試制度皆受中國之影響，但中國的考試制度發達最早，則是不必否認的事實。

考試制度本身有許多優點，截至目前為止，這是人類所能想到的，選拔公務員最有效的途徑。桂崇基教授在其所著：

---

72. 鄧嗣禹：《中國考試制度史》，臺北：臺灣學生書局，1967 年 2 月臺 1 版，頁 414。引見 Murray Hugh, *An Historical and Descriptive Account of China*, (Edinburgh, etc., 1836. Examination System pp. 167-170) p. 169.
73. 同上，頁 412，引見。
Meadows Thomas Taylor, *The Chinese and their Rebellions*, (London, 1856), XXII et seq. - Desultory notes on *the government and popple of China and on the Chiness Language*, (London, 1847), pp. 124-149.
74. 同上，頁 423，引見 *Hansard's Parliamentary Debates*, CXXXVIII p. 38. (June 13, 1853).
75. 同上，頁 431，引見 Reception and Entertainment of the Chinese Embassy by the City of Boston p. 54. (Boston, 1868)

〈中國傳統考試制度與文官制度〉一文中說明考試制度在中國
之宗旨有四：即①官員的選拔，②為大眾提供從政的均等機
會，③加強全國的團結，④思想的統一[76]。顯然，考試制度的
採行，對於中國政治穩定發生莫大作用。但是，歷代取士制
度並非只唯考試一途，此外，尚有薦舉（如漢的鄉舉里選）、
評選（魏晉的九品中正法）等各朝各有特色。九品中正法之
評選，不免偏私，乃造成上品無寒門下品無士族的新貴族制
度。唐代確立考試制度，一般平民考試及格就可做官，參加
國家的統治任務，打破了魏晉以來的新貴族制度。中國社會
上階級消滅，考試制度的實行，實為一大原因[77]。

　　中山先生為拔取真才，實現萬能政府之主張，決定實行
考試制度「以救選舉制度之窮」[78]。1906 年他在日本東京演
講「三民主義與中國民族之前途」時說：「平等自由原是國
民的權利，但官吏卻是國民公僕。美國官吏，有由選舉得來
的，有由委任得來的。從前本無考試的制度，所以無論是選
舉、是委任，皆有很大流弊。考選本是中國始創的，可惜那
制度不好（指「考試方法」），都被外國學去，改良之後，
成了美制。英國首先仿行考選制度，美國也漸取法，大凡下
級官吏，必要考試合格，方得委任。自從行了此制，美國政
治方有起色。但是他只能用於下級官吏，並且考選之權，仍
然在行政部之下，雖少有補救，也是不完全的。所以將來中
華民國憲法，必要設獨立機關專掌考選權，大小官吏必須考

---

76. 桂崇基：〈中國傳統考試制度與文官制度〉，載於《中華學報》第 6 卷
　　第 1 期，頁 1-4。
77. 傅啟學：〈合於人性的革命方略〉，載《師大三民主義學報》第 4 期，
　　1971 年 6 月，頁 22。
78. 《孫中山全集》第 1 冊，頁 886，中國國民黨第 1 次全國代表大會宣言。

試，定了他的資格，無論那官吏是由選舉的，抑或由委任的，必須合格之人，方得有效。這法可以除卻盲從濫選，及任用私人的流弊。」[79]至於專門職業及技術人員不是官吏，似可委由行政機關辦理，授其證照。

1916 年 8 月 20 日他在杭州演講：「採用五權分立制以救三權鼎立之弊」時說：「稽諸古昔，泰西各國大都係貴族制度，非貴族不能作官。我們昔時雖亦有此弊，然自世祿之制廢，考試之制行，無論貧民貴族，一經考試合格，即可作官，備位卿相，亦不為僭。此制最為平允，為泰西各國所無。厥後英人首倡文官考試，實取法於我，而法、德諸國繼之。美國以共和國體，其大權常為政黨所把持，真才反致埋沒，故自華盛頓後，除林肯外，其餘之大總統均不能大有所設施。至羅斯福始力矯此弊，故繼任之總統如塔夫脫、威爾遜，均一時之選，各能有所樹立。然而共和國家，首重選舉，所選之人，其真實學問如何，每易為世人所忽。故黠者得乘時取勢，以售其欺。今若實行考試制度，一省之內，則應取得高等文官資格者幾人，普通文官資格者幾人，議員資格者幾人，就此資格中再加以選舉，則被選舉之資格限制甚嚴，自能真才輩出。要之，有考試制度以拔選真才，則國人倖進之心必可稍稍歛抑。」[80]

1921 年 7 月他在國民黨特設辦事處演講「五權憲法」時，曾指出當時美國限制選舉權的辦法，與現代平等自由的潮流相反。人民的選舉權應不加限制，實行普通選舉，但被選舉權應加以限制。中山先生說：「普通選舉雖然是很好，

79. 《孫中山全集》第 2 冊，頁 205-206。
80. 同上，頁 364。

究竟要選什麼人才好呢？如果沒有一個標準，單行普通選舉，也可以生出流弊。那些被選的人常是擁有若干財產，才算是合格。依兄弟想來，當議員和官吏的人，必定是有才有德，或者有什麼能幹，才是勝任愉快的，如果沒有才、沒有德，又沒有什麼能幹，單靠有錢來作議員和官吏；那麼將來所做的成績，便不問可知了。我們中國有一個古法，那個古法就是考試。講到這個古法，在中國從前專制時代，用的時候尚少。君主以用人為專責，所以他能搜羅天下的人才。到了今日的時代，人民沒有工夫去做這件事。所以任用官吏，君主時代可以不用考試，共和時代考試是不可少的。這個方法可以算是兄弟個人獨創出來的，並不是向外國學者抄襲出來的。憲法中能夠加入這個制度，我想一定是很完備，可以通行無礙的。」[81]此後，於 1923 年 2 月在廣東軍政人民歡迎會演講：「欲救廣東宜從裁兵、禁賭及改良吏治著手」，1924 年「中國國民黨第一次全國代表大會宣言」，以及建國大綱、孫文學說第六章之中，皆有主張考試制度的表示。

考試制度是中國固有文化遺產，為選拔才俊的良好方法，藉此得以使沒有特殊背景的平民子民，有個晉身之階，使天下有才幹的青年，得以展現其能力，而服務社會。同時，藉考試制度，也可促進社會的流動，不致像魏晉時代，「上品無寒門，下品無士族。」則社會階級也可因此自然泯滅！這是合乎社會正義的良法美意。中山先生認為無論是官吏（公務員）或議員候選人皆應經過國家的考試，以限制被選舉權，主要目的著眼於建立「萬能政府」，並濟代議政治之窮。亦

81.同上，頁 414。

即為使有財有勢者不致操縱把持選舉，而形成資產階級民主。

不過，如以今日之形勢觀之，要避免財勢在選舉活動上發生作用，恐不是一件簡單的事。選舉本身即是需要花錢的政治行為，在臺灣，我國已辦過無數次的各種選舉，經濟勢力影響政治，乃是有目共睹的現象。即使被選舉權之條件再嚴格限制，有財有勢者仍可在幕後支持其所推出的候選人。這些候選人一旦當選，為其背後勢力效勞的機會，可能比為選民服務的機會多！是以，吾人認為，以考試來選拔公務員，這是絕對必要而有效的！但是，以此來避免財勢操縱選舉，則似尚有未逮之處。不過，無論如何，考試制度可以提高文官及議員的知識水準，都是值得肯定的。只是公職候選人資格考試過程尚待研究，譬如考些什麼？如何考法？德操又是如何考法？這不在本節討論範圍，在此不贅。作者謹建議考試院「瘦身」為「文官考銓委員會」，掌理公務員考銓工作。「中央選舉委員會」兼掌公職候選人資格考試，二者階超黨派獨立行使職權。

（二）監察以懲溺職於後──

亞克湯（Lord Acton）有一句名言：「權力傾向於腐化，絕對的權力，更絕對傾向於腐化。」（Power tends to corrupt, absolute power corrupt absolutely）[82]孟德斯鳩亦認為有權力者常有濫用權力的傾向（Evry man invested with power is apt to abuse it），所以他主張分權與制衡，使有權力者，不易於濫用權力。中國先秦諸子，如荀子即主張「性惡」說，「人之性惡，其善者偽也。」老子、墨子也都承認性惡說。孔子、

82. Finer Herman, *Government of Greater European Powers*. (New York: Henry Holt and Company 1956) p. 32.

孟子都主張教育，提倡道德，使人為善而不為惡。此種思想表現於政治，就是監察制度。

　　中國在秦漢時代，已樹立監察制度；但掌理監察的御史大夫是副丞相，監察權附屬於行政權。唐代中央政府設立三省六部一臺，一臺就是「御史臺」，監察權自此始脫離行政權而獨立。宋、明、清三朝的監察權，都是獨立行使，監察制度在中國已有二千二百餘年的歷史。可是，歐美國家的監察權，都附帶於議會，由於政黨政治的實行，常與政爭混為一談，不能真正行使監察權。如英國 1963 年工黨彈劾國防部長普羅伏模（Profumo）的風化案，其目的不在處分行為不檢的閣員，而在推翻保守黨內閣。由此可見監察權附屬於立法機關，是有流弊的[83]。

　　1906 年中山先生演講「三民主義與中國民族之前途」時就說：「那五權除剛才所說的三權之外尚有兩權，一為考試權，一為監察權，專管監督彈劾的事。這種機關，無論何國皆必有的，其理由為人所易曉，但是中華民國憲法，這機關定要獨立。中國從古以來，都有「御史臺」主持風憲，然亦不過君主的奴僕，沒有中用的道理，就是現在立憲各國，沒有不是立法機關兼有監察的權限。那權限雖然有強有弱，總是不能獨立，因此生出無數的弊端。比方美國糾察權屬議會掌握，往往濫用此權，挾制行政機關，使他不能不俯首聽命，因此常常成為議院專制。除非有雄才大略的大總統，如林肯、麥堅尼、羅斯福等，才能達到行政獨立的目的。況且照常理上說，裁判人民的機關已經獨立，裁判官吏的機關，卻仍在

83.傅啟學：《中國政府》，前揭，頁 26-27。

別的機關之手，故也是理論上說不去的，故這機關也要獨立。」[84] 1921 年演講「五權憲法」時又說：「從前美國哥倫比亞大學有一位教授叫喜斯羅，他著了一本書叫做《自由》。他說：憲法的三種權是不夠用的，要主張四權。那四權的意思，就是要把國會中的彈劾權，拿出來獨立，用彈劾權和立法權、司法權、行政權作為四權分立。他的用意，以為國會有了彈劾權，那些狡猾的議員，往往利用這個權來壓制政府，弄得政府一舉一動都不自由，所謂『動輒得咎』。他的這個用意，雖然不能說是十分完善，但是他能夠做這本書，發表他的意見，便可見美國裏頭，已經有人先覺悟了。」[85] 可知美國監察權不能獨立，早就是美國政治制度的難題。

目前，美國已有成立獨立的監察機關之議。特格威爾（Rexford Guy Tugwell）為羅斯福新政的設計者，為民主制度研究中心（The Center for the Study of Democratic Institutions）草擬「亞美利加聯合共和國」（United Republics of America）憲法草案，其中第八要點，即計劃成立國家監察組織，人員由參議院選出，以查考政府機構之資格、廉潔等問題[86]。彼邦政治趨勢如此，足見中山先生政治思想的卓越！

中山先生之所以取中國彈劾制度的優良傳統，來成為五院制政府的一個獨立機關，顯然見於外國立法與監察兩種職權不分的弊端。所以在孫文學說第六章裏頭，他說：「俟全國平定後六年，各縣已達完全自治者，皆得選舉代表一人，組織國民大會，制定五權憲法，以五院制為中央政府。……

---

84. 《孫中山全集》第 2 冊，頁 206-207。

85. 同上，頁 413。

86. 宋益清：〈「美國修憲運動與憲政思潮」——美國通訊〉，載《憲政思潮季刊》第 13 期，頁 159。

各院人員失職，由監察院向國民大會彈劾之。監察院人員失職，則國民大會自行彈劾而罷免之。」[87]可見國民大會有制裁中央政府官吏失職之權。

　　歐美民主國家也都有監察權，但是如美國一樣，都附屬於議會。第二次世界大戰以後，各民主國家已知國會不能充分行使監察，而產生了監察長制（Ombudsman System），此制發源於北歐的瑞典。1809 年創立，由國會任命一名官員受理及調查人民權益被政府侵害所提出的申訴案件。對政府機關或公務人員之違法失職，採取糾正措施，以謀適當救濟之制度。監察長雖隸屬於國會，但行使職權頗為獨立，一則保護人民權益，二則維持法律尊嚴，在監督行政機關的違法失職方面，發生莫大作用。瑞典實行監察長制，已有百餘年歷史，並未發生對外國之影響。1954 年丹麥採用監察長制，制定監察長法，始引起各民主國家的注意。英國 1967 年採用此制，制定國會監察長法（The Parliamentary Commissioner Act），始發生重大影響。監察長制在英國實行後，引起廣泛注意，荷蘭、挪威、西德、愛爾蘭、奧地利、紐西蘭、澳大利亞、日本等國，皆在實施，美國已有意仿行[88]。監察權直接由國會行使，不易發生效果，應設立機關獨立行使，已是許多國家及學者的共同見解。

　　當前世界政治思潮及政治現實均有一個趨勢，即行政權之擴大。這主要原因是由於現代化國家在科技進步的影響之下分工細密，對於專家的依賴性加大，國會作用乃形萎縮，

87.《孫中山全集》第 1 冊，頁 464。

88.張劍寒：〈監察長制度之發生與發展〉，載《憲政思潮季刊》第 12 期，並見同刊第 5 期，「憲政筆談」，傅啟學：〈合於人性的革命方略〉，前揭文，頁 25。

委任立法因之流行。也就是中山先生所說「萬能政府」的現實。這個萬能的政府，職權膨脹，行政職務日增，自然行政權力擴張。行政權力愈大，乃愈顯得監察權的需要。為防止行政權的濫用自恣（而不是過去防止「國會專權」之時代），乃有「行政程序法」之制定或草擬。如美國於 1946 年制定「行政程序法」（Administrative Procedure Act），西班牙於 1958 年制定「行政程序標準法」（Ley de Bases de Procedimiento Administrativo），德國於 1963 年擬訂「行政程序法標準草案」。日本於 1964 年擬訂「行政手續法草案」[89]。

　　臺灣則遲至 1999 年 2 月 3 日才公布「行政程序法」。而日本更進而有「行政監察」制度──監察長制。這可以說與中山先生創立獨立的監察制度是類似的法制。其「監察權獨立行使」的觀念，如今已盛行於今世民主國家，可知中山先生的真知灼見，已得事實印證。

　　監察權之獨立行使乃為了監督行政權，使其多做為人民謀福利的工作，而不做違背人民利益的事，也就是要促進一個既民主而且又廉能的政府，來服務人民，造福百姓。這是「賢能政治」的境界。可是，在此復有一個問題，即是「誰來監督監督人」（Who will oversee the overseers?）的問題。依中山先生之意，他想使監察委員來監督行政機關的人員，如果監察人員失職，則由國民大會自行彈劾而罷免之。然則，誰來監督國大代表呢？這仍要回到作者討論本章第一節第三項「全民政治之方法」時，所構思的辦法。必須課國民大會代表以向選民作定期「中央政情」及「服務成果」報告之責

[89] 張劍寒：〈民主效能的服務政治〉，載《憲政思潮季刊》第 5 期「憲政筆談」，頁 163。

任。這才能使中山先生「主權在民」及「賢能政治」之思想，得以完美無缺的實現。不過，臺灣的監察院功能不彰，除沒有「虎頭鍘」之外，監察委員的任命過程已發生問題。如何保障監察權的超黨派獨立行使職權，應予設法解決。

第四節　結論

本章主旨，在申論中山先生政權思想之精義。吾人認為在其政權思想之中有①全民政治的觀念，②平等政治的觀念，③賢能政治的觀念。

在「全民政治」觀念的討論中，吾人認為「全民政治」與「直接民權」在邏輯上有範圍的不同，「直接民權」僅是實現「全民政治」理想的方法之一。而「全民政治」之目的，正為了實現「主權在民」的建國理想，全民政治範圍還應含蓋民有、民治、民享。沒有實行「全民政治」，則不但不能稱為真正的「民國」，三民主義的總目標也無法達成，所以，「全民政治」，實為實行民權政治的重要關鍵。不過，全民政治之手段──直接民權之行使，依各國的實驗，尚有不少困難。是以，吾人認為人民對政治的「自由參與」，毋寧比「直接民權」的行使更為重要。同時更須在地方自治方面力求推展。中國大陸之所以淪陷，地方自治基礎工作未辦好是主要原因。在對中央政事的參與方面，吾人主張應促使國民大會代表與選民保持密切關係。但在資訊發達之今日，已可用「公民投票」方式取代國民大會。

由「平等政治」觀念的引證，吾人肯定中山先生的政權思想，是不折不扣的民主思想，在中華民國之下，人人有平

等的政治參與權利，沒有種族、宗教、職業、性別、籍貫、財產及黨派的差別。在平等政治的觀念下，人人站在相同的立足點上，可以發揮各人的能力，參加國家統治權的行政與政策的執行。基於平等政治的觀念，「能者在位」乃是必然現象，但因有「權能區分」的理論，乃使萬能的政府不可能變為極權政府，因為主權仍在人民手中。

特別重要的是「賢能政治」觀念，這是造成廉能政府的因素。中山先生希望有能力的人組織政府，賦予權力，但不使濫用權力。其方法主要的有①考試制度，②監察制度的採行。事實上，中山先生也曾主張採用陪審制度。在考試制度方面，很特殊的地方是限制被選舉權，他的目的在避免財勢影響政治，但吾人認為並不容易。對公務人員之選拔採用考試為主要方式，則為絕對必要。但是，古時取士方法不只一途，如何「發掘金礦」，主動徵用人才，為郅治妙方。當然經過民選程序而在議會制度下成長的人才，亦復不少。政府用人原無必要過於自限範圍。1923 年 10 月 15 日，中山先生在廣州中國國民黨懇親大會訓詞「黨員不可存心做官」，即言：「倘若有一件事發生，在一個時機或者一個地方，於本黨中求不出相當人才，自非借才於黨外不可。」[90]這已充分說明中山先生的「賢能政治」觀念原無黨派之拘限。

為使政府既能且賢，並防止有權者濫用權力起見，監察制度為重要設計。此一制度的運用，已形成各國政治的新趨勢，這是中山先生政治思想的卓越之處，亦可見他的高瞻遠矚，及其思想的體大思精。但是，還有一個問題存在，那就

---

90. 《孫中山全集》第 2 冊，頁 539。

是「誰來監督監督人」？作者認為人民的「代表」與所代表的「人民」的密切聯繫，為促進政府既民主又有效能的不可缺之條件。1923 年 10 月 7 日，中山先生在「中國國民黨為曹錕賄選竊位宣言」中有言：「五權憲法之考試監察二權，既有以杜倖進於前，復有以懲溺職於後，尚安有崇拜金錢，喪失人格之賄選！」[91] 可見，即使考試制度無法阻止自私自利的人當選於前，也可以監察制度來補救於後！為此，乃益見人民自由參與以及言論、出版、集會、結社自由的重要！因為只有人民能參加自由選舉，並享有充分的基本政治自由，乃能以輿論來阻嚇公務員及民意代表等有權力的人濫用權力。這是中山先生政權思想的精義所在。

---

91. 《孫中山全集》第 1 冊，頁 871。

第六章　政權行使之方法

　　在本書第三章討論「代議政治之批評」時，曾在最後一節指出，中山先生對政權的行使是主張實行直接民權，而對於直接民權的行使方法並未論及。但在第二章第五節討論「民主政治之形式」的「公民投票制」時，曾對選舉權以外的三個直接民權之優缺點，稍作一個比較。其次，在第四章有關「主權在民」之方法，第五章有關「全民政治」之方法，均曾提到直接民權，可是，對這四權之行使方法都未及論述。是以，吾人認為在邏輯上，主權在民、全民政治、直接民權雖有關係，卻不是同義的。中山先生已明言實行「民治」的方略為①分縣自治、②全民政治、③五權分立、④國民大會。而吾人探討其政權思想之精義時，認為其所謂「全民政治」實即「民治」之意義，而不等於直接民權，直接民權可說是達成全民政治的主要途徑。但要使直接民權達成全民政治之目的，則有賴於人民的自由參與，並從地方自治做起。所以，吾人以①自由參與、②地方自治、③直接民權為全民政治之方法。至於行使「直接民權」之方法，則抽出於本章論述之。

　　在民權主義第六講最後一段，中山先生說：「民權之實情與民權之行使，當待選舉法、罷免法、創制法和複決法規定之後，乃能悉其真相與底蘊。」[1]惟終先生之世，未曾有過

1.《孫中山全集》第 1 冊，頁 155。

此等法律之制定。吾人不能知曉中山先生在這方面的主張，然而他曾提到可參考廖仲愷先生所譯的《全民政治》一書，此書未論及選舉權。選舉權應否算是直接民權的一種，在中山先生之意，吾人認為他是把選舉權包括在內的。如 1921 年 3 月演講「三民主義之具體辦法」時說：「兄弟的民權主義，係採瑞士的民權主義，即直接底民權主義。直接民權凡四種：一選舉權，一複決權，一創制權，一罷免權。此為具體的民權，乃真正的民權主義。」[2] 又在民權主義第六講之中，他說：「關於民權一方面的方法，第一個是選舉權。……人民有了這四個權，才算是充分的民權，能夠實行這四個權，才算是徹底的直接民權。」[3] 所以當我們論述直接民權的方法時，不能捨棄選舉權。事實上，辦好了選舉，選對了有才德的人為我們服務，其他三權均可不必行使，而束之高閣，猶如威爾遜總統（Wilson）所言，創制、複決制度像是「門後的槍」（Guns behind the door），可備而不用。

此外，在討論四權行使方法之前，吾人應有一個重要的認識，那就是直接民權必須在經過一番公民教育之後，才能實行。這也是中山先生設計「訓政時期」之理由。他在演講「訓政之解釋」時說：「須知共和國皇帝就是人民，以五千年來被壓做奴隸的人民，一旦抬他作起皇帝，定然是不會做的，所以我們革命黨人應該來教訓他，如伊尹訓太甲一樣。」[4] 又在手著《三民主義》中說：「所謂訓政者，即訓練清朝之遺民，而成為民國之主人翁，以行此直接民權也。有訓政為

2.《孫中山全集》第 2 冊，頁 406。
3.《孫中山全集》第 1 冊，頁 151。
4.《孫中山全集》第 2 冊，頁 398。

過渡時期，則人民無程度不足之憂也。乃當日革命黨員多注重於民族主義，而鮮留心於民權主義，正破壞成功之後，官僚則曰人民程度不足也，而吾黨之士又從而和之，曰人民程度不足，不可以行直接民權也。嗚呼！是何異謂小孩曰：『孩子不識字，不可入校讀書也。』試問今之為人父兄者，有是言乎？……乃有以國民程度太低，不能行直接民權為言，而又不欲訓練之以行其權，是真可怪之甚也。」[5] 相同的理論在孫文學說第六章亦有之。是以，由此可見，直接民權之實行，不得以人民知識程度還不夠為理由而拒絕之。誠如傅啟學教授在其所著《中國政府》一書中之言曰：「有人對中山先生在中國實行直接民權的主張，發生懷疑，這是對中山先生的革命程序，沒有充分了解的緣故。中山先生主張在軍政時期和憲政時期之間，設一過渡時期，就是訓政時期；在訓政時期，一面實行革命民權，一面訓練人民行使四權。照中山先生的主張，自然可以扶植民治，在相當時期，自然可以行使四權。但是我們過去忽略了訓政時期的工作，更沒有訓練人民行使四權，在革命經非常破壞之後，沒有非常的建設以繼之。大陸的失敗，這不能不說是一個原因。」[6] 誠可為殷鑑者也！

　　一個人在政治上的行為取向及行為模式，常是通過實際的生活經驗及有形的學習方式而形成的，這種形成的過程，如以現代政治學的術語來說，就是「政治社會化」（Political Socialization），古人柏拉圖、亞里斯多德、布丹（J. Bodin）他們都認為人的政治行為與他早年的生活經驗及教育具有不

5.同上，頁158。
6.傅啟學：《中國政府》，前揭，頁144。

可分的密切關係；近代的傑佛遜、杜威、密勒等人，也都極為注重教育與政治的關係。但「政治社會化」一詞被廣泛使用是 1959 年以後的事，行為科學家咸認學校是民主教育最重要的場所。密勒亦言：「普及教育必須比普及選舉權先做」[7]，蕭公權先生也說：「民主政治只有從實地練習的過程中建立起來。」[8]作者深有同感！是以，吾人認為對國民實施政治教育，才是民主政治成功的保證。直接民權的行使，尤須先知先覺者的教導。中山先生謂：「而革命志士自負為先知先覺者，有訓導之責任者也。」[9]明乎此，以國家興亡為己任的大政治家，允宜積極推廣行使四權的政治教育，而非可以選舉為己足者也。下面請先說明直接民權行使之歷史，進而討論四個直接民權的理論。

第一節　直接民權行使之歷史

　　中山先生既如此重視全民政治直接民權在他政治思想中的地位，則其歷史發展為何？在此，吾人必須對各國實施直接民權之歷史，稍作論述，因為全民政治的主要方法就是直接民權，捨直接民權，就無法談全民政治了。「中國自有歷史以來，沒有實行過民權；就是 1924 年來，也沒有實行過民權。」[10]「我們是主張民權政治的，必要把全世界各國民權的

---

7. John Stuart Mill, *Considerations on Representative Government*, 1861. 郭志嵩譯：《論自由及論代議政治》，前揭，頁 209。

8. 蕭公權：《迹園文存》，臺北：環宇出版社，1970 年 11 月 29 日出版，頁 347，「論選舉」。

9. 同註 5。

10. 《孫中山全集》第 1 冊，頁 72，民權主義第一講。

情形，考察清楚才好。」[11]不過，在此，吾人須再加提醒者，乃是所謂「直接民權」，並不放棄「間接民權」的代議制度，因為現代國家並不能實行公民出席開會式的直接民主，仍須有代議機關的議會。所以此處所指「直接民權」制，也就是薩孟武教授《政治學》一書所說的「公民投票」制，因為無論行使四權中的那一種，都須舉行「公民投票」。這種制度，中山先生稱為「直接民權」。若人民只有選舉權就不能叫做直接民權或公民投票制，而只能稱為間接民權或代議民主制。

　　直接民權之實施，並世各國以瑞士、美國為最早，亦具有豐富經驗。法國雖早在大革命時代，有 1795 年憲法及 1780 年憲法，提交公民複決，但自 1820 年始，因拿破崙叔侄利用公民表決，實施君主專政野心，故自 1875 年第三共和後，即已放棄公民投票制，直至第二次大戰後，才恢復其制。1809 年瑞典王國憲法，對特種法案，亦規定採用人民表決制度。在第一次大戰前，則有澳大利亞於 1906 年採用憲法複決制度，紐西蘭於 1911 年亦採用之。

　　第一次大戰之後，德國 1919 年威瑪憲法，首先採用創制、複決制度。其後有捷克 1920 年憲法採行普通法律複決制，奧國 1920 年憲法採行普通法律的創制、複決及憲法複決制。愛爾蘭 1922 年憲法則僅採憲法及法律複決制；智利 1925 年憲法僅採憲法複決制；立陶宛 1928 年憲法，則採憲法的創制、複決制度及普通法律的複決制；西班牙 1931 年憲法採普通法律的創制複決制；葡萄牙 1935 年憲法則採憲法複決制。

　　第二次大戰之後，西班牙於 1945 年有「國民複決法」之

11.同上，頁 71。

頒行。法國 1946 年第四共和憲法及 1958 年第五共和憲法，均採用創制複決制度。日本 1946 年新憲法亦採用憲法複決，並於地方採用創制複決制度。義大利及菲律賓 1947 年新憲法皆採用創制複決制度。大韓民國 1948 年憲法，亦採用有限制的創制複決。西德 1949 年憲法則僅採行普通立法的創制複決，而放棄了憲法的創制複決制度。

此外，尚有 1953 年丹麥王國憲法採行了憲法及普通立法的複決制度。1946 年巴拿馬憲法採行創制複決制；巴西憲法則規定各邦之合併或成立新邦，須經公民複決。緬甸憲法對各州之分離及特權，亦採複決制。其僅採用憲法複決制之國家有：1944 年冰島憲法、1951 年烏拉圭憲法、1960 年西薩摩亞憲法、1962 年土耳其憲法等。

在非洲，最早實行直接民權的是 1847 年的賴比利亞，其憲法採複決制。現代新興國家，除 1960 年索馬利亞憲法，係採憲法創制複決制，及 1960 年加納憲法標榜空洞的直接民權外，多僅採用憲法複決制[12]。

然則，各國實施直接民權制度，具有豐富經驗者少，即加拿大也僅在學步階段。不過，現代則有許多國家舉行「全民投票」（plebiscite），這是公民對重大政治問題的投票。如波羅的海三國的獨立公投，東帝汶前途自決公投，瑞士公投加入聯合國，都是對外關係或爭取主權地位的公投，而中山先生的「直接民權」，則傾向「公民複決」（Referendum），是屬於法律政策爭議的公投。下面只擇定瑞士、美國作一簡要介紹，並以直接立法為主要討論內容，以減篇幅。

12.涂懷瑩：〈六十年來各國實施創制複決的經驗與趨勢〉，載《憲政思潮季刊》第 16 期，頁 1。

（一）**瑞士**──瑞士各邦自古以來就有採用公民會議制度的，也就是以人民集會方式討論本地方政務的進行，德國古時也是如此。中世紀時，此種原始的集會，漸趨消滅，因為各小社會相聚而成大國，不再能舉行這種會議。後來推翻封建制度，人民取得自由權之後，遂有代表式的議會發生，但瑞士的公民會議仍保有古代遺風。1830 年到 1848 年，為瑞士政治改革時期，各邦制定的憲法皆交本邦全民投票公決。1848 年各邦人民公決承認瑞士聯邦憲法。後來又把這種辦法從憲法推廣到普通法律。1831 年聖迦倫（St. Gallen）邦已採用否決制度，以複決該邦議會所通過的法律，其後各邦相繼使用。人民而有可決或否決本邦立法機關提議的法律之權利，這種制度叫做「複決權」。複決名詞由此而來[13]。

此外，瑞士人民自己也可以建議法律，無須立法機關之同意。1845 年沃特邦（Vaud）憲法增加一條規定：八千個有選舉權的公民可要求本邦立法機關將任何「關於制定某項法律或廢除某項法律的問題」提交人民公決，此後各邦相繼仿行。1874 年，聯邦憲法修訂規定：三萬選民可要求聯邦立法機關，將所通過之法律，交人民公決，聯邦之複決制，由此開始。1891 年規定：凡五萬公民可建議一種確定的憲法修正案，逕交全國人民公決，這是人民的憲法創制權。這種對憲法及法律的創制權和複決權，乃將立法手續從近代議會立法恢復到古代人民的直接立法，只是以書面表示意見（投票法），而未親自出席開會以作口頭討論的不同而已。這種投票法是先將各項問題公布於大眾，然後在各地區舉行選舉時，

13.James Bryce, *Modern Democracies*, (New York: The Macmillan Company, 1921) vol. I. p. 373.

由人民投票公決。各大城市對市政建議也照樣交全市公民投票公決[14] Bryce 在其《*Modern Democracies*》一書，以條舉方式敘明瑞士的直接立法制度如下：

(A)複決權——立法機關所通過的議案，提交人民投票可決或否決之，這種辦法就叫做複決權。

(a)聯邦複決制應用的範圍：

(1)聯邦憲法無論有何變更，必須得到過半數投票公民的可決，且須得到過半數邦的可決。

(2)凡聯邦的法律及決議案，如係一般而非緊急者，有三萬公民或八邦提出要求即須交付人民公決。

(b)各邦複決制應用的範圍：

(1)本邦憲法之修改。

(2)各邦立法機關通過之法律或決議案，應如何提交人民複決，各邦的辦法不同：有八邦，凡一切法律及決議案皆須複決，此謂之強制複決權（Obligatory referendum）。有七邦，必須有一定公民人數的簽署請願，而後始可實行複決者，此謂之任意複決權（Optional or facultative referendum），至簽署人數多寡則各邦不一。另有三邦將一切法律分類，有的應用強制複決，有的應用任意複決。有一邦（即佛來堡 Fribourg），普通法律不採複決制。至於實行公民會議的各邦，一切法律均在全邦公民開大會時當眾制定，故無庸複決[15]。

(B)創制權——一定數目的公民有權提出一種議案轉交人

239

14. Ibid., p. 374.
15. Ibid., p. 375.

民投票公決，此謂之創制權。其行使範圍如下：

(a)聯邦：人民要求修改憲法，但至少須有五萬公民的請願，其辦法有二：五萬以上人民可起草憲法修正案，送由國會轉交人民公決。也可只向國會申明原則，由國會代為起草憲法修正案。但國會須先獲得人民認可始可代為起草，再交人民公決。

(b)各邦：

(1)除日內瓦邦憲法每十五年修改一次之外，其餘各邦，一定數目的公民皆可要求修改本邦憲法的全部或一部。

(2)各邦除 Luzern, Fribourg，及 Valais 之外，一定數目的公民皆可提議或決議一種新法案，逕交人民公決，但議會可就該事項另起草一種對案與請願人所提議案，同時提交人民公決。也可只向本邦議會申明原則，由議會代為起草法案，但議會須先獲得人民認可，始可代為起草，再交人民公決[16]。

上述各種辦法，因聯邦面積較大，如常用公民投票法以徵求民意，未免麻煩，故只有以下三種議案，須交人民投票公決：(a)國會提議之憲法修正案。(b)五萬以上公民，根據創制權所提議的憲法修正案。(c)經三萬公民或八邦要求複決的普通法律案。

各邦則因面積較小，可自由行使創制權和複決權，故須由人民投票公決者有：

(a)本邦立法機關所提議的憲法修正案。

240

16.Ibid., p. 377.

(b)法定人數的公民，根據創制權所提議的憲法修正
案。

(c)多數的邦，由立法機關所提的法律案（複決權），
和一定數目公民所提的法律案（創制權）[17]。

以上所謂「人民」或「公民」，是指「成年男性公民」，
1957 年聯邦行政委員會解釋，始承認包括成年婦女在內，但
經國會 1958 年所提 1959 年公決的憲法修正案竟未獲通過。
惟有三邦——Vaud, Neuchatal, Geneva 於於 1959 及 1960 年修
改邦憲，已賦予婦女選舉權[18]。近年來，瑞士直接立法之行
使，有一種趨勢，即創制權大為減少，而複決權則較多之現
象[19]。

對於瑞士的直接民權制，中山先生至為讚賞，1916 年他
說：「瑞士各山邑已行直接民權六十年，其中央則始於千八
百九十一年耳。我國舊有自治之基礎，合諸今日人人尊重民
權之心理，行之十年，不難達此目的。今故以此最好之民權
制度，介紹於國民。」[20]可見他當年期盼中國早日實行全民政
治之殷切！

（二）**美國**——美國直接民權之行使，只在州級以下行
政單位，聯邦並不採用。麻州（Massachusetts）於 1780 年即
以公民投票（Popular Vote）方式，通過其第一部憲法，自此
以後，其他各州紛紛運用複決權來做為修改邦憲及制定邦憲

17.Ibid., pp. 377-378.
18.涂懷瑩，前揭文，頁 16，（註八）引見 George A. Golding, Jr., *The Federal Government of Switzerland*, 1971. pp. 589.
19.同上，頁 3。
20.《孫中山全集》第 2 冊，頁 356，1916 年 7 月 17 日演講「自治制度為建設之礎石」。

之手續。在十九世紀，州與市皆有自行決定禁酒（Liquor Control）與否的選擇投票權（Local-option election），有一些州至今仍可對此問題自作決定[21]。不過，美國各州之所以風行直接民權制度，實與十九世紀末，地方議會不足以盡代表民意之責任有關，因而有所謂「進步運動」（Progressive Movement）之發生，期以公民投票的直接立法行動來補救議會的流弊，同時對代議政治加以改進[22]。如北達科他州（North Dakota）憲法即規定，州長對人民創制或複決通過之法案不得行使否決權，而且立法機關也不得廢止或修改此等法案[23]。

複決權於 1898 年在南達科他州（South Dakota）廣泛採行，同年舊金山市憲章（the San Francisco Charter）規定，用以複決市政事務，此後二十年間，創制複決權紛紛被採用。有二十一州採行這種新制度。但馬里蘭州（Maryland）與新墨西哥州（New Mexico）只用複決權。這些實行兩權的州，根據《大美百科全書》：《Referendum》作者，Spencer D, Albright（University of Richmond）教授依年代先後列明如下：South Dakata (1889), Utah (1900), Qregon (1902), Nevada (1904), Montana (1906), Oklahoma (1907), Maine, Michigan, and Missouri (1908), Arkansas and Colorado (1910), California (1911), Arizona, New Mexico, Idaho, Nebraska, Ohio, and Washington (1912), North Dakota (1914), Maryland (1915), Massachusetts (1918)。這些州有的只採其中之一權，如內華達州（Nevada）在 1912 年增加創制權，而複決權則在 1904 年就

21. *The Encyclopedia Americana*, International edition, 1979. vol. 23, p. 298.
22. 涂懷瑩：前揭文，頁 6。
23. *The Encyclopedia Americana*, op. cit, p. 298.

有了。新墨西哥州起初即係採用憲法複決權，以加入美國聯邦，數年後只採行對市法案（City Measure）之創制權[24]。

　　有一百多個美國城市，採用複決權來表決市憲章的修改案、負債增加案、改變地方政府形態及疆界之變更。至於請願要求實行直接立法的人數各州不一，如 Arkansas 州須合格選民 10%簽署，或至少五分之一縣提出，始能創制州憲法修正案，8%合格選民的簽署即可提出法律創制案，6%的簽署可複決制定法或任何歲出預算案（Appropriation Bill）。Michigan 州須有上次州長選舉時所有候選人得票總數的 10%人數之簽署，始可提出憲法修正案。North Dakota 州須有一萬人的簽署，才可提法律創制案，七千人的簽署才可提法律複決案。依州憲或法令，直接立法的請願案可提交州縣選舉局（State or County Board of Elections）或州務卿（Secretary of State）或首席檢察官（Attorney general）[25]。

　　關於直接立法的進行，南達科他州規定縣裏被指定的報紙，須在投票前將欲行複決之議案或憲法修正案全文刊登，每週一次（共兩週）。密西根州規定，欲行複決之憲法修正案及其他法案，必須同時與將行選擇或廢止之法條，全部刊登在出版物，並將副本布告在各投票所。北達科他及奧勒岡，則將欲行表決之法案標題及贊成與反對的辯論理由，同時印在一本小冊上，郵寄每個註冊投票人手中。選票上法案之陳述大約只有一百字。路易西安娜州因每個問題都交由選民決定，選票上只簡明的印上二十五個字或更少。愛阿華州則全文照印在選票上。內華達州少數法案全文照錄，印在選票，

24. Ibid. p. 299.
25. Ibid.

並作解釋。奧勒岡州規定選票上須包括少於十個字的區別，及以一百字以內說明其目的，這是由首席檢察官準備之事，密西根則由州務卿準備之。但是這些工作，必須作得公正（Impartial）無偏（No Prejudice）才行。為易於辨認起見，有的州（如Idaho）以不同顏色紙來印刷選票，並分別置放正反意見的票箱[26]。

直接立法（創制、複決）的合憲性（the Constitutionality of direct legislation）被攻擊以其建立在否定代表制政府形式之基礎上。但是即使選民可直接參與立法，或（經複決）拒絕立法機關的法案，而州立法機關仍然發揮代議機關的功能。政治科學家 Carl Joachim Friedrich 有其敏銳的觀察（Penetrating Observation），他認為有選舉權者（Electorate）本身就是全民的代表[27]。直接立法提供選民對州立法機關一個牽制，但這是一個比較昂貴的設計，因為替一個法案請願和運動，須花費不少精力和金錢[28]。是以，在美國，至 1918 年以後，只有阿拉斯加於 1959 年採行。其餘各州之運用創制複決權者，除西海岸三州及東部之麻州之外，均正趨衰微中[29]。

中山先生於 1916 年 7 月 17 日在上海演講「自治制度為建設之礎石」時，曾提到美國克利浮萊城（ie. Cleveland, Ohio）實行「民權」之事，他說：「美國人多深信民權學理之顛撲不破，故三年前於克利浮萊城，始行此最新之地方自治制度，今已成效大著。謹為介紹於國人。」[30]按該城屬 Ohio

---

26. Ibid.
27. Ibid., p. 300 "the electorate itself is representative of the whole people."
28. Ibid.
29. 涂懷瑩：前揭文，頁 4。
30. 《孫中山全集》第 2 冊，頁 355。

州，於 1912 年實施直接民權。當時中山先生力倡「主權在民」之說，發現異邦有足以借鏡者，基於「取法乎上」之主張，乃特介紹於國人，誠可見其嚮往民主政治之衷心在抱。然則，據凃懷瑩氏近年曾函詢該市行使兩權之歷年統計，得復過去二十年來，甚少實施兩權，故無從提供資料[31]。又據憲政研討會參考資料乙類第十七號政治大學顧問教授 Bruce B. Mason 說「美國創制、複決、罷免的經驗」，曾提到亞里桑那州憲法影響及於中山先生，但對該州一般法規複決之處理，並不表激賞（第七頁）。這都顯示直接民權之實行，亦有其困難之處。

第二節　選舉權

第一項　選舉之重要

選舉是民主國家組織政府的必要政治行為，人民藉選舉的機會以執行他們對政府公務員及民意代表的控制，政府公務員對人民的要求之所以有所反應，或人民之所以能確保政府為他們服務，乃因為藉著選舉行為發生的功能之故。公務員或民意代表如果賢能，即可繼續得到人民的支持；如果貪墨枉法，為非作歹，即可能在下次選舉時，被老百姓所揚棄。同時，在選舉行為定期舉辦的社會，人民並不擔心政府萬能，因為定期選舉可保證人民對政府的監督及制裁作用。所以，誠如阮毅成教授所言：「在四種政權中，選舉權實為首要。如選得其人，則罷免權就無行使的機會。創制權及複決權，

31.凃懷瑩：前揭文，頁 6。

也成為備而不用的工具。如選不得其人，人民時時要以另三種政權去做補救，人民固不勝其煩，而國家的政局，也就不能安定。」[32]密勒亦言：「限制政府權力在人民可以隨時更換政府之情形，變為沒有必要。」[33]，由此可見選舉權實為人民政治參與最重要的方式。美國國務院出版的《一個民治的政府》（A government by the People）一書中謂：「在民主國家中，人民對政府的態度如何，可以決定他們應得的政府。人民能夠善用選舉權，誠意而明智的行使選舉權，必然會得到一個有效率的為民服務的政府。若果人民對政治冷淡，把自治的責任推諉給他人，必然得到一個少數人把持的政府，自私自利的政府，和增加人民負擔的政府。」[34]是以，吾人認為人民而想有一個民主政府，其決定權仍在人民自己。如果人民不關心選舉或不參與選舉，那只有把自己的命運交給少數人了，那就絕不能奢望會有一個為你服務的民主政府。

不過，雖然定期舉辦選舉，仍不一定可保證組成民主政府。通過選舉程序組織民主政府，至少還需四個條件：①選票必須可能改變重要的決策人員，②必須提供候選人的選舉，③公民必須能在不受任何威脅或利誘之情形下投票，④選票必須誠實的計算[35]。所以，自由的、平等的、公開的選舉氣氛，尤比辦理選舉本身還重要，這是我們所必須認識清楚的。

32.阮毅成：見《中央月刊》13 卷 3 期，頁 67，1981 年 1 月 1 日出版。並見《地方自治與新縣制》，聯經出版公司，1978 年 11 月出版，頁 354。

33.密勒：《自由論》，郭志嵩譯：前揭，頁 2。

34.The Department of Sate, *A Government by the People*, pp. 23-24.（美國新聞處）

35.Guy Hermet, Richard Rose and Alain Rougue, *Elections Without Choice*. Chap. 10. *Is Choice Enough*? (by Richard Rose, New York: John Wiley & Sons, 1978.)

第二項　選舉權與被選舉權之取得

（一）選舉權之取得——

1. 國籍：要本國人始有選舉權，這是世界各國通行的制度。解嚴之前，我國在 1980 年 5 月 14 日公布的「動員戡亂時期公職人員選舉罷免法」第十四條規定，選舉人須為「中華民國國民」，解嚴之後亦同。

2. 年齡：大多數國家規定人民在私法上達成年之時，就有選舉權，比利時定為二十一歲、瑞士人民選舉年齡定為二十歲、丹麥也定為二十歲。但是，法國、義大利、西德、英國、愛爾蘭、荷蘭、盧森堡、俄羅斯均定為十八歲，我國規定為年滿二十歲。選舉權之年齡限制有降低的趨勢。吾人主張改定為十八歲，十八歲以上青年已有工作能力，應同時取得選舉權。

3. 居住期間：選舉人須在選舉區內居住一定期間以上，才能取得在當地之選舉權。英國、德國規定為三個月，美國各州規定不一，但以三～六個月最為普遍。法國居住期間規定為六個月。瑞士選舉人行使投票權，須在一定之市鎮有一定住所，不遲於投票前三天向所在地機關，作選舉人登記，始得參加投票。我國在 2002 年選罷法第十五條規定：「有選舉權人在各該選舉區繼續居住四個月以上者」，始得為該選舉區之選舉人。

4. 消極條件：西德 1975 年「聯邦選舉法」第十三條規定：①因法院之判決不具選舉權者。②禁治產人或因精神上之缺陷而置於他人監理之下者。③依刑法第六

十三條被安置於精神病院者。④因心神喪失或精神耗弱，由法院依各種法律之規定判處長期留置於精神病院者。以上四種人沒有選舉權。我國選罷法第十四條規定：①褫奪公權尚未復權者，②受禁治產宣告尚未撤銷者，沒有選舉權。

（二）被選舉權之取得──

1. 國籍：美國規定眾議院議員須為美國公民七年以上，參議員須九年以上，總統須十四年以上始能當選。我國解嚴前選罷法第三十一條規定，回復國籍者須滿三年，因歸化取得國籍者須滿十年，始得為候選人。

2. 年齡：美國被選舉年齡，眾議員為二十五歲、參議員為三十歲、總統為三十五歲。日本規定為滿二十五歲，都道府縣知事須年滿三十歲。西德規定為年滿十八歲。英國、義大利均規定年滿二十一歲。我國現行選罷法規定：年滿二十三歲得登記為公職候選人，縣（市）長須年滿三十歲，鄉鎮（市）長須年滿二十六歲，始得登記為候選人。

3. 居住條件：英國不以議員代表地方利益，而係代表全國利益，候選人不以本區為限，候選人可在任何選區競選；法國也無居住條件之限制。但美國以議員代表地方利益，候選人限於本州住民。我國規定各類候選人以其所屬行政區域為選舉區。

4. 考試條件：依據中山先生權能區分以及萬能政府之理論，復基於他「賢能政治」之觀念，被選舉權之取得，在學經歷條件上有限制，為我國選舉制度最特殊之處。在動員戡亂時期選罷法第三十二條規定：「登

記為公職人員選舉候選人，除由農民團體、漁民團體、工人團體選出之國民大會代表、立法委員，村、里長候選人外，應具備下列之學、經歷：

(1)國民大會代表、立法委員、監察委員候選人須高級中等以上學校畢業或普通考試以上考試及格或曾任省（市）議員一任以上。

(2)省（市）議員候選人須高級中等以上學校畢業或普通考試以上考試及格或曾任縣（市）議員一任以上。

(3)縣（市）議員候選人須國民中學以上學校畢業或丁等特種考試以上考試及格或曾任鄉（鎮、市）民代表一任以上。

(4)鄉（鎮、市）民代表候選人須國民小學以上學校或曾任村、里長一任以上。

(5)縣（市）長候選人須專科以上學校畢業或高等考試以上考試及格，具有行政工作經驗二年以上，或曾任中央公職人員、省（市）議員、縣（市）議員、鄉（鎮、市）長一任以上。

(6)鄉（鎮、市）長候選人須高級中等以上學校畢業或普通考試以上考試及格，具有行政工作經驗二年以上，或曾任縣（市）議員、鄉（鎮、市）民代表、村里長一任以上。

　　以上各項的學經歷條件之認定，以檢覈行之。惟這種類似審查學經歷證件的檢覈，是否合於中山先生公職候選人資格「考試」之本意，或者能否真正達成「賢能政治」之目的，

則是值得懷疑的。以縣市長候選人為例，其資格須專科以上學校畢業並未規定科系，則紡織、造船、美術廣告等科畢業者皆可任縣長。高考類科亦多，什麼類科及格者皆亦可任縣長，這對其本人及國家來說，都是一大損失[36]。此外，誠如阮毅成教授在其所著《地方自治與新縣制》一書中說：「公職候選人應先經考試，本為孫中山遺教，在原則上無可爭議。但究應如何考試，卻始終沒有人能提出一個具體可行的方案。我們不能命農民、工人、漁民、礦工、蚵女，都與曾受中等以上教育者，一體參加考試。果爾，他們將永無考試及格的機會，也就永無候選或當選的資格。」[37]雖然解嚴之前選罷法規定，由農民團體、漁民團體、工人團體選出的國大代表、立法委員及村里長候選人不必具備學經歷，但這無異說明沒有學經歷的農民、漁民、工人不能競選區域性國大代表、立法委員、及村里長以外的各級公職人員。這是我國選罷法美中不足之處，而有違中山先生「平等政治」的觀念。1912 年9 月 7 日，中山先生在張家口演講「合五族之一體建設共和」時說：「共和國以人民為主體、政府為公僕、無貴族平民之階級，……界無分軍、學、農、工、商，……皆得享共和之權利。」[38]由此可見，候選權利原無職業及教育程度之限制必

---

36. 以上關於各國選舉制度參閱：
　① 傅啟學：《中國政府》，前揭 120-122。
　② 郎裕憲：〈歐洲共同市場國家下議院選舉之投票制度〉，載《憲政思潮季刊》第 42 期，頁 154-178。
　③ 湯德宗譯：〈西德聯邦選舉法〉，《憲政思潮季刊》第 50 期，頁 187以後。
　關於我國部分參閱：中央選舉委員會編印：《公職人員選舉法規彙編》，1980 年 8 月出版，「動員戡亂時期公職人員選舉罷免法」。及現行「公職人員選舉罷免法」。
37. 阮毅成：《地方自治與新縣制》，前揭，頁 354-355。
38. 《孫中山全集》，頁 265。

要。他所以主張限制被選舉權，旨在限制有財有勢而無才無德的人當選公職人員的機會，未嘗有以教育程度為限制被選舉權之意。所以我們限制被選舉權，「必須要從能證明其為賢為能的方面著眼，而不能以通常的學歷和資歷，作為限制候選的條款。」[39]否則與「全民政治」之原則不合。況且「憲法只對於被選舉權，有年齡的限制。在世界各國陸續取消被選舉權限制的今日，而我國卻反其道而行之，要限制公民的被選舉權，這與實施民主政治，以及對中共作政治競賽的兩種目的，都有妨礙。」[40]

公職候選人的範圍，本包括兩種人員：一是由選舉產生的執行機關之首長，如省縣市鄉鎮長是。一是由選舉產生的意思機關之人員，如省縣市議會議員等各級民意代表是。前者雖由選舉產生，但其所任職務實與任命的官員相同，自應與一般的公務員以同樣的方法，同等機會，經過考試。後者因只係民意代表，並不實際負擔行政職務，其考試方法，自當與前者有別。通常對於考試兩字的解釋，即是坐下來寫文章，此於一般的公務人員考試，已不盡相宜，對於民意代表，自更不合適。故必須於尋常的筆試與審查證件兩種方法之外，另求一種考試的方法。阮毅成教授認為較為妥適的辦法，應該是測驗。

1952 年 4 月 30 日，阮教授在臺北《新生報》發表一篇〈公職候選人的考試問題〉的文章，見解頗有價值，作者曾訪問阮教授，知道他對這個意見，迄今將近三十年而仍未改變。謹特介紹如左：

39.阮毅成：前揭書，頁 381。
40.同上，頁 355。

（一）任何人只要沒有消極的限制情形，年滿二十三歲，都可以應候選人測驗。如其本人不識字，可用當面問卷方法，由考試人員代填。

（二）測驗的題目，就各省、各縣市、各鄉鎮，分別命題，如有關於三民主義、憲法、本國史地者，亦須各有深淺。其餘則為各該省縣市鄉鎮的特殊問題，如交通、水利、生產、教育、及本地方應行興革的事項，須各地不同。答案可用是非法、填充法，也可用改錯法。

（三）測驗的題目要多，內容要具體。由考試院約請各地方專家決定後公布，此如非十分必要不加改動。任何人願意應某省縣市鄉鎮民意代表的候選人測驗，皆可自行準備。

（四）測驗：由考試院或委託各級地方政府聘請專家辦理。因為應驗人數必多，並為使應驗人方便計，測驗須經常舉行，有如醫院之檢查體格然。並用現行檢定考試辦法，如本次有若干題合格，則下次可再來應驗若干題，不限定年期，以累計有百分之六十的題目應驗合格者為及格。凡任何有志於候選的人，只要繼續用功，終可有及格之一日[41]。

這一種測驗，阮毅成教授稱為「公民測驗」，是每個公民所應當具備的常識、假如這些常識能夠具備，則使其任一民意代表，自可裕如了。不過，吾人認為在測驗科目方面，似可增加「會議規範」、或「議事規則」及其所擬競選的公職人員之職權。阮教授這個「公民測驗」方法，值得考政機關參酌採行，但也不妨先從黨內提名做起。至於候選人德操，不可能以考試方法得知。我們似可對選民進行政治教育，使

41.阮毅成：〈公職候選人的考試問題〉，收集在《地方自治與新縣制》中，前揭，頁 66-67。

其認識選舉在民主政治及國民福利上之重要性，拒絕投票給企圖以財物賄選的候選人，深信這是可以做到的。

（五）消極條件：德國規定①沒有選舉權者，②因法院之判決，不具被選舉資格或不具擔任公職之能力者，③不具德國國籍者。這三種人沒有被選舉權。我國選罷法第三十四條規定：①動員戡亂時期終止後曾因內亂、外患行為犯罪，經判刑確定者。②曾因犯貪污行為罪，經判刑確定者。③犯前兩款以外之罪，判處有期徒刑以上之刑確定，尚未執行或執行未畢者。但受緩刑宣告者，不在此限。④受保安處分宣告確定，尚未執行或執行未畢者。⑤受破產宣告確定，尚未復權者。⑥依法停止任用或受休職處分，尚未期滿者。⑦褫奪公職尚未復權者。⑧受禁治產宣告，尚未撤銷者。凡有上列情事之一者，即不得登記為候選人。此外尚有身分上的限制，凡是①現役軍人或警察，②現在學校肄業學生，③辦理選舉事務人員，皆不得申請登記為候選人（第三十五條）。

第三項　選舉區之劃分

為辦理選舉之方便，將全國劃分為若干選舉區域，以產生民意代表，這就叫做「選舉區」。選舉區之劃分，以行政區域為單位者，叫做「地域代表制」；以職業團體為單位者，叫做「職業代表制」。

（一）**地域代表制**（Geographical Representation）

1. 大選舉區制（Large Electoral District）——每選舉區可選出二名以上的代表，叫做「大選舉區制」。大選舉區之劃分並無一定標準，可將原有行政區劃為數區，或僅劃為一區，或將數行政區併為一區。各選舉區產

253

生之代表，可視其區域之大小、人口之多寡，而定期
選出代表之人數，各選區產生之代表人數亦可不必相
同。比利時將全國劃分為三十個選舉區，最大的選區
產生議員三十二名，最小的選區只產生二名。盧森堡
將全國劃分為四大選舉區，每區選出六～十八名議員
不等。丹麥將全國劃分為十七選舉區，每區選出二～
十名議員。荷蘭全國為一個大選舉區，產生議員一百
五十人。我國選罷法的規定，立法委員、省市議員、
縣市議員之選舉均採大選舉區制 。後來改行「單一選
區兩票制」。

2. 小選舉區制（Small Electoral District）──每一選舉區
只能選出議員一名，叫做「小選舉區制」。我國過去
區域國民大會代表之選舉，係採用小選舉區制，每縣
市人口在五十萬以下者選出代表一名。1980 年 6 月 11
日公布增額辦法，規定人口逾三十萬人者，每增加三
十萬人，增選代表一名，是又已兼採大選舉區制。英
法兩國下議院議員選舉皆採小選舉區制。法國劃分為
四百九十一選區，英國劃分為六百三十五選區，各選
區產生議員一名。

大小選舉區制各有利弊。大選舉區制，因選民甚眾，賄
選脅迫手段不易實行，議員言行也不為一地所拘束。但缺額
補選時，因全區選民皆須重行投票，浪費人力財力。而且候
選人非選民所熟識，選舉易受政黨或政府的操縱。小選舉區
制，可避免大選舉區的兩項缺點，但因當選只一人，競爭激
烈，易發生非法手段及賄選行為。吾人主張採「中選舉區
制」，每選舉區限於選出 2～3 人。

（二）**職業代表制**（Professional Representation）

依職業的類別，以工會、農會、商會、教育會等團體為選舉單位者，叫做「職業代表制」。英美兩國皆採地域代表制，不採職業代表制。奧地利、巴西兼採地域代表制和職業代表制。我國前國大代表及立法委員亦兼採地域及職業代表制，但省市議員、縣市議員只採區域代表制。現已廢除職業代表制。

威瑪憲法的德國，另設有中央經濟委員會，為職業團體的代表，但只是諮詢性質，而無表決權。凡屬經濟性立法，政府先提該委員會討論，再付國會表決。法國 1946 年第四共和憲法，除國會外，也另設經濟議會，審查經濟性議案，並提出審查意見，國民會議在考試此種議案前，須先送經濟議會審查。1958 年第五共和憲法，另設經濟及社會委員會，亦為諮詢性質而已。

我國前國民大會代表及立法委員之選舉均兼採職業代表制頗值得研究。蓋誠如拉斯基（Laski）在其所著《現代國家的理論與實際》（*The Theory and Parctice of Modern State*）一書中言：「議員立法，應由消費人的觀點出發，而後能彼此協商，以討論的方式謀致共同的見解。地域代表制雖屬陳舊，卻能以最簡便的方法產生消費者的代表，使議會容易有共同的見解，便利了立法的工作。若以職業團體的代表組織經濟會議，則各人為不同的利害觀念而爭，不肯稍作讓步，如何能進行立法的工作？」[42]而且，人民之為農民、工人、教育人員、商人、或律師，他們不是單單對於職業上的問題感覺興趣；而政治問題又複雜多端，未必均與職業有關，當作成國

[42].鄒文海：《代議政治》，前揭，頁 169-170。引見拉斯基之說。

家意思之際，職業代表往往離開職業關係，而從別的方面，判斷問題之利害如何[43]。是以，職業上的利益不能包括一切利益，但地域代表制選出的代表，卻可代表各種職業利益。

我國過去的制度，事實上是職業團體制，而不是職業代表制，農民團體選出的代表，本身不一定是農人，工人團體選出的代表，本身又不一定是工人，可能是工會的職員，所以在省議員之選舉，毅然決定只採用區域代表制，這是一種果敢的決定，與進步的象徵。此外，在選舉程序上，職業團體代表制也造成了不少困難，選舉名冊的編造複雜，不僅給戶政機關以沉重的負擔，且對選舉人之兼有兩個以上選舉權者，課以事先書面聲明限選擇一個之責任。是以，吾人曾經深切希望，經過大法官會議的釋憲制度或憲法的修改，取消我國職業代表制。因它不僅不合公平選舉之原則，制度本身已成為歷史陳跡。幸而我國已揚棄這種不公平的「職業代表制」。1948 年英國已取消大學區可選出平民院議員的規定，法西斯義大利早已放棄他們的組合會議（Corporative Council），1948 年義大利共和國憲法規定，參眾兩院議員均由人民直接選舉產生，揚棄職業代表制。德國憲法亦已取消「中央經濟委員會」。吾人認為立法機關為求立法之慎重，似可採聽證會或公聽會（public hearing）制度，來聽取有關人員之意見，較為合乎平等政治原理。

第四項　選舉權之行使

普通、平等、直接、秘密為現代民主國家的選舉原則。我國 1980 年 5 月 14 日公布的「動員戡亂時期公職人員選舉

43.薩孟武：《政治學》，前揭，頁 528，註 12。

罷免法」第三條規定：「公職人員選舉，以普通、平等、直接及無記名單記投票法行之。但監察委員選舉，由省（市）議會議員以無記名單記投票行之。」所謂「無記名」也就是「秘密」之意。所以，我國現行選舉制度亦遵循一般民主國家之原則。

（一）**普通選舉與限制選舉**——凡規定年齡之男女公民一律有選舉權，除上述消極和積極條件之外，不再有其他如納稅條件等之限制者，叫普通選舉。凡對選舉權之取得，另有財產、種族、性別之限制者，叫限制選舉。英國在 1928 年以後的選舉，美國在 1920 年以後的選舉，已打破財產種族及性別的限制。我國選舉，尚對婦女有保障名額，實已開創世界選舉史的先例。在男女受教育機會均等的現代，是否還有此必要，值得研究。事實上，婦女的保障規定，除了承認男女有不平等之現象外，已造成反平等的事實。因為婦女蒙保障名額之賜，以懸殊差距之少數票，即可取代當選名額最後一名男性而當選，這不是造成新的男女不平等嗎？

（二）**平等選舉與不平等選舉**——凡有選舉權者，任誰都只投一票，而且同一價值，所謂「一人一票等值」（One man, One vote, One value）是也，這叫做平等選舉。反之，普通選舉人只投一票，特殊身價的選舉人可投兩票以上，或每人皆投一票，而票值有差異的，叫做不平等選舉。比利時在 1893 年採複投票權利，年過三十五歲，擁有固定財產，並年收定額租金及紅利者，可多投一票。受過高等教育者可多投兩票。但任何人最多只能有三個投票權[44]。我國各種選舉皆為

44.郎裕憲：前揭文，頁 163。

「一人一票等值」之平等選舉。

（三）**直接選舉與間接選舉**──選舉人投票能直接產生代表的，叫做直接選舉；反之，選舉人投票選出代表，再由此一代表去投票，才能產生公職人員的，叫間接選舉。美國總統之選舉係由選民投票選出「總統選舉人」，再由「總統選舉人團」投票選出總統，這就是間接選舉。我國過去的總統副總統由國大代表投票選舉，監察委員由省（市）議會議員投票選舉，皆屬間接選舉。

（四）**記名投票與無記名投票**──記名投票又叫雙記名投票，即在選票上除寫出被選舉人姓名之外，還須寫出選舉人姓名，所以又叫「公開投票」（Open Voting）。在公開投票之下，選舉人易受威脅利誘，失去選舉自由。選舉人在選票上只寫出被選舉人姓名，就叫無記名投票。此種投票選舉人容易守秘密，不易受威脅利誘，所以又叫做秘密投票（Secret Voting）。秘密投票制係 1872 年英國首先實施，各民主國家先後仿行[45]。丹麥 1849 年憲法，國會採兩院制，其下議院之選舉採「舉手表決」的方式，1901 年多改採秘密投票[46]。我國各項選舉，均採無記名投票制。

（五）**單記投票、連記投票與限制連記投票**──在一選票上只能圈選一人都叫單記投票（Single Vote），在一選票上可圈選所有應當選名額者，叫連記投票（Cumulative Vote）。在一選票上，可圈選二人以上及應當選名額以下者，叫限制連記投票（Limited Cumulative Vote）。我國各級民意代表之選舉皆採用單記投票法。

45.傅啟學：《中國政府》，前揭，頁 126。
46.郎裕憲：前揭文，頁 169。

（六）**自由投票與強制投票**——凡選舉人行使或不行使選舉權，完全自由，國家不得干涉的，稱為自由投票（Free Voting）；選舉人無故放棄選舉權，國家可加以制裁的，稱為強制投票（Compulsory Voting）。英、美、法、德、義、日諸國採自由投票，我國各種政治選舉，人民有投票與放棄的自由，故亦為自由投票。採強制投票者瑞士最早，比利時於1893年以來亦採之，盧森堡迄今仍採強制投票。第一次世界大戰以後，採強制投票的有匈牙利、荷蘭、捷克諸國，但荷蘭已於1970年廢除此制。第二次大戰後採用的，有阿根廷、美國威斯康辛州和新加坡。阿根廷1962年3月普選，選舉法規定：年未滿十八歲者無選舉權、年滿七十歲者可不參加選舉，有選舉權公民，除因病經醫生證明者外，不投票者，罰金九十披索。傅啟學教授在其所著《中國政府》一書中，主張實施強制投票。他認為由英美兩國普選歷史觀察，人民的選舉權是人民爭取得來，而不是固有權利，人民爭得選舉權又可任意放棄，是一個矛盾。民主政治是多數人主持的政治，若多數人放棄此一選舉職務，則政治必為少數人所操縱，有民主之名無民主之實，為補救此一缺點，傅教授認為實施強制投票為一可行辦法[48]。但強制投票與自由選舉並無妨礙，因為出席投票，選舉誰人仍為投票人的自由，當然也可投廢票，如果對候選人皆不滿意的話。以故，吾人認為強制投票有其價值，從投票之結果，頗可探知真實民意的向背。不過，作者主張比較溫和，為鼓勵選民出席投票，可將付給候選人之得票補助費，轉付給選舉人。

47.同上，頁164-165。

第三節　罷免權

第一項　罷免權之理論

罷免權（Recall）就是選民對原選出的公職人員，發現其不能勝任或不能代表民意，而於其任期未屆滿以前，用定額選民之提議與簽署，經舉行特別投票來令其解除職務，並決定接替其職位者之權利[49]。浦萊斯（Bryce）言，這是一種以人民直接行動方法來救濟政府公務員濫用職權的制度[50]。罷免權的使用，與創制、複決權的盛行有關。美國第一個行使罷免權的都市是洛杉磯（Los-Angeles），時為 1903 年。第一個行使罷免權的州是奧勒岡（Oregon），時為 1908 年，依次為 California（1911），Arizona，Colorado，Idaho，Nevada，Washington（1912），Michigan（1913），Kansas，Louisiana（1914），North Dakota（1920），Wisconsin（1926）。以外的州或城市則少有採用者[51]。多數的法律規定，罷免對象限於選任官及議員，但像 Idaho 州則尚可罷免法官[52]。瑞士的罷免權只能行使於立法的議員，而且不是對個人行使，而是對整個議會的罷免。2012 年 12 月 17 日臺灣彰化縣花壇鄉代會通過罷免正副主席，創下 1950 年以來臺灣地方自治史之首

48.傅啟學：《中國政府》，前揭，頁 119-120。
49.徐實圃、姚學書合著：《四權行使之理論與實際》，臺北，1954 年 9 月 1 日出版。
　　傅啟學：前揭書，頁 127。
50.James Bryce, *Modern Democracies*, op. cit., pp. 148-149.
51.*The Encyclopedia Americana*, international edition, 1979. vol. 23. p. 266.
52.Ibid.

例。2014 年違背民意的立法委員正處於被罷免的危機，這是臺灣「公民意識」的覺醒。

罷免權是近代民主政治的產物，與選舉權相輔而行，各國爭相採用。但在理論上，仍有贊成與反對的兩種主張：

（一）**贊成之理由**——

1. 議員或官吏既由公民選出，應對選民負責，如有違法失職，公民自有行使罷免之權。

2. 公民掌握罷免權，則議員或官吏之言行，當不敢忽視民意，亦可防止其營私舞弊。

3. 公民行使罷免權可直接迅速而確實，使喪失人民信仰與支持之公職人員立刻去職，而不致於彼等倒行逆施，卻又無可奈何。

4. 可使公職人員更能注意公共福利，與選民保持密切的接觸。

5. 使人民有機會修正其第一次選舉之錯失，加強選民對政治的關切。

6. 可不必依司法程序，即可令不適任之公職人員去職。

（二）**反對之理由**——

1. 容易造成派系糾紛，增加政黨激烈鬥爭，破壞行政權之獨立，造成社會之不安。

2. 使公職人員不敢負責任事，形成政府無能。

3. 使公職職位無法吸引名譽心重而賢能的人才，來為國家社會服務。

4. 辦理罷免案，不但浪費財力，亦增加人民的工作及時間負擔，令人民有不勝其煩之感。

5. 以罷免權來修正選舉之錯失，不如慎重選舉於前。

6. 對其遠大眼光與計劃之執政者，罷免權對他是一種打擊，因施政之推展須不受干涉，才能證明其成果[53]。

第二項　罷免權行政之對象

（一）**對總統之罷免**──各國承認人民可罷免總統者，只有德、奧、西班牙三國，德國威瑪憲法第四十三條規定，第一院得以出席議員三分之二以上之同意，提議罷免總統，提交人民投票表決之。人民同意，則總統當辭職，人民反對，則第一院解散，總統再任七年。我國人民對總統、副總統行使罷免權原委由國大代表行之。憲法增修條文規定改由全體立委四分之一提議，全體立委三分之二之同意後，經選舉人總額過半數之投票，有效票過半數同意，即為通過罷免。

（二）**對議員之罷免**──對議員可否罷免？人民既有直接立法（創制、複決權），即可不必對議員行使罷免權，反之，議員若可罷免，自能代表公意，因之直接立法又無必要，故承認人民可罷免議員者，僅俄國、日本、瑞士、美國、加拿大和德國。瑞士與美國各州的罷免權又不同，美國各州人民行使罷免權對象為個別議員；瑞士則為對全體議員行使之。我國人民行使罷免權亦對議員個別行使。立法委員、省（市）議員、縣（市）議員、鄉（鎮、市）民代表，可由原選舉區選民罷免之但就職未滿一年不得罷免。

（三）**對官吏之罷免**──美國洛杉磯市首先採用罷免權來罷免行政官吏，但只對民選首長為之，而 Kansas 州則對任命官吏亦可罷免之。有些州也可以對法官提出罷免，因美國

53.廖仲愷譯：《全民政治》，前揭，頁 99-120。
　徐學圃等著：前揭書，頁 161-165。

各州法官多有由選民選舉產生者，如 1912 年 Arizona 州修改憲法，允許人民罷免法官。我國法官為任命官，且為終身職，人民不得行使罷免權。一般任命的公務員，人民亦不得罷免之，只惟民選各級行政首長，原選舉區之選民可予以罷免。中山先生在「三民主義之具體辦法」中說：「選之在民，罷之亦在民」，在三民主義第六講也曾說：「一面可以放出去，又一面可以調回來」，由此可知中山先生之意，罷免權之行使，以民選官吏或議員為限。

第三項　罷免權行使之限制

罷免權之行使，並非漫無限制，蓋為保持政治之穩定，罷免權之行使不得過於狂濫。是以，在時間上、原因上、及罷免權行使範圍，均有限制。茲分別說明之：

（一）**時間上的限制**──為使選民對當選人有確切之認識及考驗其行政經驗或立法成績，故對時間多加限制，我國現行選罷法第六十九條規定，公職人員之罷免，就職未滿一年者，不得罷免。第七十六條規定，若罷免案不成立，則一年內不得再對同一人提出罷免案。

（二）**原因上的限制**──為使罷免權之行使不致濫用，對罷免原因須加限制，主要是以違法與失職為限。關於這個限制，我國選罷法沒有規定，但是罷免案成立後應將理由書副本送交被罷免人，於十日內提出答辯書（第七十七條）。

（三）**罷免權力範圍之限制**──公民對被罷免人僅有請求權，而無核定之權，如美國北達科他州是。但亦有僅可投票核定其應否罷免之權者，如 1919 威瑪憲法，對總統之罷免提出權在議會，而交付公民投票以決定其應否罷免。此種限

制，係將罷免權之行使分為兩段，然此制並不理想，我國的規定，人民既可提出罷免案，復可參與表決。

第四項　罷免權行使之程序

美國各州行使罷免權之程序，先由若干公民簽署，敘明罷免理由，再提出罷免案。提案人數各州規定不同。舊金山市（San Francisco）規定為選民的百分之十，俄勒岡（Oregon）規定為選民的百分之二十五，普通為百分之十五～二十。罷免案提出後，經公布於三十至六十日內，應定期舉行公民投票[54]，但被罷免人應有答辯之機會，公布罷免案時，應同時公布其答辯書。公民過半數同意罷免，則該被罷免人應即解職，另定日期，補行選舉，但為便利計，補選多與罷免投票同時舉行，此時，實質上變成補缺人員與現任人員的競選[55]。

我國的選罷法規定，對立法委員、省（市）議員、縣（市）議員、鄉（鎮、市）民代表之罷免案，須原選舉區應選出之名額除該選舉區選舉人總數所得之商數的百分之五以上之提議，並為百分之十五以上之連署，始可成立。對縣（市）長、鄉（鎮、市）長、村里長之罷免案，須原選舉區選舉人總數百分之二以上之提議，並為百分之十八以上之連署，始可成立。

選舉委員會應於被罷免人提出答辯書期間（十日）屆滿後五日內，公布：①罷免投票日期及投票起止時間，②罷免理由書，③答辯書（但被罷免人不於規定期間內提出答辯書

---

54. *The Encyclopedia Americana*, op. cit., p. 267.
55. 傅啟學：《中國政府》，前揭，128-129。

者，不予公告）並於罷免案宣告成立後三十日內為罷免投票。投票結果，投票同意罷免多於不同意者，即為通過，但投票人數應合規定：各級地方行政首長，須原選舉區選舉人之二分之一以上之投票。如投票人數不合規定或同意票少於不同意票，均為否決。

罷免案經投票後，選舉委員會應於七日內公告結果，通過罷免案者，被罷免人應自公告之日起解除職務。且四年內不得為同一公職之候選人。經否決時，在其任期內，不得對他再為罷免案之提議。

第四節　創制權

第一項　創制權之理論

創制權就是公民以一定人數的簽署，提出制定或修改法律或憲法的建議案，以交付公民投票或交付立法機關審議，如立法機關不予採納時，再交付公民投票的一種直接立法方案。易言之，創制權也就是人民創制法律的直接民權。它與複決權同為人民參與地方或國家立法事務的權利。立法機關不制定而人民認為有利的，可以直接創制。因為立法機關的議員只是人民的代表，人民是議員的母體，人民的代表可以制定法律，人民的本身自亦可創立法律。中山先生在「軍人精神教育」演講中說：「由人民以公意創制一種法律，此則異於專制時代，非天子不議禮，不制度也。」[56] 人民應有創制權，乃是民主國家的必然推論。

---

56. 《孫中山全集》第 2 冊，頁 493。

關於創制權及複決權的發展，吾人於討論直接民權行使之歷史時，已就美、瑞兩國之史實，有所論述，在此不贅。本項擬對創制權之理論，就贊成與反對之意見，分別說明之：

（一）**贊成之理由**──

1. 合乎民主主義的精神原則：依據民主主義主權在民之原則，法律乃主權者意思之表現，立法機關不過受人民委託以制定法律的一種組織，如謂受委託之機關對法律有制定或修改之權，而身為主權者的人民反而不應具有此權，邏輯寧有是理？而且如不以創制法律之權歸於人民，而完全委之於立法機關，則法律必難完全適合真正民意。立法機關既不能完全代表人民，創制或修改法律，使其盡善，則人民自應以其主權者之地位，自行制定或修改之。

2. 防杜立法機關專擅與失職：公民如無創制權，則立法機關可以無所顧忌，蔑視民意，怠於立法，而人民亦將無可如何。倘公民享有創制權，則立法機關將不敢有所怠忽、蔑視民意。

3. 避免政黨的操縱：代議民主國家的議員常是政黨黨員，因之民主政治乃變成政黨政治。一個政黨在議員中若占多數議席，則可以操縱立法，罔顧民意，自作決定。而人民大多並非政黨黨員，即使是政黨黨員，其與政黨關係亦多不如議員與政黨之密切，故不易為政黨所操縱。人民有了創制權後，如發現政黨操縱立法，忽視公意，即可直接提出主張，政黨因而有所忌憚，自亦不敢過分操縱、妄肆專橫。

4. 富有政治教育作用：公民享有創制權，對於政治及法

律問題，便易感興趣與關切。一方面創制權之運用而活動自然增多，另一方面亦須對法案內容求得了解，似此直接間接地使人民均受啟發薰陶，提高政治法律的知識水準，對民主政治必有莫大助益。

5. 增進人民對法律的責任心：在純粹代議制度之下，法律的制定與修改全由立法機關為之，人民無法過問，所以對服從法律之觀念，並不甚濃，如享有創制權，得以直接參與制定或修改法律，則必可增進人民對法律的責任心，而加強法律實效。

（二）反對之理由——

1. 多數壓迫少數將更烈：在純粹代議制度之下，議會之立法，固偏於多數派之意見，但亦不能絲毫不容納少數派意見。尤其多數與少數相差甚微時，少數派之意見，常可藉協調或政治技術的運用，而得以通過。若在創制制度之下，公民投票表決時，少數派欲有所協調及運用技術，則更加困難。故表決結果，少數派之意見可能完全被抹煞與犧牲，實有違寬容少數意見之民主精神。

2. 足以削弱議會的地位與責任感：公民享有創制權，足以削弱立法機關之地位與責任感。使一般富於才智與自尊之士，不願爭取為議員，而這將使國家與人民同受損失，因為現代的廣土眾民之國，勢不可能事事皆採用直接立法。

3. 創制之法律易流於粗疏草率：立法工作隨社會之進步而日趨於繁複與專門化，非有專門知識與經驗，不能有正確的理解與判斷，如由人民創制法案，難免粗疏

草率之弊，而投票公民因缺乏專門知識與經驗，對法案之表決，不是盲從附和，就是規避放棄。如係前者，則結果並非代表真正民意，如屬後者，則成為少數決。

4. 創制的法律易於少數人所利用：現代國家領域遼闊，創制法律，不能集全國公民於一地，共同詳加研討，逐條修正表決，僅能就所提原案由公民投票表示贊成或反對。結果將使僅同意某部分條文者，亦須同意其反對之條文，於此，少數人乃可加以夾帶以遂其私慾。

第二項　創制權行使之形式

創制權的形式，各國所採用者頗不一致，就其適用對象言，有憲法創制與法律創制；就其表決程序言，有直接創制與間接創制；就其提案方式言，有原則創制與法案創制。茲分別說明之：

（一）**憲法創制與法律創制**──憲法創制是公民得以法定人數的簽署，對憲法修改問題提出建議案，要求交付公民表決。法律創制是公民得以法定人數的簽署，對普通法律提出建議案，要求交付公民表決或交由立法機關審議，如未經採納，再交由公民表決。

創制權的目的，既在於補救立法機關的怠忽職守與違反民意，而立法機關主要的職權，即在制定法律，如不許人民創制法律以矯正或防範，於理實有未妥。至於創制權的行使，如只限於普通法律，依「主權在民」之觀念，制定憲法之權亦即主權，應該屬於人民，而修改憲法則無異於制定憲法，

如不許公民創制憲法修正案，實有背於主權在民之道。故一般採用創制制度的國家，大率對憲法與法律的創制權，均同時准許公民行使之。

（二）**直接創制與間接創制**——直接創制是公民以法定人數的簽署提出創制建議案後，不必交由立法機關審議，即直接提交公民投票。間接創制是公民以法定人數的簽署提出創制建議案後，須先交由立法機關審議，如立法機關通過，該案就可成為法律，不必再行公民投票；如立法機關不通過，才把原案或和立法機關的修正案一併提交公民投票。

直接創制可以直接表示公民意見，不受其他機關的牽制，為補救議會不當立法最迅速正確的方法，宜用於國民知識水準較高的國家。間接創制，其缺點為議會審議費時，如議會不贊同該項建議案，更易藉口耽擱。但議會如通過，即毋須舉行公民投票，可減省費用及煩擾。

（三）**原則創制與法案創制**——原則創制是公民得以法定人數的簽署，提出要求修正或制定法案的原則，而以起草權屬於立法機關。法案創制是公民得以法定人數的簽署，提出完整的法案，要求修正或制定。

原則創制因完整的法案係立法機關草擬，就立法技術而言，固可避免公民草擬法案之粗疏草率，但立法機關所擬的法案，未必與公民原來提出之原則相符。如立法機關對該項原則並不贊同時，則此一流弊更難避免。對於採用間接創制國家，其流弊更大。法案創制固可避免上述流弊，但起草法案時，因公民對所需之專門知識與經驗，常有所欠缺，故易有粗疏草率之處。為彌補上述兩制的缺陷，若干國家一方面准許公民得就原則創制與法案創制兩者之間自由選擇，另一

方面當公民選擇法案創制時，並准許立法機關對公民提出的創制草案[57]，如不贊同，得提出另一新草案與原草案一併交付公民投票，或逕行建議公民於投票時將草案予以否決[58]。

第三項　創制權行使限制

各國對公民行使創制權，均有法定人數簽署的限制，以避免少數人隨時提出創制案，造成人力財力浪費，且人民與政府亦不勝其煩。不過此一法定人數之限制固不宜過少，復不宜太多。太多將使公民得不到法定人數的簽署，而使創制權形同具文，過少則等於不加限制。依各國趨勢，憲法創制的簽數人數常比法律創制為高；直接創制的簽署人數比間接創制為高。但其規定形式並不一致，有採實際人數制者，有採百分比制者，有兼採二制者，亦有兼採區域與人數制者。茲分別敘明之：

（一）**實際人數制**——規定公民提出創制案時，必須有一定數目人數的簽署，如瑞士憲法規定，對聯邦憲法提出修正創制案時，應有公民五萬人的簽署。

（二）**百分比制**——規定公民提出創制案時，必須有一定百分比人數的簽署，如美國阿利桑那州憲法規定，對法律提出創制案時，應有公民十分之一的簽署。

（三）**兼採人數與百分比二制者**——規定公民提出創制案分為二個階段，發起創制案時，須有一定人數的簽名，於正式簽署時，則規定須達一定百分比人數簽署之後，始得提

57. 國民大會憲政研討委員會：參考資料甲類第 1 號，《創制權與複決權概述》，頁 15-18。
58. 同上，頁 8-11。

出創制案。如德國 1922 年公民表決法及 1924 年的公民投票條例規定，法律創制時，應先由五千公民簽名發起，再辦理徵求簽署手續，至達到公民十分之一簽署時始得提出。

（四）**兼採區域與人數制**——規定人民提出創制案時，必須有一定人數或達到一定比例人數的簽署，而該等簽署人必須自一定數目或比例的地區中獲得之。如美國阿肯色州憲法規定，對法律提出創制案，須有公民百分之八簽署，簽署人應從十五縣中獲得之。

實際人數制因人數確定，不能隨人口的增減而改變，缺乏彈性，故現今憲法多不採用，而兼採實際人數與百分比制，但亦僅見於德國。

此外，各國憲法對立國精神、政體、及人民權利保障條款，往往有規定不得變更者。而一般立法機關對預算、租稅法案，亦例不准議員提出。故公民提出創制案時，內容亦非毫無限制。例如：

（一）**不得涉及機關的設置及國境的整理**——因機關的設置不但影響政府預算，而其應否設置及如何設置，亦惟政府知之，人民不宜越俎代庖。而國境之整理，對地方行政組織及地方人民權利均為重大影響。此種法案如許公民創制，則多數人民可能因私利或地域觀念，不顧少數人利害，妄予改變而陷政府於困難。

（二）**不得涉及國家預算、財政及租稅**——因預算是規定國家每年的整個收支，須謀雙方均衡，國家每年收入多少，應辦何事，需款若干，只有政府最清楚。故各國法例多不許立法機關提出預算案，則人民亦不宜提出。財政租稅與人民利害直接相關，人類均有私心，對自己負擔常欲設法轉嫁於

271

人，甚至下一代，故各國多不許人民創制。

（三）**不得涉及軍事及兵役義務**——因關於宣戰、媾和、戒嚴、動員、復員等足以影響國家生存的軍事問題，多屬機密，只有政府能以詳知，而兵役義務與人民的直接利害關係，不亞於租稅，故亦均宜限制人民創制。

第四項　創制權行使之效力

然則，法律創制案通過後，其效力如何？其效力較立法機關所通過者為高，此乃各國通例。否則如讓立法機關得任意修改或廢止，或讓行政機關任意否決，則公民直接立法便失其意義。但法律創制案之通過，直接由公民創制或間接由立法機關創制者效力不同：

（一）**直接由公民創制者**——依各國法制，行政機關固無否決或交付公民複決之例，但立法機關可否予以修改或廢止，則有不同之規定：

　　1. 有加以時間限制者，如德國勃里門邦 1919 年憲法第八條規定：「凡法律經公民投票通過者，該屆議會不得廢改之。」

　　2. 有不許其修正或廢止者，如美國加州憲法第四條第一項第九款規定：「凡由公民創制法案交付投票經可決成立後，除非該創制案另作規定，或公民投票另作決定外，不得修改或廢止。」

（二）**間接由議會創制者**——依各國法制，並無立法機關不得修改或廢止之規定，但行政機關卻不得予以否決，至於是否得交公民複決，因無實例，故無定論[59]。

272

59.同上，頁 11-15。

第五節　複決權

第一項　複決權之理論

　　複決權是公民以投票方式，對於制憲或立法機關通過的憲法或法律案、條約案、或經立法機關否決的法律案或其擬修正的憲法案，決定其應否成立的權利。複決權與創制權同為人民參與對國家或地方法律立法事務的權利。中山先生在「軍人精神教育」演講中說：「複決權，此即廢法權，法律有不便者人民以公意廢止或修改之。」[60]就理論與實際方面，均有贊成與反對兩種不同的意見，茲將雙方所持理由分別說明之：

（一）**贊成之理由**——

1. 符合民主主義的精神與原則：依據民主主義「主權在民」之原則，法律係主權者公意的表現。如因地域遼闊，無法完全以立法權付予公民，亦至少當使公民享有批准憲法或法律的權，而經公民投票批准的憲法或法律，始能真正表現公意。此種理論乃源自盧梭之學說，法國大革命採取憲法（如 1793 年憲法）複決制，瑞士各邦在十九世紀上半葉相率沿用任意複決制，均受此種理論之影響。

2. 防止立法機關的專斷與失職：立法機關制定法律，如不受限制，難免有蔑視輿論與罔顧民意之處。倘公民享有複決權，則事前既可使議員有所忌憚，不敢過分

60.同註 34。

擅專，即令其通過違反民意的法律，事後亦可有所補救。

3. 富於政治教育作用：因複決權的行使，使凡參加投票的人，除甘於盲從者外，不能不對所須表決的法案內容求得了解，對邦國大政不能不相當注意，即其他國民亦將受其影響。

4. 減少黨爭消弭暴動：立法機關通過之法律，少數黨常藉口該法律違反民意，而橫加攻訐，可能因此引起政變。如將該項法律交付公民表決，則可減少議會內之黨爭。且經人民否決之法律，立法機關可遵照輿論酌為修正，使與當時民意及時代精神吻合，法律之施行，亦可無反抗之虞，暴動之事，遂亦不致發生。

5. 防止政黨的操縱與專橫：民主政治施行的結果必趨於政黨政治，任何政黨如在議會中占有絕對多數的席位，則可操縱立法，不顧民意。一般人民，因多非政黨黨員，對於政治問題，多無定見。複決各種法案，常依其本身的利益或見解以為取捨，而不受黨派觀念拘束，使政黨無法操縱。

6. 解決政府與立法機關間的衝突：立法機關通過的法律，政府認為窒礙難行時，如使用否決或覆議權，反足以加深兩者間的衝突，如能提交公民複決，悉憑公民公意取決，則兩者間的衝突，可以緩和或消弭。

7. 增加政府權力：從無為的政府，變為有為的政府，是二十世紀以來的政治趨勢之一。在純粹代議制度之下，議會能控制政府，而人民在議會任期未滿之前卻無法控制議會，結果，議會跋扈專橫，政府地位常不

安定。公民複決制度係獨立於議會與政府之外，政府如獲公民支持，其欲制定的法律，公民可決之，而其反對的法律，公民否決之，如此，則議會焉敢再蔑視政府，牽制政府？

8. 緩和議會政治過激的作風：在代議制度之下，議會設於首都，首都的空氣比較是急進的，議員受首都空氣的影響，故亦趨於急進。複決制度則把政治的勢力由首都移至農村，農民多是保守主義者，一切急進的法案，均易為其否決，惟有緩進的法案，才易為其接受，因而議會的作風亦須趨於溫和。

9. 增加人民對法律的責任心：在純粹的代議制度之下，法律的制定全出於議會之手，人民無權過問，故多漠不關心，服從法律的觀念自亦非常薄弱。如採複決制度，公民因參與法律的制定，對其內容自較明瞭，對其成效，亦必較具責任感，而法律在執行時，可直接或間接獲得人民的助力。

（二）反對之理由——

1. 公民知識程度，多不能判斷法律案之適當與否：現今社會日趨進步，法律案的內容亦愈趨繁雜和專門化，絕非一般公民之知識程度所能正確的瞭解與判斷。即使其知識程度足以瞭解與判斷者，亦未必具有充分的興趣與餘暇來研究各種提交複決的法案。因之，複決制度施行的結果，不外兩途，一為參加表決的公民，大多數為盲目的可決或否決；一為大多數的公民規避投票。如屬前者，則何貴乎複決；如屬後者，複決將成少數決。

2. 無法容納少數派意見，有失民主政治寬容的精神：在單純代議制度下，多數派與少數派，尤其是兩者相差甚微時，尚可彼此交換意見，協調磋商，在可能範圍內採納少數派意見；在公民複決制度之下，表決的結果，少數派意見全無可能容納之餘地，其以多數壓迫少數，常較在單純代議制度下為烈。

3. 足以削弱立法機關的地位與責任心：公民複決法律，對立法機關贊成通過者常可能給予否決，而對其否決者，反而可能予以通過。如此，足令立法機關地位降低，而立法機關亦可將制定或否決之最後決定權諉諸公民複決而推卸責任，讓公民直接負責，則其對於法律案自審查以至討論諸程序，難免沒有草率從事的觀念與事實。

4. 可導致重大暴亂：在單純代議制度下，人民對立法的經過，多不過問。法律案一經議會通過，普通人民便視為成立，倘實行公民複決，則曾投票反對者，於法律施行之時，或不免憤懣不釋，假若當時反對與贊成的人數相差無幾，則於施行期間，更易發生種種阻礙，甚至釀成人民與政府間激烈的衝突，造成重大的紛擾或暴亂。

5. 難有標準人數的規定：依各國實例，參加複決人數多不踴躍，一般往往只能達全體選民百分之二十五至三十之間，故規定行使複決權的最低人數的標準，甚為困難。過高，複決制度將成具文，過低，則又成為少數決，有背於民治的原則。

6. 耗費人力與財力甚大：一般實施複決制度的國家，往

往對相當瑣屑問題亦提交公民複決，而每次公民複決所耗費的人力與財力均甚可觀[61]。

第二項　複決權行使之形式

複決權亦一如創制權，各國所採用的形式並不一致。就其行使的對象而言，有憲法複決、法律複決與條約複決；就其行使的關係而言，有強制複決與任意複決；就其行使之先後而言，有諮議複決與批准複決；就其行使的範圍而言，有全部複決與部分複決；就其行使的作用而言，有廢法複決、拒法複決與復法複決。茲分別論述之：

（一）**憲法複決、法律複決與條約複決**──憲法複決就是公民對制憲或立法機關所通過的憲法或憲法修正案，投票決定其是否成立。法律複決就是公民對立法機關所通過或否決的法律案，投票決定其是否成立。條約複決就是公民對立法機關批准的國際條約，投票決定其是否成立。

依各國法制，有只許公民行使憲法複決權者，如日本新憲法的規定。有許公民行使憲法複決與法律複決兩權者，如德國威瑪憲法的規定。有對憲法複決權、法律複決權與條約複決權均許人民行使者，如瑞士聯邦憲法的規定。除聯邦國家各邦的憲法外，現今各國憲法，以規定公民只有憲法複決權者為最多。因憲法為國家的根本大法，為政府與人民關係的最高準據，設有不當，其影響至為深鉅，故一般民主國家，即對普通法律不規定公民得以複決，而對憲法的制定與修正，多經人民複決之。至於條約複決權，則只有少數國家規定，如瑞士聯邦憲法、法國第五共和憲法的規定，即是其例[62]。

277

61.國民大會憲政研討委員會：參考資料甲類第 1 號，前揭文，頁 31-34。

（二）**強制複決與任意複決**──強制複決就是凡經制憲或立法機關通過的憲法案或法律案，不問其性質如何，必須交付公民投票，決定其是否成立。任意複決就是經立法機關通過或否決的憲法案或法律案，須經公民或其他國家機關於法定期限內請求，然後始交付公民投票決定其是否成立。

依各國法制，強制複決多用於憲法的制定或修正，前者如法國自 1793 年以來歷次制定的憲法，均提交公民複決，後者如瑞士聯邦憲法第一百二十三條與菲律賓憲法第十五條的規定。但亦有用於法律的制定或修正者，如瑞士的阿格維、圖格維、伯爾尼等邦憲法規定，每年定期將法律全部交付公民投票表決。德國威瑪憲法規定，對兩院意見不一致，而眾議院對於參議院抗議的各種法律案，又未能以三分之二以上的多數否決時，必須交付公民投票表決。任意複決多用於法律的制定或修正，如瑞士聯邦憲法第八十九條，德國威瑪憲法第七十三、七十四條的規定。但任意複決亦有用於憲法的修正者，如德國威瑪憲法第七十六條第二項的規定[63]。

（三）**諮詢複決與批准複決**──諮詢複決就是立法機關於修改憲法，制定或修改重要法律之前，必須先提交公民表決，經其認可，然後始進行立法程序。批准複決就是制憲或立法機關於制定或修改憲法或法律，事前毋須諮詢公民意見，但通過後得提交公民表決。

依各國法制，諮詢複決權的行使，大多以憲法的修正案為限，如美國各州憲法的規定是；且有只限於憲法全部修正者，如瑞士聯邦憲法的規定是；只少數國家用之於重要的法

62.同上，頁 21-22。
63.同上，頁 22。

律案，如瑞典憲法的規定是。至於批准複決權的行使，則一般採用複決制度國家，其憲法的修正，幾全須經公民的批准，而瑞士若干採取強制複決的邦，對於若干重要的法律，亦須經公民的批准，如伯爾尼邦憲法規定，凡關於：①增加稅率至一倍以上者，②募集新公債而非以之償還舊債之用者，均須經公民的批准。

（四）**全部複決與部分複決**──全部複決就是將法律案全部條文提交公民表決其應否成立。部分複決就是只將法律案的某部分條文提交公民表決其應否成立。

依各國法制，一般採用複決制度的國家，法律案提交公民複決多採用全部複決。但全部複決，如因反對其中某一部分，而即否決其全部，似屬不當；而因需要全部，不能不忍痛接受其中不合理的一部，亦屬不當。故美國若干州，如俄勒岡、華盛頓、密西根等州憲法規定，可自由選擇提請複決其全部或一部。德國威瑪憲法規定關於第二院與第一院意見不能一致的法律，總統得將其不一致的部分，提請公民表決。

（五）**廢法複決、拒法複決與復法複決**──廢法複決就是將業已生效的憲法或法律之一部或全部，提請公民表決其應否存在。拒法複決就是對於已完成立法程序，尚未公布或施行的憲法或法律，提請公民表決其應否生效。復法複決就是對於經立法機關否決之法案，提請公民表決其應否成立。

依各國法制，一般採用複決制度的國家，幾全許公民有拒法複決權。若干國家則許公民兼有廢法複決權。如丹麥現行憲法的規定是。至於捷克 1920 年憲法，則規定只許公民具有復法複決權，似可視為特例[64]。

279

64.同上，頁 25-26。

第三項　複決權行使之限制

複決權的目的，旨在防杜議會專斷，立法罔顧民意，但其運用，亦一如創制權，不能漫無限制，否則矯枉過正，事事掣肘，將使立法機關無可作為。依各國法律，往往只限於對憲法修正案強制行使。一般規定對法律案得任意行使的國家，對於提請機關，及提請時間及對象，均有加以限制。茲分述如次：

（一）**提請機關的限制**──依各國法制：

1. 有只限公民提請者，如瑞士各邦憲法的規定是。

2. 有只限由政府提出者，如法國第五共和憲法的規定是。

3. 有只限由立法機關提出者，如丹麥 1952 年憲法的規定是。

4. 有限由公民與政府提出者，如德國威瑪憲法的規定是。

5. 有限由公民及由地方議會提出者，如瑞士聯邦憲法的規定是。

6. 有限由政府與立法機關提出者，如瑞典憲法的規定是。

7. 有限由公民與立法機關提出者，如美國各州的憲法規定是。

（二）**提請時間的限制**──

1. 限於法律未公布前一定期間者，如德國威瑪憲法第七十三條第一項規定大總統得於法律公布前一個月內提交公民複決，及同條第二項規定，因議員要求延期公布二個月的法律得由公民請求交付複決是。

2. 限於法律公布之後者，如美國各州憲法規定於法律公布後九十日內公民得請求交付複決是。此種限制，在

求立法機關通過之法案，不致受長期延宕與早日確定。但其期間則不能太長或過短，太長則失卻限制的作用，太短又使公民無法得到法定的簽署人數。

（三）提請對象的限制——

1. 財稅法案，諸如預算、租稅、薪俸等法案，一般採用複決制度國家不准公民提交複決，如愛沙尼亞 1920 年憲法第三十四條，德國威瑪憲法第七十三條第四項的規定是。因財稅法案，和人民直接相關，投票時常以一己私利而作判斷，未能平心靜氣衡量該法律的價值與需要。

2. 緊急性法案，各國常禁止公民複決，如瑞士聯邦憲法第八十九條第二項的規定是。因此種法案往往為應付緊急或重大變故者，故經立法機關通過後，應立即發生效力，迅速執行，以免延誤。但對何者為緊急法案，例由立法機關決定，因而立法機關即往往濫用此權，剝奪人民的複決權。於是若干國家憲法對立法機關此一權力乃特設各種限制：

   (1)規定對緊急法案的表決數額，較普通法案的表決數額為高，或須兩院作同樣的宣告者，前者如美國猶他州憲法規定，須有議員總數三分之二的同意是，後者如德國威瑪憲法規定，第一院宣告法律為緊急者，必須第二院亦作同樣的宣告是。

   (2)規定緊急法案適用範圍，須加解釋，並列舉不得視為緊急的事項，如美國加利福尼亞州憲法規定，緊急法案條文內，應另立一敘明該項需要事實的條款，提付通過時應唱名表決。但法案內容如涉及政

府機構的設置或廢止，或政府人員薪俸、任期或職務之變更，或許可任何權利或特權，或設定任何給予之權利或利益者，均不得視為緊急事項。

(3)賦予行政機關以否決權，如美國俄勒岡州憲法規定，對於議會通過為緊急條款的法案，州長有否決權。

3. 大赦、特赦及國際條約等法案，若干國家亦有加以限制不准公民複決者，如義大利現行憲法第七十五條第二項的規定是。因公民複決此種法案等，易於意氣用事，而難冷靜客觀[65]。

複決案於舉行公民投票時，對於參加人數是否加以限制，各國法制頗不一致：

（一）不加限制，以參加投票人數過半數決定者，如德國及日本新憲法的規定是。

（二）限定其最低投票人數者。這又可分為：

1. 不分憲法複決或法律複決，亦不分贊成或反對，一律規定投票人數須達一定限度者，如德國勃里門邦 1920 年憲法規定，以公民總數過半數之投票為法定人數是。

2. 表決反對時須有一法定人數者，如美國新墨西哥州憲法規定，經州議會通過的法律提交公民複決時，必須反對者的人數占投票總數過半數，且至少須占選舉議員時投票總數百分之四十以上，該項法律才能失效。

3. 憲法複決或法律複決，分別規定不同之法定人數者，如德國巴雅恩邦 1919 年憲法規定，關於憲法複決，須

65.同上，頁 28。

有公民總數五分之二參加投票，關於法律複決，則只須有公民總數五分之一參加投票。

4. 關於憲法複決或法律複決，或表決反對時各有不同之規定者，如德國威瑪憲法規定公民複決以有效投票過半數之同意決之；但關於憲法複決，須有公民總數過半數之贊成始能生效；關於聯邦議會通過之法律交付公民複決，須有公民總數過半數參加投票並須有參加投票人過半數之贊成，始能生效。論者以為此種限制頗不合理。就前者言，假設德國共有公民五千萬人，其過半數為二千五百萬零一人。倘使參加投票人數為二千五百萬人，縱令全體反對議會通過的法案，亦不能使其失效。就後者言，如參加投票人數為二千五百萬零一人，則只須有一千二百五十萬零一人反對，該法案即行失效。因之，贊成該法案者，與其參加投票，不如棄權，更能達到目的。但 2003 年臺灣，公布的「公民投票法」卻採德國威瑪憲法的規定，所以臺灣有公投法等於無公投法。

依各國通例，公民參加複決投票遠不如參加選舉投票踴躍，所以參加複決最低限額的人數若高，複決通過的可能性將不大，但如規定其最低限額過低，或毫不加以限制，則又將成為少數決。關於同時採用創制制度的國家，其創制表決之限額，例皆準用複決有關的規定[66]。

66.同上，頁 28-30。

第四項　複決權行使之效力

複決案於公民投票決定後，其效力如何？依各國法制亦不一致。

（一）**不得提出異議**──複決案於公民投票表決後，不許任何機關提出異議，這是一般採用複決制度國家的通例。

（二）**於一定期間內限制立法機關廢改**──如美國華盛頓州憲法規定，凡由公民多數投票可決的法案，於制定二年內不得由議會廢止或修改。因大多數公民投票擁護的法律，如許立法機關隨時廢止或修改，即無異承認其可隨時不顧民意。

（三）**解散立法機關或逼使政府辭職**──一般採用複決制度的國家，對於公民複決結果，如與立法機關或政府的意見相反時，當如何來處理立法機關或政府，則多不作規定。但愛沙尼亞 1920 年憲法規定，對於議會否決的創制案，如人民通過之，或議會通過的法律案，人民否決之，則議會必須解散。又德國麥肯堡邦 1923 年憲法規定，議會通過的法律，由政府提交公民複決時，如公民贊成議會，則政府辭職，如人民贊成政府則議會解散。

依各國通例，拒法複決與復法複決，均有法定的期限。逾此期限即不能提請複決，但關於廢法復法，如經公民投票予以否決後，是否可隨時重提，多無規定，而為防止複決權的濫用，及減少公民投票的耗費，論者多以為應規定適當之期間加以限制[67]。

---

67. 同上，頁 30。

第六節　我國直接立法制度之檢討

第一項　概說

　　吾人研究中山先生政治思想，深覺中山先生民權主義之特色，如有與西方代議民主不同者，殆為特別強調「人民主權」論，而批評單純代議政治的不可靠。是以，在實行民權主義之方法上，可以說地方自治與直接民權應為兩大重要步驟。在此所說：「直接民權」也就是充分的民權──選舉、罷免、創制、複決等四個政權。在「三民主義之具體辦法」的演講中，中山先生說：「欲達到真正民權目的，應實行四種直接民權，即（一）選舉權，（二）複決權，（三）創制權，（四）罷官權。」[68]以故，直接民權實為達成「全民政治」的必要方法，其在中山先生政治思想上之地位的重要性，無可否認。本章前面各節分別探討四個直接民權行使之方法，本節乃擬針對吾國直接立法制度，作一討論。蓋有關於選舉、罷免制度，因已有「選舉罷免法」之制定，作者亦已在第二、第三節對我國此二「政權」制度兼有論列。至於創制、複決兩權，則在我國尚無行使之經驗只在學步之階段，這不能不說是實行孫中山政治思想的一大遺憾！

　　創制、複決兩權，一般學者在研究時，大抵都相提並論，如薩孟武教授在其所著《政治學》第四章參政權論，把這兩權合為一節，稱為「人民直接立法」。浦萊斯（James Bryce）在其所著《現代民主政體》（*Modern Democracies*）

---

68. 《孫中山全集》第 2 冊，頁 407。

一書，論及美國及瑞士的政治時，均稱此二權為「人民直接立法」（Direct Legislation by the People）[69]。並認為這種「把立法權從代議機關轉移到那在選舉場投票的公民」[70]，是近代美國的四項改革運動之一。直接立法的目的，在防止國會立法專制（Checks upon the legislative absolutism of Parliament），第一次大戰後的歐洲及東歐新興國家，制定新憲法時亦多採用之，而非僅在美、瑞等國流行。可是，也許有人認為由於「委任立法」（Delegated Legislation）的作用，代議制度的改進——如擴大選舉權、改進選舉提名方式（美國使用「直接預選制」Direct Primary）、防止選舉舞弊，以及罷免制度的採行等，使議會不再如往日的跋扈專斷，再加上興論作用的發揮，……凡此均可使民意能受政府重視，自不必求諸遲緩繁複的公民直接立法[71]。吾人深信這個觀點的正確性，不過，在政府與議會不能在政黨政治合理運行的國家，行政權的擴張，執政黨領袖的蠻橫，仍如過去議會專制一樣，使得人民有不能做主的感覺時，人民直接立法，是不可輕言放棄的！美國威爾遜總統所說的這兩支「門後的槍」（Guns behind the Door）儘管可備而不用，在必要時卻不能不用。吾人深以欲發揚民主精神，提升公民意識，實不能不激發全國人民，對於自己生活地區設施及制度的充分關心，因為這是人民愛國心的起點。復有進者，倘然，每個地方的人民能把自己的生活社區，都建設得很完善，則整個國家的力量亦必

---

69. James Bryce, *Modern Democracies*, op. cit., vol. I. p. 371 and vol II, p. 140.
70. Ibid., vol II, p. 129 "Transfer fo Legislative power from representative assemblies to the citizens voting at the polls."
71. 涂懷瑩：前揭文，頁 13。

隨之壯盛！事實上，類如排水系統、污水廢棄物之處理、國民住宅之更新、生活環境之美化、農工產品之運銷等等，如能在各鄉鎮、縣市建立良好的自治制度與合作制度，相信國家的經濟發展將更為紮實，國家的經濟力量將更為雄厚而有潛力。而特別要提醒的是，在國事問題，可能遇到「國家主權」被侵蝕與危害時，全體人民如何起而捍衛自己的「主權」？則唯有發揮群策群力的公民力量，庶幾不被政客與買辦所出賣。也許這正是中山先生重視地方自治及直接民權之原因。

第二項　孫中山的主張

在探討我國直接立法制度之前，須要回憶一下中山先生關於直接民權的一些重要遺言。他雖然主張四種直接民權均由人民直接行使，但由於幅員與人口因素，對於中央的立法事務及直接立法權，如由各地人民親自監督及行使，勢必不可能，故特於中央政府設置國民大會，以代表人民行使四權。1923 年中山先生在《中國革命史》一文中說：「第三為建設完成時期，在此時期施以憲政。此時一縣之自治團體當實行直接民權。人民對於本縣之政治，當有普通選舉之權、創制之權、複決之權、罷官之權，而對於一國政治、除選舉之外，其餘之同等權，則付託於國民大會之代表以行之。」[72] 1924 年建國大綱第二十四條更具體的規定：「憲法頒布之後，中央統治權則歸於國民大會行使之。即國民大會對於中央政府官員有選舉權，有罷免權，對於中央法律，有創制權，有複

72.《孫中山全集》第 2 冊，頁 184。

決權。」[73]

　　國民大會除代表人民在中央政府行使四權之外，並有制憲與修憲的全權。在《中國革命史》一文中，他說：「各縣之已達完成自治者，皆得選代表一人，組織國民大會，以制定五權憲法……國民大會職權，專司憲法之修改……。」[74]

　　由此可見，關於直接立法的行使之基本原則，中山先生主張在中央方面由國民大會代表人民行使；在縣（市）方面則由人民直接行使。至於省方面，則沒有明確的主張。

　　中山先生對創制權與複決權的意義，作過多次的說明，如：

　　（一）在「三民主義之具體辦法」的演講中，他說：「如立法部任立一法，人民因其不便，亦可起而廢之，此種廢法權，謂之『複決權』，言人民可再以公意決定之。又人民應有『創制權』，即人民可以公意創制一種法律。」[75]

　　（二）在「五權憲法」的演講中，他說：「什麼是叫做創制權呢？人民要做一種事業，要有公意可以創訂一種法律，……這個創法的權，便是創制權。什麼是叫做複決權呢？立法院若是立了好法律，在立法院中的大多數議員通不過，人民可以用公意贊成來通過。這個通過權，不叫做創制權，是叫做複決權。因為這個法律，是立法院立的，不過是要人民加以複決，這個法律才能夠通過罷了。」[76]

　　（三）在民權主義第四講，他說：「大多數人民對於一

73.《孫中山全集》第 1 冊，頁 752。
74.同註 50。
75.《孫中山全集》第 2 冊，頁 446。
76.同上，頁 425。

種法律，以為很方便的，便可以創制，這便是創制權。以為很不方便的，便可以修改，修改便是複決權。」[77]

（四）在民權主義第六講，他說：「如果大家看到一種法律，以為是很有利於人民的，便要有一種權，自己決定出來，交到政府去執行，關於這種權，叫做創制權。……若是大家看到了從前的舊法律，以為是很不利於人民的，便要有一種權，自己去修改，修改好了之後，便要政府執行修改的新法律，廢止從前的舊法律，關於這種權，叫做複決權。」[78]

由上面所引中山先生的遺言，可窺知他對創制、複決兩權的主張——①在形式方面：創制權包括：憲法創制、法律創制、直接創制與法案創制。複決權則包括：憲法複決、法律複決、任意複決、廢法複決與復法複決。②提請複決的機關只限於公民。又 1916 年演講「自治制度為建設之礎石」時，他說：「如所謂創制權等，至少須有全體人民十分之一發起，過半數之贊成。」[79]由這句話可知中山先生主張創制與複決提案的法定簽署人數最低為全體公民的十分之一，而表決的法定人數則須有全體公民總數過半數之可決或否決。

關於創制與複決權實施的順序，中山先生主張應先由縣開始，然後及於中央。建國大綱第九條規定：「一完全自治之縣，其國民有直接創制法律之權，有直接複決法律之權。」第十六條規定：「凡一省全數之縣，皆達完全自治者，則為憲政開始時期。」第二十三條規定：「全國有過半數省分達到憲政開始時期，即全省之地方自治完全成立時期，則開國

77.《孫中山全集》第 1 冊，頁 117。
78.同上，頁 151。
79.《孫中山全集》第 2 冊，頁 356。

民大會決定憲法而頒布之。」足見中山先生的建國工程，頗為注重地方自治，而自治權的行使即是四個政權的行使。可是在解嚴之前，我們在基層政治，並沒有建立創制、複決的制度。這是至為遺憾之事！

　　儘管中山先生在政權的行使方面，沒有比較詳盡的遺言，吾人無法得知他對實施直接民權的具體主張，從上面零碎的論述亦不能憑以建立可行制度。但是，誠如中山先生於1906年講「三民主義與中國民族之前途」時，有一句結束的話說：「兄弟如今發明這基礎，至於那詳細的條理，完全的結構，要望大眾同志盡力研究，匡所不逮，以成將來中華民國的憲法。」[80]由此，吾人乃知，中山先生自己亦謙虛的告訴大家，他的理論只是粗具規模的基礎，至於建設的結構，仍須大家的研究。因此，我們不必拘泥於中山先生的一言一語，而應瞭解其精神要義，只要把握住正確的方向，當可配合有關諸社會科學的現代理論，而加以闡揚，使其學說得以應用於我國政治建設。良以，中山先生乃一位革命家和思想家，而不是政治學家，我們不能以嚴格的學術眼光來讀他的著作與演講詞，我們所要的是他的基本構想。譬如1923年他演講「打破舊思想要用三民主義」時說：「我們這次把滿清推翻，改革專制政體，變成共和，四萬萬人都有主權來管國家的大事，這便是古人所說的公天下。這項公天下的道理，便是三民主義中第二項的民權主義。」[81]由此可見「公天下」或「天下為公」乃是民權主義的要義！易言之，直接民權要行使，至於行使的細節，那是可以參酌政治理論、各國經驗，再配

80.同上，頁207。
81.同上，頁569。

合我國環境加以建立制度的。

第三項　直接立法制度的發展

修憲前，我國憲法關於直接立法之原始規定共有三條：

第二十七條：國民大會之職權如左：

　　　　　　一、選舉總統、副總統。

　　　　　　二、罷免總統、副總統。

　　　　　　三、修改憲法。

　　　　　　四、複決立法院所提之憲法修正案。

　　　　　　　　關於創制、複決兩權，除前項第三、第四

　　　　　　　　兩款規定外，俟全國有半數之縣市，曾經

　　　　　　　　行使創制、複決兩權，由國民大會制定辦

　　　　　　　　法並行使之。

第一二三條：縣民關於縣自治事項，依法律行使創制複決之

　　　　　　權，對於縣長及其他縣自治人員，依法律行使

　　　　　　選舉罷免之權。

第一三六條：創制複決兩權之行使，以法律定之。

由此可知，依照原憲法規定，國民大會所能行使的只有修改憲法與複決立法院所提的憲法修正案。而並未規定人民對憲法有複決權。

不過，憲法第二十七條第二項規定，已於 1966 年實現，即當年 8 月 8 日公布的「國民大會創制複決兩權行使辦法」。但該辦法之制定明言係依據「動員戡亂時期臨時條款第四項（因條款經過修訂，已成為第七項）制定之。」該項規定，國民大會只能創制中央法律原則，與複決中央法律。可知對中央法律，採原則創制。又該辦法第四條規定，國民大會創

制之立法原則，立法院不得變更。第五條規定，此項立法原則經完成立法程序後，非經國民大會決議，立法院不得修正或廢止。關於複決權，規定於第六、七兩條，立法院對國民大會複決成立之法律，經公布生效後，非經國民大會決議，不得修正或廢止。經複決、修正、否決、或廢止之法律，立法院亦不得再制定相同之法律。在行使程序上，規定須有代表總額六分之一之簽署（第八條）。非有代表總額二分之一以上之出席，不得開議；非有出席代表二分之一以上之同意，不得決議。以上是該辦法之重點。但是這個辦法公布後，未曾使用過一次。然而，在法理上，國民大會既具有創制法律原則及複決中央法律之權，如何使國民大會與立法院之職權不致重疊，則為煞費周章之問題。而我們不可遺忘者，即國民大會行使「直接立法權」，對全國公民而言，仍只是間接民權而已。當然，如代表能善盡其職責，當亦可達成人民直接行使之目的。

至於，地方人民行使直接立法，修憲前尚無法律根據，原憲法第一三六條「創制複決兩權之行使以法律定之」的規定尚未付之實現。當時臺灣省實施地方自治的基本法規，是「臺灣省各縣市實施地方自治綱要」，而不是憲法規定的「省縣自治通則」，因此項通則尚未公布，僅於立法院二讀通過，嗣後行政院成立一小組研究「省縣自治通則」，立法院曾函請將此小組之研究結果送院參考，迄未送來。而「地方自治綱要」在性質上只是省的單行法規行政命令，不是立法院的制定法。該項綱要係 1950 年 4 月 22 日（蔣中正 3 月 1 日在臺北「復行視事」後）公布，1959 年 10 月 8 日修正過一次。有關人民直接民權之行使者為第十一條：「公民依法有選舉、

罷免、創制及複決之權,但於同一事由,不得在兩地行使。公民創制、複決權之行使法規另定之。」關於選舉、罷免部分,已有 1980 年 5 月 14 日公布的「動員戡亂時期公職人員選舉罷免法」可資適用,惟直接立法權則尚不能付之實現。

1955 年 9 月,省民政廳設立「臺灣省各縣市公民創制複決權行使規程研究委員會」,廳長連震東先生於 9 月 12 日函阮毅成先生等十四人,謂:

> 「本省實施地方自治,迄今 5 年。人民運用選舉罷免兩權,已相當熟練。為期地方自治民權,得以全部實施,完成孫中山全民政治之理想,亟應進一步策劃創制、複決兩權之行使。……」[82]

9 月 21 日,在民政廳會議室舉行第一次會議。由連廳長主持,致詞謂:

> 「……如果人民只有對政府官吏和議員的『人』的選擇和控制,而對地方自治之『法』的方面,沒有自動制訂和修改或取消的權力,這種地方自治只算是徒具形式。」[83]

迄於次年(1956 年)1 月 25 日,該委員會舉行最後一次會議,三讀通過了「臺灣省各縣市創制複決規程草案」一種,全文七章六十五條,內容頗稱完備。惟此一草案擬訂後,始終未見公布,亦未聞完成任何法定手續,從此置之高閣[84]。誠

82.阮毅成:《地方自治與新縣制》,前揭,頁 282。
83.同上,頁 282-283。
84.徐瑜:《創制複決兩權之研究》,臺北:孫中山遺教研究會,1972 年 6 月 1 日出版,頁 123。

為遺憾！是以，吾人對於此一草案不擬進一步討論，只將該草案之總說明要點列明之：（草案全文可參閱傅啟學教授著《中國政府》附錄。）

（一）創制、複決權之範圍以地方自治事項為限。並規定①預算案、②租稅案、③行政機構之編制及變更、④行政區域之劃分、⑤避免公共緊急危難事項、⑥保障境內少數生活特殊人民利益事項，等六項不得創制或複決。

（二）創制複決之方式：採間接創制，並先行原則創制。又採任意複決並兼採全部複決及一部複決。

（三）創制案及複決案之提議權：只屬於公民。立法機關及行政機關均為治權機關，不得享有屬於政權之創制及複決之提案權。

（四）提議及通過創制、複決案之人數：提議人數不求太多，以便易於提出。連署人數則較多，可防輕率之弊。鄉鎮縣轄市區域較小，人口集中，提議及連署之發動，均較縣市便易，故規定其人數均較縣市略高。至投票及通過均採過半數制。

（五）創制或複決爭議之處理：倣選舉監察委員會例，成立爭議處理委員會，俾以超然之立場作公正之處理，而不由法院審判[85]。

關於中山先生主張實行直接民權之主張，前面各章論列已多，而且主張從縣以下開始行使，以期人人可以獲得政治教育的機會，增加參政的興趣，並且使地方自治的組織趨於健全，為建國大業奠立堅實基礎。故捨去創制、複決兩權之

85.阮毅成：前揭書，頁 284。

行使，而言地方自治，便與孫中山遺教的精神截然相背，地方自治工作，也不得謂為完全[86]。在訓政時期，始終未對人民有過行使創制、複決兩權的訓練，這已造成一個民主教育機會的喪失，在臺灣「復興基地」，如能儘速制定創制複決兩權行使法，俾以與選罷法而成為人民參政的完整法律，當可符合中山先生政權思想之要義，並且藉此得以臺灣行使之經驗，為立法院依據憲法制定全國性創複兩權行使法之主要參考資料與借鏡。

　　吾人認為地方實施創制、複決權乃推行地方自治，實行民主政治建設之急務，不得以人民知識程度還不夠為理由而拒絕之。孫文學說第六章曰：「嗚呼！牛也尚能教之耕，馬也尚能教之乘，而況於人乎？今使有見幼童將欲入塾讀書者，而語其父兄曰：『此童子不識字，不可使之入塾讀書也。』於理通乎？惟其不識字，故須急於讀書也。」[87]當然，如果選舉辦好，直接立法工作可以減免，但是，為實現中山先生的政治理想，則創制複決兩權行使之立法，不可不及早完成！誠如薩孟武教授在其所著《政治學》一書所言：「一種制度的價值，往往不在於制度之本身，而在於制度造成的影響。創制權的作用，不在於人民創制法律，而在於議會畏懼人民創制，不敢不通過人民需要的法律。複決權的作用，不在於否決法律，而在議會畏懼人民的複決，不敢制定人民反對的法律。創制權和複決權的價值，就在控制立法機關，使立法機關的代表，不能不尊重人民的公意。」[88]誠哉斯言也！吾人

86.同上，頁 74。
87.《孫中山全集》第 1 冊，頁 468。
88.薩孟武，《政治學》，前揭，頁 212。

允宜記取之。

修憲後，臺灣民主發展突飛猛進，人民直選總統，廢除國民大會，「萬年國會」解體，這是臺灣人民以血以淚，如飛蛾撲火爭取得來的民主成果。可是觀之 2002 年 12 月 31 日公布的「公民投票法」，被譏為「鳥籠」公投法，是擺著好看的。因為它採用德國威瑪憲法的高門檻規定，使人民無法真正行使「直接民權」。2004 年 3 月總統大選時一併舉行「強化國防」、「對等談判」的公投，2008 年 3 月總統大選時又舉行是否「入聯」或「返聯」的公投，都因規定的門檻過高而無法成案。

在公投法第五章還設一個「公民投票審議委員會」於行政院，在地方政府也「應設」同樣委員會。在中央的公投審議委員會置委員 21 人，任期三年，由主管機關提請總統任命，審議「全國性公民投票事項之認定」。全國性公投適用事項有：①法律之複決。②立法原則之創制。③重大政策之創制或複決。④憲法修正案之複決。2013 年「台灣團結聯盟」對政府與中國簽訂「兩岸經濟合作架構協議」（Economic Cooperation Framework Agreement，簡稱 ECFA）有疑慮，依法提出全國性公投之要求，經「中央選舉委員會」通過，再送「公投審議委員會」審議卻遭駁回。台聯乃提出行政訴訟，高等行政法院居然以該提案所指ECFA，並非「重大政策」為由，判決台聯敗訴。台聯再上訴最高行政法院，結果平反勝訴。但行政院卻透過「公投審議員會」以枝節理由不尊重「最高行政法院」之判決，仍不准人民針對 ECFA 舉行公投。「公投審議委員會」成為執政者獨斷孤行，扼殺「人民直接立法」之御用工具。

　　臺灣與中國在國號與事實是兩個不同的國家，法律適用領域不同，至少是對等的「政治實體」，在國際法理上，臺灣是事實存在的國家。臺灣與中國簽訂ECFA，當然是關涉到改變現狀的政治經濟重大政策，可是執政者以「公投審議委員會」來阻絕人民理性和平解決重大政策爭議而提出的訴求，這對臺灣民主發展是一大傷害。

　　當今世界，公民投票──「人民直接立法」之盛行，已成為國際政治發展之趨勢。關於國際重要「公民投票」案例，讀者諸君可參閱 2010 年 4 月臺灣新世紀文教基金會出版的《國際重要公民投票案例解析》一書。

第七章　實踐孫中山政權思想之展望

第一節　改進選舉制度

　　臺灣自 1950 年 4 月開始實施縣市地方自治，至今曾經辦過無數次的選舉，這是對選民最好的一種政治教育，也是政府實施民權主義的最大成就！然而，在制度上仍有一些值得商榷之處，茲論列如次：

　　（一）**關於被選舉權之取得**──在選舉權之取得方面，我們確實已做到一人一票等值（One man, One Vote, One Value）的普選制度，無分階級、身分、職業、性別、教育……人人得以平等之地位參加選舉投票，同時採取無記名的秘密選舉，無懼於威脅利誘，除了選舉年齡似可降低為十八歲之外，應無可非議。可是，被選舉權之取得，仍在教育程度上有所限制，選舉罷免法關於候選人資格之規定，有關行政首長者，無可厚非；但在各級民意代表亦規定學、經歷，這是不妥當的！中山先生所說候選人亦應經過「考試」，並不意味規定教育程度，而是著眼於才德方面。可是，目前，所實施的公職候選人檢覈制度，只是一種學經歷證件的審查，學經歷與學識能力和品德之間，並不一定是正相關，在學歷與經歷證件上並看不出一個人的才識和操守。是以，吾人認為這個作法，限制了過去未曾受過良好教育的人民的被選舉權，實有違中山先生「全民政治」與「平等政治」之精神。

選賢與能之道，首重選舉風氣，而風氣之扭轉，則有待公民教育，規定民意代表之學經歷並不能保證好人出頭。民意代表候選資格之考試，宜就憲法、議事規則及擬任民意代表之職權，以測驗方式行之，不拘學經歷。同時，吾人主張曾犯賄選或貪污罪者應限制十年內不得參選公職。

（二）**關於職婦團體代表制**——過去選舉罷免法仍然維持中央民意代表選舉的職業團體及婦女團體代表制。這個制度，實質上已發生了不平等的現象。茲分別論述之：

1. 職業代表制：採取此制實已違背世界政治思潮。「大凡有職業者，莫不為區域的居民，而區域的居民也莫不各有其職業。是地域的選民，即是職業的選民；職業的選民，也即是地域的選民。」[1] 何以只限於少數幾個職業團體有特別保障名額呢？這是第一層不公平。同時，職業團體選民人數與區域代表選民人數過於懸殊，乃有目共睹，彼等以如此懸殊的少數選票而取得一個名額，實質上已形同特權階級。這是第二層不公平。而且農民團體選出的人不一定是真正的農民，工人團體選出的也不一定是真正的工人。這是第三層的不公平。何況，各種職團之間亦有會員人數的不等，如何分配其名額呢？明乎此，必須廢除職業代表制，始符合中山先生「平等政治」之觀念。幸而在臺灣已揚棄職業代表制。

2. 婦女代表制：採取此制實亦違反平等政治之原則，蓋參加婦女團體之婦女，僅屬少數，這種少數人的團

---

1. 高旭輝：〈五權憲法中國民大會的幾個問題〉，載《中華學報》，第 5 卷第 2 期，頁 100。

體，獲有保障名額，在男女教育機會均等的今日，已失去意義。婦團代表制雖已不採，但是純粹的女性保障名額（選罷法第六十五條第二項）對男性來說，已造成女男的不平等。主要原因是以少數票保障其當選，對應選名額的最後一名男性是最大的不平等。在任何社會，性別之比例，大抵頗為接近，吾人贊同對少數民族予以保障，卻不能保留這種形同特權的婦女保障制度。

（三）**關於選舉舞弊**──「自由選舉」重在「自願同意」（freely given consent），人民投票不可威脅利誘。臺灣選舉賄選時有所聞，甚且有「綁樁」收買身分證，使其在投票日不去投票的反向操作。在計票時，是否受到監督？中央計票單位有無故意造成的數字誤差？中央及各地選委會能否公正行使職權？應受關切。吾人主張制定「選舉防弊法」以杜選舉流弊。

第二節　制定創制複決法

為了實踐孫中山的政權思想，吾人認為當務之急乃是制定「創制複決法」。地方人民行使四權──充分的民權，早在訓政時期就應實施，中華民國訓政時期約法第七條規定：「中華民國國民依建國大綱第八條之規定，在完全自治之縣，享有建國大綱第九條所定選舉、罷免、創制、複決之權。」又第三十一條規定：「選舉、罷免、創制、複決四權政權之行使，由國民政府訓導之。」[2]可是，我們應該承認，當時並沒有做好這些工作。今天我們在臺灣，最重要的政治建設是

實踐中山先生的政權思想，也就是實施直接民權，讓在自由國土的人民享受到充分的民權。 蔣中正先生曾說：「臺灣實在是我們一個政治設施最好的實踐機會。」[3]我們實在沒有理由再因循下去。

談到四權行使的立法，1980 年 5 月 14 日公布的「動員戡亂時期公職人員選舉罷免法」是適用於中央民意代表及地方自治人員的第一種正式法律，姑不論此種法律是否還有缺陷，這是我國民主政治發展過程的重要里程碑。可是，令人遺憾的，創制複決法，在地方卻付之闕如！依中山先生之意，直接民權應先從地方自治實施，但臺灣的地方自治未曾行使過直接民權。前國民大會雖曾制定「創制複決兩權行使辦法」，而若實行之，也不能達成「主權在民」之實際。蓋中山先生曰：「無分縣自治，則人民無所憑藉，所謂全民政治，必未由實現。無全民政治，則雖有五權分立，國民大會，亦終未由舉主權在民之實也。」[4]

事實上，地方自治工作為訓政時期最重要的任務，中山先生曰：「軍政時期及訓政時期，所最見著重者，在以縣為自治單位；蓋必如是，然後民權有所託始，主權在民之規定，使不至成為空文也。今於此忽之，其流弊遂不可勝言。」[5]而況乎現已行憲超過一甲子！何能不徹底實施「全民政治」呢？

解嚴前，臺灣實行地方自治所根據的是「臺灣省各縣市

2.羅志淵：《中國憲法史》，臺北：臺灣商務印書館，1967 年 4 月初版，頁 523-530「中華民國訓政時期約法」係 1931 年 5 月 12 日國民會議制定。1931 年 6 月 1 日國民政府公布。
3.阮毅成：《政言》（上冊），臺北，臺灣商務印書館，1980 年 11 月初版，頁 181，「論政治改造運動」。
4.《孫中山全集》第 2 冊，頁 180。
5.同上，頁 188。

實施地方自治綱要」，這是 1950 年 4 月 22 日省政府公布，用以取代「省縣自治通則」者。其中第十一條規定：「公民依法有選舉、罷免、創制及複決之權。……公民創制、複決權之行使法規，另定之。」然而，迄今悠忽一甲子，未見有創、複兩權行使法之制定。1999 年 1 月 25 日公布的「地方制度法」，並無涉及直接立法之規定。「事之最初於人民者，莫如一縣以內之事，縣自治尚未經訓練，對於中央及省，何怪其茫昧不知津涯。」[6]

固然，創制複決兩權不必一定實行，但是，欲現「主權在民」之實，則人民不能不擁有此二權行使之權利與能力。事實上，人民有此能力與權利，也有一個莫大的功能，也就是當議會決議案而縣長認為窒礙難行時，可經上級自治監督機關核可之後，交付縣公民作最後的表決，以解決府會爭議。是以，吾人認為制定創制、複決兩權行使法，並予人民以行使之訓練，是補做過去尚未做到的工作，這是我們應盡的責任。

此外，關於人民對全國性事務直接立法的問題，吾人認為應賦予全民對憲法修正案及關涉全民的重大政策問題有公民複決權。這也許可做為對中山先生全民政治的補充。中山先生之意，國大代表受人民之付託，對一國政治行使統治權，但是國大代表本身也只是人民委任之代表，如何對人民「只盡其能，不竊其權」？這是一個重要的問題。吾人深研中山先生政治思想，認為中山先生的所有政治理論乃以「主權在民」為重心。是以，國大代表之決議在某種程度以內，人民

6.同上。

可以自由信託其所為，至若關乎根本大法——憲法的修正案，及與全民生活有重大關係之議案，宜送由全民做最後的批准。吾人之所以如此主張，除了信仰中山先生「主權在民」之學說而外，發現憲法的強制複決為世界各國所通行。

基於「主權在民」之說，吾人認為前國民大會只是代表人民行使「政治主權」（統治權）的機關，而非「政治主權」之主體，這個主體乃是全體公民。公民應擁有對憲法修正案及重大國政之最後批准或否決權，因為人民不能不防範「政治主權」的行使機關在政黨政治之運作下，竊取人民之主權，而作出違背全民公意之事，制定違背全民公意之法。幸而在解嚴後的憲改工程已廢除國民大會，這是臺灣政治發展的一大成就。至於後來於 2003 年 12 月 31 日公布的「公民投票法」，似可取代「創制複決法」，因為它已包含「全國性」與「地方性」的直接立法，但很可惜的是有諸多缺失，且在行政院設「公投審議委員會」，毛病百出，前已述及。吾人認為除了刪除「公民投票審議委員會」一章的規定之外，應降低公投案通過或否決之門檻。第三十條規定，投票人數須達投票權人總數的二分之一以上，且有效票數超過二分之一同意，始能通過。這種高門檻的設計，除威瑪憲法之外，至今世界無此先例。吾人不反對以「公民投票法」取代「創制複決法」，但像這種不易實行的規定應予改正。此外，則是公投議題的所謂「正面表述」或「反面表述」及何謂「重大政策」？也是爭議焦點。吾人認為應在公投法做統一明確的規定，才不授與行政機關偏頗的裁量權。

復基於各國政情，如英國在 1975 年 6 月 5 日，針對英國是否繼續參加歐洲共同市場交付公民複決，結果選民作了「肯

定」的答覆[7]。法國在 1972 年 4 月 23 日對是否贊成英國加入歐洲共同市場一事舉行公民複決[8]。其憲法第十一條亦規定憲法修正案須經公民複決認可。戴高樂曾利用公民複決法批准其阿爾及利亞政策，並進而（於 1962 年）建立總統的直接民選制。而且瑞士也偶然運用公民複決以制定法律並修改憲法。澳洲則運用公民複決以修改憲法[9]。義大利根據 1947 年憲法，在 1974 年 5 月舉行第一次公民複決，針對「離婚法」作全民表決[10]。而鄰邦韓國及菲律賓均曾於 1981 年舉行憲法複決。是以，吾人認為我國公民亦須保有此一複決憲法、法律與重大涉外政策之權利。公投法固已規定憲法修正案法律與重大政策可交全國性公投複決，但因門檻及公投審議會問題，事實上我國並沒有「創制複決法」。

第三節　建立自治制度

　　1916 年 7 月 17 日，中山先生演講「自治制度為建設之礎石」時說：「地方自治者，國之礎石也。礎不堅，則國不固。」[11]又在 1920 年 3 月 1 日，「地方自治開始實行法」一文裏頭說：「民國人民當可自計，速從地方自治，以立民國萬年有道之基；以成一高尚進化之自治團體，以謀全數人民

7.郎裕憲：《選舉論叢》上冊，臺北：臺灣商務印書館，1978 年 12 月出版，頁 122。

8.王義雄譯：〈法國憲法與國會之演進〉，載《憲政思潮季刊》第 23 期，頁 93。

9.Gwendolen M. Carter & John H, Herz, *Government and Politics in the Twentieth Century*, Third edition, Praeger Publishers, Inc., 1973, p. 105.

10.石甫譯：〈公民複決與政治變遷〉，載《憲政思潮季刊》，第 33 期。頁 70

11.《孫中山全集》第 2 冊，頁 354。

之幸福。」[12] 1922 年在〈中華民國建設之基礎〉一文中，他且把地方自治看做實行「民治」的第一「方略」。可見，中山先生極為重視地方自治。這個觀點，浦萊斯也有同感，浦氏在其所著《現代民主政體》一書中，引述英國的一句格言說：「民主政治最好的學習及成功的最好保證乃是實行地方自治。」[13] 誠然，自治制度不但是人民自由的保障，也是民主政治的教育基地。因為在地方自治下的地方政府，充分地在人民的監督之下，為民服務，選民有歷練民主政治的機會；被選出的自治人員在地方政府學習政務，可以充實其政治見識和培養其政治能力。英國許多大政治家，皆從地方議會和政府開始其政治生涯，為一佐證。

不過，今天我們談自治制度，與中山先生當年的環境已不同，是以，在自治內容方面亦宜調整。中山先生當年在「地方自治開始實行法」中所提自治六件事，在臺灣已不存在。誠以今天的臺灣已如 James S. Coleman 在其所著《發展中地區的政治》一書所言，日漸走向高度都市化，教育普及，個人所得增加，人口流動頻繁，經濟上工商業的高度發展，大眾傳播工具的深入與廣泛，群眾對現代社會的及經濟的過程之普遍參與[14]。像這樣的情勢變遷狀況之下，地方自治制度，自宜另有一番新的內涵。因各城鄉的距離拉近了，都市的設備，鄉村也有了，許多企業的經營與管理是大規模的，全國

---

12. 同上，頁 174。

13. James Bryce, *Modern Democracies*, op. cit., p. 133. "the best school of democracy and the best guarantee for its success, is the practice of local self-government."

14. James S. Coleman, *Political Systems of the Developing Areas*, in *the Politics of the Developing Areas*. (New Jersey: Princeton University Press, 1960) p. 532.

性的。如電力公司、自來水公司、公路局、郵政、電信……等等，無論就技術或經濟的觀點，皆不得不走向國家經營的途徑。地方自治團體的工作負擔減輕了，經營企業的機會減少了，於是地方的基本財源也不得不枯竭，這正是地方自治乏力，而中央行政權擴大的原因。以故，地方政府經費須仰賴中央政府的補助，隨之中央政府對地方的作用加大，地方自治的精神，自然日形萎靡不振了。

然則，地方自治是否不必談了？是又不然。良以，國者人之積，全國人民分布在每縣市鄉鎮，地方的建設，正需地方人民的積極參與。撇開全國一致性的上述各種企業之外，關乎地方人民生活的事務亦復不少，舉凡①社區道路的開闢，②排水系統的設計，③污水、廢棄物（垃圾）的處理，④社區住宅的更新，⑤公共市場、文物館等公共設施的管理，⑥消防救災設備、公共安全的組織及運用，⑦社區文教體育活動，⑧對外的各種競賽及參與，⑨貧病老弱孤寡的救濟，⑩醫療設施及公共衛生，⑪公墓整理、喪葬習俗的改良，以至⑫農物產銷，⑬幼稚園托兒所之設立……，數不盡的生活問題，絕非中央政府所可能事事、時時照顧得到的。地方人民於是就須在地方上建立自治制度，包括組織系統，人力物力的運用，行政的執行，經費的籌措……實非一個平平凡凡的、沒有行政管理知識和能力的縣市長、鄉鎮長，所能克盡全功。

是以，吾人認為國家建設不只在中央政府及國營企業機構，需要專門人才，就是地方（包括縣市、鄉鎮市）也需要大量的專門人才。這些人才哪裏來？一個社區可能供應這等人才嗎？吾人認為必不可能，故須借重外才。雖然，地方自治變成不一定是地方上的人民來「管理」地方上的事務，但

是自治「權」仍在地方人民手中。

　　基於以上之分析，吾人認為，縣市可為地方自治之單位，鄉鎮市也可為地方自治之單位。以今日臺灣的「縣」而言，人口有多達一、兩百萬者，比雅典城邦國家大四、五十倍多的人口，召開縣民大會實屬不可能，在縣仍只能採公民投票制的直接民權。所以，如能以鄉、鎮及縣轄市為地方自治的據點，則各自治單位頗可試採「市經理制度」（the city manager plan）。

　　市經理制的內容是，市政府的市長，不由人民選舉；人民僅選舉若干議員，組織市參議會，而由市參議會制定法規，並決定施政計劃，選任一個對行政工作有經驗、學識和能力的人，為市政廳經理，此種人才並不限於本地居民。市參議會任用市經理後，關於市政府用人和行政，由市經理負責，市參議會不干涉。市經理執行市參議會的法規，支配市政經費，並向市參議會提出改革建議及工作報告，至於決策權則在議會。市經理超出黨派之外，市經理的任期並沒有規定，只要市參議會滿意他的工作，即可長期擔任[15]。當然，縣也可試採「縣經理制」（The county manager paln）。

　　此制產生於美國，1908 年維吉尼亞州（Verginia）的史託登市（Staunton）首先採用市經理制。根據 1950 年美國市政年鑑統計，實行市經理制者有 593 市，到 1954 年同一年鑑統計，實行市經理制者增加到 1,205 市，而成為美國流行的地方政府制度，此制已推廣到加拿大、愛爾蘭[16]。

---

15. 傅啟學：《中國政府》，前揭，頁 33。並見〈權能分立理論的研究〉，載《中華學報》，第 1 卷第 2 期，頁 57-58。
16. 同上。

市經理制一樣可以有一位市長（或縣、鄉鎮長），他是地方自治單位名義上的首長，可由選民選舉產生，亦可由議會或鄉鎮市民代表會中互選產生，為會議主席，沒有人事權及對議案的否決權。決策機關為議會，議會決定應辦何種事業？及應用經費多少？如何籌措？而市經理則負責執行政策及行政管理[17]。人民選舉議員，控制市議會，市議會選任市經理，控制市經理，既符「主權在民」之旨，亦合「萬能政府」之義，且合「權能區分」原理。

臺灣如能實施這種制度，至少有下列優點：

(1)地方政府組織「權能區分」明確。

(2)公共行政、企業管理學系青年出路遠大。

(3)澄清地方選舉派系傾軋及不良選風。

(4)緩和地方選舉激烈競選。

(5)消除貪污瀆職情事。

(6)地方建設突飛猛進。

(7)地方人民生活品質改善。

(8)政治人才有自我歷練的機會。

上述經理人才及一般自治人才，可由大學培植，經考試及格養成之。而自治經費則為地方自治成敗關鍵，中山先生在 1916 年演講「中華民國之意義」時說：「地方財政完全由地方處理之，而分任中央之政費。其餘各種實業，則懲美國托拉斯之弊，而歸諸中央。」[18] 是以，吾人認為中央之財政宜多由國營企業、貿易外匯來充實，而少徵收地方稅，免蹈抗

---

17. 羅孟浩：《各國地方政府》，臺北：正中書局，1975 年 3 月臺四版，頁 342。

18. 《孫中山全集》第 2 冊，頁 352。

戰初期「管教養衛四件事，衣食住行一塊錢」之覆轍[19]。誠如阮毅成教授所言：「我們今天要使臺灣地方自治能進步，必須在鄉鎮的建設方面下手。」[20]則地方自治經費必須充實，地方自治組織必須健全，地方自治人力必須充沛，建國基礎乃能深厚堅固。今天我們在臺灣實驗地方自治制度，將來可做「光復大陸」的借鏡。

第四節　採用陪審制度

現代民主法治國家，關於國家權力的發動，都以國民意志為歸趨。立法權屬於公民所選舉的代表組織議會以行使；行政權的各級首長，亦多由選民產生；並建立文官制度，人人在平等的基礎上，有應考試服公職之權，有能力的人即可藉此資格，參與國家的行政管理及為民服務的工作。同時行政權也在立法權及監察權的監督之下。在司法方面則為陪審制度的採行，由國民擔任陪審員，參與事實上問題的審判。故陪審制度實與議會制度的發達相呼應，為國家民主與法治的具體表現。如果只有議會政治，而沒有採用陪審制度，尚不能謂為已完全達成民主法治及人民參政的領域[21]。

陪審制度有廣狹兩義，自狹義言，陪審員只參與刑事案件，即在刑案中，亦非均須交付陪審，僅以列舉的若干性質

---

19. 阮毅成：《地方自治與新縣制》，前揭，頁118，「管教養衛四件事，衣食住行一塊錢」，初不知其意，經請教阮教授，才知道當時大陸上的地方自治，只由上級政府撥給各鄉鎮每月經費一塊錢（頗為驚奇！）結果地方辦事只好用攤派方式籌措，人民怨聲載道，是大陸失敗的重要原因。
20. 同上，頁119。
21. 阮毅成：《法語》（下冊），臺北：臺灣商務印書館，1980年11月初版，頁419-420。

範圍為限。自廣義言，除刑事陪審外，尚有民事陪審、行政陪審、強制陪審等。近世各國所採行的多為狹義的陪審，即刑事案件的陪審。陪審制度本身具有四項基本特質：

（一）擔任陪審職務者，必須非為官吏。而由合格公民中選任，與雙方訴訟人毫無關係，與國家無委任關係，其參與審判也不是永久或全部參與。

（二）擔任陪審職務者，必須先行宣誓「公平審判」，各國均規定在每一案件開始審判之前行之。

（三）陪審員的職務在審判事實問題，本諸雙方及其律師的陳述與法官對適用法律的「諭示」，而為事實的判斷，宣判前另室討論，獲共識再入法庭宣判，不作解釋。至於法律問題仍歸法官決定是否接受陪審團之，如不接受可擱置，由另一法官與另一陪審團重審。

（四）陪審員所擔任者，係關於一定的公務，如逾越範圍，不但其行為結果無效，且屬違法，須受法律制裁[22]。

採行陪審制度的意義①在政治上言，乃將國家的司法權，移入多數國民手中。多數英美法系國家皆採用，日本為大陸法系國家，亦已採行。②在司法上言，刑事審判官長久浸潤在犯罪事件的考查中，缺乏社會的流動性，易漠視被告人的個性、階級或經驗，常作有罪的預斷，對被告人的同情心，既甚為薄弱，遂不免有好用嚴刑竣法的傾向，與民眾的正義觀點相隔離。至於陪審員不以審判為職業，且來自民間選任，通達世態人情，在人格高尚經驗豐富的法官指導下，能與社會道義觀念相合，增強民眾對法院的信仰心。③在社

22.同上，頁 420-422。Benjamin Kaplan 著，陳若桓譯，〈陪審制度〉，載於 Harold J. Berman (edited), *Talks on American Law*.（香港：今日世界社，1965）頁 29-36。

會上言，陪審員能本諸法律專家以外的正義標準，加以認定，可救濟枉法冤獄之失策，故學者每稱陪審制度為「法律的社會化」或「正義的調節」[23]。英儒密勒（John Stuart Mill）即主張採行「陪審制度」（見郭志嵩譯：《論自由及論代議政治》，頁 268）。

然則，中山先生是否主張採行陪審制度呢？1900 年所擬「平治章程六則」之第五則，為「平其政刑」——主張「大小訟務，仿歐美之法，立陪審人員，許律師代理，務為平允，不以殘刑致死，不以拷打取供。」[24]可見中山先生不但主張採行陪審制度，而且主張可由律師參與犯罪偵查。他認為「欲國家臻於治平，惟舉國一致尊重國法乃可。」[25]復謂：「立國於大地，不可無法也，立國於二十世紀文明競進之秋，尤不可以無法，所以障人權，亦所以遏邪辟。」[26]復謂：「惟是國民所薪望之平和，為依法之平和，為得法律保障之平和，故民國若不行法治之實，則政治終無根本解決之望，暫安久亂，所失益多。」[27]由此可知，中山先生政治思想中，主張「民主」，也主張「法治」。

我國在臺灣實行民權主義，法治實非清末民初軍閥時代之暗無天日可比。惟如能在司法工作方面採行陪審制度，給予人民以參與司法審判之機會，則稱為「民權國」而無憾矣！蓋人民期望負責立法及行政部門的政治家，能表達「多數」

23.同上，頁 422-424，及頁 346-347。

24.《孫中山全集》第 1 冊，頁 762。

25.同上，頁 829。「為主張和平通電全國文」。

26.《孫中山全集》第 4 冊，頁 1440，「周東白輯全國律師民刑新訴狀匯覽序言」。

27.《孫中山全集》第 3 冊，頁 574，「復北京蔡元培論國法存廢與美贊助書」。

人的意見；也期望法官能表達法治的精神。「一人一票等值」對「少數」有選舉敗北的威脅；但是法律之前的公平審判，則可使「少數」在另一個政治舞臺上獲勝。法治──人權的本質，在數世紀之前，人類尚無投票權的時候，就已獲得。今日法院的任務，乃在保障「人身保護令」（Habeas Corpus）和言論自由，不受民選政府行政部門的侵犯。只要「多數」和「少數」對政府行為的觀點趨於一致，則「多數」的選舉權和「少數」的司法保護權之間，就產生了平衡。這也就是何以說「民主政治」是多數尊重少數的政治之要義。事實上，司法的公正審判，正是維持社會安定的基礎。中山先生主張採行「陪審制度」，吾國似可步武先進國家，吸收、研究、改良後建立新「陪審制度」，擇地試行之，然後推廣，以便形塑一套更完善的民主司法制度，作者默禱之。

第五節　厲行政黨政治

民主政治不能沒有自由選舉，要自由選舉不能沒有政黨政治，所以民主政治也就是政黨政治。政黨政治是截至目前為止人類想出來的到達民主政治之路最好的一種方式，其所以最好，因為不必打碎人頭，即能和平地解決國內政治問題，所以政黨政治是「以計算人頭代替打碎人頭」（Counting heads instead of breaking them）的政治[28]。1913 年 3 月 13 日，中山先生演講「黨爭乃代流血之爭」時說：「如組織內閣選舉時，在位之一黨少數則失敗，在野之一黨多數則居之。但

28.薩孟武：政治學，前揭，頁 174。

其黨之可以得多數者，莫不由人民之心理所贊同。是則政黨內閣，可以代表民意。國家則為民意所成，灼然若見矣。」[29] 中山先生在 1912 年、1913 年發表許多有關政黨政治的主張，可以證明他是贊成在憲政時代實行政黨政治的。

　　1923 年 1 月 1 日「中國國民黨宣言」所提對國家建設計劃及所採用之政策，特別聲明「確定人民有集會、結社、言論、出版、居住、信仰之絕對自由權。」[30]其中所謂「結社」自由是什麼意思呢？「所謂結社自由不但謂人民有組織政黨的自由，且又謂人民有不組織政黨的自由。人民今天入黨，明天可以脫黨，即入黨和脫黨也完全自由。國際人權宣言第二十條第一項之：『凡人都享有和平集會與結社之自由』，此言組織政黨之自由也。第二項又云：『凡人不得被迫加入任何社團』，此言不組織政黨之自由也。所以政黨是人民由其自由意志而結合的團體。政黨既是人民自由結合的團體，則任何政黨均不能強迫人民加入。因之一個政黨常常不能容納全體國民，而一國之內最少必有兩個以上的政黨。倘令一個政黨能夠容納全部國民，則黨籍與國籍無異，黨員與國民無異，名為政黨，實則無黨。」[31]可知，政黨只是國內一部分人所組織的社團而已，任何民主政黨都應有容納他人組織社團的雅量，並在政治上有如奕棋，作自由、友愛、而公平的和平競爭。基本立場有差異者，互相容易或交由公民投票表決定奪。1913 年中山先生演講「政黨宜重黨綱黨德」時說：「吾國政黨，今始發生，一般人聞黨爭之說，非常畏懼，是

---

29. 《孫中山全集》第 2 冊，頁 341。
30. 《孫中山全集》第 1 冊，頁 860。
31. 薩孟武：前揭書，頁 600。

皆不知黨爭之真相也。黨爭必有正當之方法，尤必具有高尚之理由，而後始得謂之黨爭。……一國之政治，必賴有黨爭始有進步。」[32]顯然，中山先生建國的理想是主張實現英、法、美等典型民主國家的政黨政治，以為運用民權的方法。

是以，吾人認為「凡是擁護民主憲政而願意用和平手段競爭的政黨，都有資格做忠實的反對黨（Loyal Opposition），執政黨對於這樣的黨，雖然忠言逆耳，也要有雅量優容。優容的表示不是請反對者做官而是讓他們說話。不是分讓政權而是採納忠告。」[33]中山先生有一段話至為重要，他說：「各政黨之中若逢政策與自己黨見不合之事，可以質問，可以發揮黨見，逐日改革則無積滯，無積滯則無變亂之禍患。變亂云者有大小，大則流血革命，小則妨礙治安。是故立憲之國時有黨爭。」[34]但是，今日政黨，不能夠作正當黨爭的只有一個共產黨，因為共產主義的本質是主張「無產階級專制」的，是排除兩黨政治的。

1913 年 3 月 15 日，中山先生在橫濱華僑歡迎會演講「政黨與政府之重要關係」時說：「民國之所以發生者，第一欲與國人有民權思想。如當南京政府時，自己已執政權，倘又立刻組織同盟會，豈不是全國俱係同盟會？而又復似專制。國人因有民權思想，然後發生政黨。政黨係與政府對立，故共和黨當時之發生，兄弟甚為喜歡。……又凡人之作事，當局者迷，旁觀者清。故政府作事不好，必須人民之監督指正。

---

32. 《孫中山全集》第 2 冊，頁 323-324。
33. 蕭公權：《迹園文存》，臺北：環宇出版社，1970 年 11 月 29 日出版，頁 342。
34. 《孫中山全集》第 2 冊，頁 342。

此又當日共和黨之發生，兄弟極為歡迎。」[35]一個民主國家必須要有健全的，經常存在的反對黨，以監督政府施政。中山先生在 1913 年表示他歡迎共和黨的成立，就是這個理由。他堅信政黨更迭監督的作用是修明政治的主要保障。所以他不但想避免一黨專政的嫌疑，且歡迎他黨的出現。誠如蕭公權教授說：「以黨事國，以民實黨，一個能夠這樣行動的政黨，必然能夠得到絕對多數人民的擁護，並且長久保持其執政的光榮地位。」[36]

民主政治須有政黨競爭，主要因為政黨是選舉的動力，透過政黨政治可以培植政治人才，造成萬能政府。而沒有政黨的組織就不能有民主的選舉。因為個人單獨競選，人力財力都會感到不夠。縱然當選，又因為個人的力量有限，他在議會當中也難於發生重大的作用。多數選民對於許多競選的候選人更不容易取捨。有了政黨的組織以後，這些困難都可以減輕。各黨斠酌形勢，各自提出可能當選的候選人，各自替他們宣傳，擔負競選的費用。各黨希望得著勝利，在提名的時候自然會注意到候選人的聲望和才能[37]。這是政黨政治可以促成「萬能政府」的原因。中山先生的政權思想，與其政黨思想實是相得益彰。同時，政黨之間的公開競爭，可以互相監督，使腐化的行為逐漸滅跡。政黨不會容許對方以腐化的方法獲得勝利的，它以團體的力量監督對方，而對方亦然[38]。是以，政黨政治又可促進「賢能政治」的實現。

---

35. 同上，頁 344-345。
36. 蕭公權：前揭書，頁 345。
37. 同上，頁 347。
38. 鄒文海：《代議政治》，前揭，頁 75。

　　我國是民主國家，也是實施政黨政治的國家，任何政黨皆可參與各種選舉，不具政黨身分的公民亦可自由參與。在立法院以及省市、縣市議會、縣市長、鄉鎮長之中，皆有非國民黨籍的人士，同時，任何人皆可經考試及格取得公務員任用資格，而參與行政管理及為民服務的工作。是以，不能評論國民黨為「一黨專政」，因為這是與事實不符的。但是，不能否認的是，解嚴之前在野黨力量過於薄弱，難於發揮在野黨監督執政黨的功能。在形勢上，各種選舉之中，無黨籍人士的得票總數，顯然多於兩個在野黨（指民社黨與青年黨）。是以，吾人認為如何扶植「忠實的反對黨」（Loyal Opposition）在自由臺灣，實踐中山先生政黨政治的主張，並引導無組織的力量，走上正軌，實為政府不可忽視的政治現實問題。事實上，民主國家不能沒有選舉，有了選舉，必然就有人操縱。蕭公權教授有言：「與其讓不負責無組織的野心家去暗中操縱，不如讓合法的政黨去公開操縱。」[39]來得安全。吾人研究孫中山政權思想之後，深有同感！解嚴之後開放組黨自由，原稱「黨外」的民主進步黨躍然而起，成為今日臺灣的第二大黨，這對臺灣政治發展是有貢獻的。

39.蕭公權：前揭書，頁 347。

第八章　結論

　　綜觀中山先生的政權思想，吾人有一個很深刻的印象，即中山先生是一位百分之百的民主思想家，他是為實行「主權在民」的民主政治理想而革命，所以也是一位民主革命家。他之所以主張必須在中國建立民主共和政體，實有其高深的理論基礎和敏銳的洞察力。

　　推翻滿清政府之後，依他的建國計劃，本應進行訓政時期的工作，在此時期，一面實行革命民權，使反對民國的軍閥、官僚不能妨礙建國工作；一面則實行訓政。所謂「訓政」，也就是訓練人民行使四權，是一種至為重要的政治教育，為自「君主專制」政體過渡到「民主共和」政體所必經之階段。無奈，客觀情勢上，北洋軍閥割地自雄，袁世凱且妄想稱帝，復有張勳之復辟，許多軍閥官僚，甚至追隨中山先生革命的人，都還有皇帝思想，庶不知中山先生之意，是要使當時四萬萬人做皇帝。故而，中山先生一方面再宣傳其政治主張，一方面不得不再集中英才，整理黨務，繼續進行革命建國工作。

　　民國初年的國會，在袁世凱的控制下，中山先生本寄望於內閣政府上軌道，可是大失所望，議員唯利是圖，有錢就賣身，這使中山先生對代議政治頗為不滿，乃極力主張實行直接民權，要人民除了有選舉權之外，還須有罷免、創制、及複決權。他認為只有實施直接民權，才是他的真正民權主

義，才能符合「主權在民」之實。

至於，實行民權主義的方略，中山先生主張分縣自治，因為這是建國的基礎。民主中國的建設必須從地方自治做起，在縣地方實行人民直接行使的民權，等到地方自治做好了，由縣而省而全國，才算民主憲政準備工作的完成。可是終其一生，未曾見到中國革命建國的成功。即使是憲法頒布之前，中國地方自治也未曾做好，這是大陸失敗的主要原因。吾人撫今思昔，置身臺灣的國民黨，應如何記取此一教訓才好呢？關於這個問題，作者在第七章有幾點展望，乃是表示作者研究中山先生政權思想以後的感想和希望，也可以說是研究本書之後的認識或見解。

中山先生的政治思想，要而言之，主張「主權在民」、主張建立「萬能政府」、並發明了中外學者公認的重要原理──「權能區分」。這些理論都是緊扣的環節，彼此都有重要的關係，而為他的政權思想的中心理論。至於他的政權思想之精義所在，吾人認為不離「全民政治」、「平等政治」、及「賢能政治」三點，而這三點，正是今日民主政治思潮的歸趨。遠在百年前，中山先生就有這種卓越的識見，確實是令人景仰的！

研究過中山先生政權思想之後，吾人發現有三個重要特色，茲分別敘明之：

（一）直接民權與間接民權並用──

中山先生儘管主張由人民行使直接民權，擬效瑞士之「民權主義」，可是，須澄清的觀念是，他並不諱言間接民權，亦即並非不要代議政治。因為，在事實上，代議政治仍然無可取代，這是當今世界各國所實行的主要政治制度。中

山先生之意，是要使人民同時擁有選舉權以外的三個「政權」，只有具備四個充分的民權，方可能控制政府的行政及立法機關，方可能實現「主權在民」之目的。若其不然，則人民仍然無法掌握自己的命運，政治仍可能傾向於專制及腐化，這就不是他領導革命建國的初衷了。是以，吾人可說，選舉權以外的三個「政權」，為預防政府專制及議會跋扈的利器，對政府機關具有一種鞭策的功能。當然，如能選舉得人，政府施政符合公意，並非一定要行使這三個「政權」不可。以故，在中山先生政權思想之中，仍然主張各級政府要有議會的存在，縣（市）雖實行地方自治，由人民行使直接民權，但是沒有議會，則創制、複決兩權，實已失去意義。他在建國大綱第八條明白規定：「人民曾受四權使用之訓練，而完畢其國民之義務，誓行革命之主義者，得選舉縣官，以執行一縣之政事；得選舉議員，以議立一縣之法律。」即證明縣級仍須有議會，議會行使縣法律的立法權，這就是間接民權，間接民權有不足，再行使罷免、創制、複決等充分的民權以補救之。在中央亦復如是，人民選舉立法委員，由立法院去議立一國之法律。立法院立了一種法律，人民覺得不方便，就可予以廢除；立法院不通過的好法律，人民也可以複決使其成為法律。立法院與地方議會行使的立法權是間接民權，人民對中央或地方政府行使的罷免、創制、複決之權是直接民權。所以，中山先生是主張直接民權與間接民權並用的。

（二）民主與效能兼顧——

中山先生既主張「主權在民」，但也主張「萬能政府」，這個「權」與「能」的作用，需要彼此平衡，所以主

319

張「權能區分」，這是解決人民與政府關係的根本辦法。可是在歐美，就沒有想出這個辦法，例如英國，內閣與議會權能不分，實際上是「一權政治」。例如美國，國會既掌「治能」的立法權，復兼監督政府之權，使立法與行政互相牽制，無法發揮政府的能力。其聯邦法院有司法審查權，可以審查國會的立法是否違憲，是又以司法的治能來控制民意的機關，於法理上實在不通！

中山先生有鑑及此，特發明「權能區分」，並設計一個「國民大會」，來代表人民行使政權。在政府方面則「五權分立」，每個權都是獨立的，所以不致流於專制；分立之中，仍相聯屬，所以又不致孤立，亦無傷於統一。這個設計，足可促成政府萬能而不專制，可以發揮為人民謀幸福的服務功能。在國民大會方面，國大代表只盡其能，不竊其權，這個性質在各級民意機關都須如此，他們應代表人民看好政府，不使其濫權枉法。如果不盡督導之責，則「予奪之自由」仍在於人民，亦即人民可以罷免之，一切最後的權力仍操在人民手中，所以，可以達成「主權在民」之實。

政府既萬能而不專制，當然是既有效能，而且民主，人民可信託政府去為民服務，不必如歐美，處處時時防範政府權力太大。至於萬能政府之辦法，則運用中國傳統的考試與監察制度，以考試杜倖進於前，無能無德的人，不可能倖進於政壇及議壇；以監察懲溺職於後，則可以預防政府官吏及議員的濫用權力及失職枉法。在這樣雙管齊下的設計之下，政府欲無能而不得，欲專制腐化而不可。顯然地，就可以締造一個既民主又有效能的政府，人民與政府之關係乃獲得改善矣！

（三）政治安定與人民幸福——

中山先生的政權思想是一種民主思想，政策問於公意，是非決於人民。政府服務，人民掌權，各守分際，任何人並無特權，人人享有一切法律範圍內之自由，而法律為基於人民的「自願同意」而制定。執政者基於人民的「自由選舉」而上臺，因為人民的不信任而下臺。人人得以在立足點平等的基礎上，組織政黨，參與選舉，進入議會或取得政府行政首長之職位。一般行政工作，復有一套不受政黨操縱的文官制度，可以考選天下第一流人才來參加執行工作。既如此，則天下是天下人的天下；國家是大家的國家；政府是大家的政府。沒有任何人站在任何人的頭上，享受特權，橫行霸道。則社會一片祥和，政治至為穩定，人民在大有為政府之服務下，就像在冬天的陽光下沐浴著溫暖，享受著福祉。這是三民主義的理想境界，是中山先生建國的目標，也是他的政權思想的精神要點。

他的政權思想，如果完全實現，「中華民國」將成為世界上最美好的國家；生活在「中華民國」的土地上，就像生活在人間的天堂。

總而言之，現代是「參與革命」（Participation revolution）的時代[1]，「政治介入」（Political involvement）既有益於社會，也有利於個人。因為它既使民主更富意義，政府更加靈敏；也能促使個人成為一個有道德的人及有責任感的公民[2]。Huntington 等在其所著《No Easy Choice》一書中說：

1.Lester W. Milbrath, M. L. Goel: *Political Participation -- How and Why Do People Get Involved in Politics*? Second edition. (Chicago: Rand McNally College Publishing Company, 1976) p. 144.

「由於社會經濟的不平等、政治暴行、及缺少民主的政治參與，而導致社會經濟落後。是以，對症良方乃是加速社會經濟現代化及發展，如此將可在社會上全面提高經濟福利的水準，以使財富更能作比較公平的分配，加強政治的安定，及提供擴大政治參與及更民主的政治系統之基礎。」[3] 是以，吾人認為上述中山先生政權思想的三個特色，實彼此有密切的因果關係。也就是說，直接民權與間接民權的行使，增加人民政治參與的機會，如此既可使政府發揮它的效能，又可教育人民成為有責任感的公民，便可促進政治安定，發展社會經濟，同時可作更公平的財富分配，增進人民的幸福生活。又由於社會經濟的平等，而擴大人民的政治參與之基礎，這是一種良性的循環。

明乎此，乃知中山先生的政權思想與現代政治學理論完全吻合，而為一種卓越的、合於時代思潮的政治思想。

2.Samuel P. Huntington, Joan M. Nelson: *No Easy Chocie -- Political Participation in Developing Countries*, (Cambridge, Massachusetts, and London, England, Havard University Press, 1977) p. 18.

參考書目

甲、重要文獻

1. 《孫中山全集》（全六冊）（1973）。臺北：中國國民黨中央委員會黨史委員會。

2. 《世界各國憲法大全》（全六冊）（1977）。臺北：國民大會憲政研討委員會編印。

乙、其他參考資料：

一、中文部分

1. 水木惣太郎著，林秋水譯（1966）：《議會代表國民的原理》（議會制度論，第一篇議會制度的本質，第一章議會代表國民的性質。）載臺北：《憲政思潮季刊》第 31 期，頁 169-179。

2. 中央選舉委員會編印：《公職人員選舉法規彙編》（臺北，1980 年 8 月出版）。

3. 王義雄譯：〈法國憲法與國會之演進〉（載《憲政思潮季刊》第 23 期）。

4. 巴璧德著，鍾籠賽譯：《民主與領導》（臺北：協志工業叢書，1977 年 8 月四版）。

5. 石甫譯：〈公民複決與政治變遷〉（載《憲政思潮季刊》，第 33 期）。

6. 朱堅章主譯：《民主政治》（臺北：幼獅文化事業公

司，1978 年 1 月初版）。

7. 朱堅章主譯：《代表》（臺北：幼獅文化事業公司，1978 年 7 月出版）。

8. 沈乃正：〈主權之意義〉（載臺大法學院，《社會科學論叢》第 9 輯，1959 年 7 月 30 日出版）。

9. 宋益清：〈美國修憲運動與憲政思潮〉（載《憲政思潮季刊》第 13 期）。

10. 阮毅成：《地方自治與新縣制》（臺北：聯經出版公司，1978 年 11 月出版）。

11. 阮毅成：《法語》（上下二冊）（臺北：臺灣商務印書館，1980 年 11 月初版）。

12. 阮毅成：《政言》（上下二冊）（臺北：臺灣商務印書館，1980 年 11 月出版）。

13. 易君博：〈政治社會化的分析〉（載《憲政思潮季刊》第 12 期）。

14. 周道濟：〈我國一治一亂思想的探討〉（中央研究院三民主義研究所《專題選刊》第十五號，1978 年 7 月）。

15. 周道濟：〈我國民本思想的分析與檢討〉（中央研究院三民主義研究所《專題選刊》第四號，1977 年 4 月）。

16. 涂懷瑩：〈六十年來各國實施創制複決的經驗與趨勢〉（載《憲政思潮季刊》第 16 期）。

17. 革命文獻第 64 輯，《興中會革命史料》。（中國國民黨中央委員會黨史委員會編輯發行）

18. 革命文獻第65輯，《中國同盟會史料》（一）。（同

上，編輯發行）

19. 迦納著，孫寒冰譯：《政治科學與政府》（臺北：臺灣商務印書館，1966 年 5 月臺一版）。

20. 郎裕憲：〈歐洲共同市場國家下議院選舉之投票制度〉（載《憲政思潮季刊》第 42 期）。

21. 郎裕憲：《選舉論叢》（上下二冊）（臺北：臺灣商務印書館，1978 年 12 月出版）。

22. 威爾確斯著，廖仲愷譯：《全民政治》（臺北：帕米爾書店，1957 年 11 月）。

23. 高旭輝：〈五權憲法中國國民大會的幾個問題〉（載《中華學報》，第 5 卷、第 2 期）。

24. 翁岳生：〈法治國家對人民權利之保障〉（載《憲政思潮季刊》第 5 期）。

25. 馬起華：〈三民主義系統的闡述〉（載《中華學報》第 2 卷第 2 期）。

26. 桂崇基：〈中國傳統考試制度與文官制度〉（載《中華學報》第 6 卷第 1 期）。

27. 徐瑜：《創制複決兩權之研究》（臺北：孫中山遺教研究會，1972 年 6 月 1 日出版）。

28. 徐實圃、姚學書合著：《四權行使之理論與實際》（臺北，1954 年 9 月 1 日出版）。

29. 孫廣德：《墨子政治思想之研究》（臺北：中華書局，1971 年 5 月初版）。

30. 國民大會憲政研討委員會：《參考資料》（國民大會秘書處編印）。

31. 國立編譯館：《西洋政治思想史》（臺北：1962 年 6

月臺修訂二版）。

32. 張金鑑：《動態政治學》（臺北：七友出版傳播事業股份有限公司，1977 年 9 月初版）。

33. 陳春生：《孫中山政黨思想研究》（臺北：再興出版社，1978 年 4 月出版）。

34. 崔書琴：《三民主義新論》（臺北：臺灣商務印書館，1972 年 10 月修訂十版。）

35. 密勒著，郭志嵩譯：《論自由及論代議政治》（臺北：協志工業叢書出版股份有限公司出版，1974 年 5 月三版）。

36. 張劍寒：〈民主效能的服務政治〉（載《憲政思潮季刊》第 5 期，162 頁）。

37. 張劍寒：〈監察長制度之發生與發展〉（載《憲政思潮季刊》第 12 期）。

38. 賀凌虛：〈福利政治〉（載《憲政思潮季刊》第 5 期，165 頁）。

39. 傅啟學：〈合於人性的革命方略〉（載師大《三民主義學報》第四期，1980 年 6 月）。

40. 傅啟學：〈權能區分理論的研究〉（載臺北，《中華學報》第 1 卷第 2 期，1974 年 7 月出版）。

41. 傅啟學：《中山思想本義》（臺北：孫中山遺教研究會，1976 年 3 月）。

42. 傅啟學：《中國政府》（臺北：臺灣商務印書館，1973 年 5 月增訂初版）。

43. 湯德宗譯：〈西德聯邦選舉法〉（載《憲政思潮季刊》第 50 期）。

44. 曾繁康：《中國政治思想史》（臺北：大中國圖書公司，1959 年 10 月初版）。

45. 鄒文海：《比較憲法》（臺北：三民書局，1974 年 1 月四版）。

46. 鄒文海：《代議政治》（臺北：中華文化出版事業委員會，1955 年 4 月初版）。

47. 葉愷譯：〈歐洲「議會民主」之現在與將來〉（載《憲政思潮季刊》創刊號）。

48. 蔡明田：〈析論墨子的賢治思想〉（載《國立政治大學學報》第 37、38 期，1978 年 12 月）。

49. 鄧嗣禹：《中國考試制度史》（臺北：學生書局，1967 年 2 月臺一版）。

50. 蕭公權：《中國政治思想史》（臺北：華岡出版有限公司，1971 年 3 月再版）。

51. 蕭公權：《迹園文存》（臺北：環宇出版社，1970 年 11 月 29 日出版）。

52. 盧梭著，徐百齊譯：《社約論》（臺北：臺灣商務印書館，1970 年 9 月三版）。

53. 謝瀛洲：《中華民國憲法論》（臺北：1976 年 10 月十五版）。

54. 薩孟武：《政治學》（臺北，1960 年 9 月四版二刷）。

55. 羅志淵：〈民主政治與地方自治〉（載《憲政思潮季刊》第 10 期）。

56. 羅志淵：〈立法功能現代化〉（載臺北《憲政思潮季刊》第 7 期）。

57. 羅志淵：《中國憲法史》（臺北：臺灣商務印書館，1967 年 4 月初版）。

58. 羅孟浩：各國地方政府（臺北：正中書局，1975 年 3 月臺四版）。

59. 蘆部信喜著，蔡墩銘譯：〈現代之立法〉（載《憲政思潮季刊》第 7 期）。

60. 靈犀譯：《蘇俄──這個國家》（臺北：開源出版事業公司，1976 年 11 月 5 日三版）。

二、英文部分

1. A. D. Lindsay, *The Modern Democratic State* (New York: Oxford University Press, 1947.)

2. Albert Venn Dicery, *Introduction to the Study of the Law of the Constitution*, ie. "The Law of the Constitution".

3. Austin Ranney: *The Governing of Men, An introduction to political science*, revised edition, 1966.

4. Bouer, Raymond A., Alex Inkeles & Clyde Kluckhohn: *How the Soviet System Works.* (New York: Vinlage Book, A Division of Random House Press, 1961.)

5. Carlton Clymer Rodee, Totton James Anderson & Carl Quimly Christol: *Introduction to Political Science.* (New York: Mcgraw-Hill Book co., 1957.)

6. Carter, Gwendolen M., and Herz John H., *Major Foreign Powers*, 4th ed., (New York and Burlingame: Harcourt, Brace & World inc., 1962.)

7. Carter, Gwendolen M. & Herz John H., *Government and Poli-*

tics in the Twentieth Century, Third edition. (Praeger Publishers, Inc., 1973.)

8. *Cobbett's Parliamentary History of England*, vol. I.

9. D. Easton: *A Systems Analysis of Political life* (New York: Wiley Press, 1967.)

10. *Encyclopedia of the Social Scienes*, vol. I

11. Finer Harman: *Government of Greater European Powers.* (New York: Henry Holt and Company, 1956.)

12. Frederic A. Ogg and P. Orman Ray: *Essentials of American Government.* (New York: Applet-Century-Corfts Inc., 1952.)

13. Gabriel A. Almond and G. B. Powell, Jr., *Comparative Politics: A Development Approach.* (Boston: Little, Brown and Company, 1966.)

14. Harold Zink: *Modern Government* (Taiwan Press, 1961.)

15. J. B. Mason: "The Judicial System of the Nazi Party." *American Political Science Review* XXXVIII.

16. J. R. Pennock: "Repressentation" in his Democratic Political Theory (N. J.: Princenton University Press, 1979)

17. James Brycs: *Modern Democracies Vol. I* (New York: The Macmillan Company, 1921.)

18. James Bryce: *Modern Democracies*, (New York: The Macmillan Company, 1921) vol. II.

19. James S. Coleman: *Political Systems of the Developing Areas*, in the Politics of the Developing Areas. (New Jersey: Princeton University Press. 1960.)

20. James Wilford Garner: *Political Science and Government.*

(New York, 1928.)

21. Jerome M. Gilison: *British and Soviet Politics* -- A Study of Legitimacy and Convergence. (Baltimore and London, The Johns Hopkin University Press, 1972.)

22. John S. Reshetar, Jr., *The Soviet Polity*, 2nd ed., (New York: Harper & Row, 1978.)

23. Joseph S. Roucek, ed., *Govenment and Politics Abroad.* (New York: Funck & Wagnalls Company, 1948.)

24. Lester W. Milbrath, M. L. Goel: *Political Participation - How and Why Do People Get Involved in Politics?* Second edition. (Chicago: Rand MsNally College Publishing Company, 1976.)

25. Maurice Duverger: *The Idea of Politics* (Chicago: Henry Regney co., 1970.)

26. Merle Fainsod: *How Russia is Ruled* (Cambridge: Harvard University Press, 1963.)

27. Michael T. Florinsky: *Towards an Understanding of the* U.S.S.R -- A study in Government, Politics, and economic planning. Revised edition. (New York: The Macmillan Company, 1953.)

28. R. G. Gettell: *Political Science.* (New York, 1949.)

29. Randolph L. Braham: *Soviet Politics and Government.* A Reader, ed., (New York: Alfred A. Knoph, inc., 1965.)

30. Richard Ross and Alain Rougué: *Elections Without Choice.* (New York: John Wiley & Sons Press, 1978.)

31. Robert. A. Dahl: "Governments and Political Opposition", in Fred A. Greenstein and Nelson W. Polsby, eds., *Handbook of Political Science*, reading, (Mass: Addison-Wesley, 1975).

32. Samuel P. Huntington, Joan M. Nelson: *No Easy Choice - Political Participation in Developing Countries*. (Cambridge, Masschusetts, and London, England, Havord University Press, 1977.)

33. *TIME*, June 23, 1980.

34. *TIME*, March 13, 1978, A. Special Report "Socialism: Trials and Errors."

35. *The Encyclopedia Americana, International edition*, vol. 8, 1978.

36. *The Encyclopedia America*, international edition, vol. 23, 1979.

37. *The New Encyclopedia Britannica*, 15th ed., vol, 6. 1974.

38. *The New Encyclopedia Britannica*, 15th ed., vol. 7. 1974.

39. *The New Encyclopedia Britannica*, 15th ed., vol. 14. 1974.

40. W. E. Rappard: *Source Book on European Governments* (New York: Van Nostrand 1937.)

41. W. J. M. Mackenzie: *Free Elections* (Third Impression, Printed in Great Britain 1968.)

42. W. W. Willoughby: *The Fundamental* Concepts of Public Law. (New York, 1924.)

43. William Ebenstein: *Today's Isms*, seventh edition. (New Jersey: Prentice-Hall, Inc., Englewood Cliffs, 1975.)

大學叢書

政權論
——孫中山政治思想研究（二）

作者◆陳春生

發行人◆王春申

副總編輯◆沈昭明

主編◆葉幗英

責任編輯◆徐平

校對◆梁燕樵

美術設計◆吳郁婷

出版發行：臺灣商務印書館股份有限公司

10046 台北市中正區重慶南路一段三十七號

電話：(02)2371-3712　傳真：(02)2371-0274

讀者服務專線：0800056196

郵撥：0000165-1

E-mail：ecptw@cptw.com.tw

網路書店網址：www.cptw.com.tw

網路書店臉書：facebook.com.tw/ecptwdoing

臉書：facebook.com.tw/ecptw

部落格：blog.yam.com/ecptw

局版北市業字第 993 號

初版一刷：2014 年 7 月

定價：新台幣 360 元

政權論──孫中山政治思想研究（二）／陳春生著.
--初版‧-- 臺北市：臺灣商務, 2014. 07
面 ； 公分.--（大學叢書）

ISBN 978-957-05-2942-5(平裝)

1.孫文 2.政治思想 3.政權

005.1857   103009542

10660
台北市大安區新生南路3段19巷3號1樓

臺灣商務印書館股份有限公司　收

請對摺寄回，謝謝！

傳統現代　並翼而翔

Flying with the wings of tradtion and modernity.

讀者回函卡

感謝您對本館的支持，為加強對您的服務，請填妥此卡，免付郵資寄回，可隨時收到本館最新出版訊息，及享受各種優惠。

姓名：＿＿＿＿＿＿＿＿＿＿＿＿＿＿　　　性別：□ 男　□ 女

出生日期：＿＿＿＿＿＿年＿＿＿＿＿＿月＿＿＿＿＿日

職業：□學生　□公務(含軍警)□家管　□服務　□金融　□製造
　　　□資訊　□大眾傳播　□自由業　□農漁牧　□退休　□其他

學歷：□高中以下（含高中）□大專　□研究所（含以上）

地址：＿＿＿＿＿＿＿＿＿＿＿＿＿＿＿＿＿＿＿＿＿＿＿
　　　＿＿＿＿＿＿＿＿＿＿＿＿＿＿＿＿＿＿＿＿＿＿＿

電話：(H)＿＿＿＿＿＿＿＿＿＿＿＿(O)＿＿＿＿＿＿＿＿

E-mail：＿＿＿＿＿＿＿＿＿＿＿＿＿＿＿＿＿＿＿＿＿＿

購買書名：＿＿＿＿＿＿＿＿＿＿＿＿＿＿＿＿＿＿＿＿＿

您從何處得知本書？

　　□網路　□DM廣告　　□報紙廣告　　□報紙專欄　　□傳單
　　□書店　□親友介紹　□電視廣播　　□雜誌廣告　　□其他

您喜歡閱讀哪一類別的書籍？

　　□哲學‧宗教　□藝術‧心靈　□人文‧科普　□商業‧投資
　　□社會‧文化　□親子‧學習　□生活‧休閒　□醫學‧養生
　　□文學‧小說　□歷史‧傳記

您對本書的意見？（A/滿意　B/尚可　C/須改進）

　　內容＿＿＿＿＿＿編輯＿＿＿＿＿＿校對＿＿＿＿＿翻譯＿＿＿＿＿
　　封面設計＿＿＿＿＿價格＿＿＿＿＿其他＿＿＿＿＿＿＿＿＿

您的建議：＿＿＿＿＿＿＿＿＿＿＿＿＿＿＿＿＿＿＿＿＿

※ 歡迎您隨時至本館網路書店發表書評及留下任何意見

臺灣商務印書館　The Commercial Press, Ltd.

台北市106大安區新生南路三段19巷3號1樓　電話：(02)23683616

讀者服務專線：0800-056196　傳真：(02)23683626

郵撥：0000165-1號　E-mail：ecptw@cptw.com.tw

網路書店網址：www.cptw.com.tw　網路書店臉書：facebook.com.tw/ecptwdoing

臉書：facebook.com.tw/ecptw　部落格：blog.yam.com/ecptw